에스라 · 학개

IVP(InterVarsity Press)는
캠퍼스와 세상 속의 하나님 나라 운동을 지향하는
IVF(InterVarsity Christian Fellowship)의 출판부로
생각하는 그리스도인을 위한 문서 운동을 실천합니다.

© 2010 by Robert Fyall
This translation of *The Message of Ezra and Haggai* first published in 2010
is published by arrangement with Inter-Varsity Press,
36 Causton Street, London, SW1P 4ST, United Kingdom
through rMaeng2, Seoul, Republic of Korea.
All rights reserved.

This Korean edition © 2022 by Korea InterVarsity Press
156-10 Donggyo-ro, Mapo-gu, Seoul 04031, Republic of Korea.

이 한국어판의 저작권은 알맹2를 통하여
IVP UK와 독점 계약한 IVP에 있습니다.
신 저작권법에 의하여 한국 내에서 보호받는 저작물이므로
무단 전재와 무단 복제를 금합니다.

에스라·학개

하나님을 위한 성전

로버트 파이올 | 신지철 옮김

Ivp

차례

시리즈 서문　7

저자 서문　9

약어　13

에스라
서론	17
1장 구속받은 하나님 백성의 귀환 1:1-11	33
2장 이름이 가진 의미 2:1-70	65
3장 우선순위 정하기 3:1-6	83
4장 성전의 기초 작업 3:7-13	95
5장 몰려드는 독수리들 4:1-24	107
6장 하나님의 일은 중단되지 않는다 5:1-17	121
7장 다리우스왕과 가장 높으신 왕 6:1-22	131
8장 하나님의 사람 에스라의 도착 7:1-10	149
9장 왕의 마음은 하나님의 손안에 있다 7:11-28	161
10장 또 다른 출애굽 사건 8:1-36	171
11장 신실하지 못한 백성과 신실하신 하나님 9:1-15	181
12장 행복하지 않은 결말 10:1-44	195

학개

서론	209
1장 언제 지어야 하는가 1:1-2	217
2장 깨어나라는 외침 1:3-11	227
3장 백성 가운데 계시는 하나님 1:12-15	239
4장 더 좋은 날이 온다! 2:1-9	251
5장 받은 복을 세어 보아라 2:10-19	263
6장 최선의 것은 아직 오지 않았다 2:20-23	275

참고 도서   285

시리즈 서문

BST(Bible Speaks Today) 시리즈란 다음의 세 가지 목적을 특징으로 하는 신구약 및 주제별 강해 시리즈를 말한다. 즉, 성경 본문을 정확하게 해설하고, 그것을 현대 생활에 관련시키며, 읽기 쉽게 만드는 것이다.

따라서 본 시리즈는 '주석'이 아니다. 주석은 본문을 적용하기보다는 설명하려고 애쓰며, 하나의 문헌이기보다는 참고서 역할을 하는 경향이 있기 때문이다. 그렇다고 해서 성경은 진지하게 다루지 않으면서 현대적이고 읽기 쉬운 것만을 목적으로 하는 '설교'를 포함하고 있는 것은 아니다.

본 시리즈의 기고자들은 모두, 하나님이 이미 말씀하신 것을 통해 지금도 말씀하고 계시며, 그리스도인들의 삶과 건강과 성장을 위해서는 성령님이 태초에 주신 그러나 항상 현대적인 말씀을 통해 지금도 말씀하고 계시는 것을 듣는 일이 그 무엇보다도 중요하다는 확신을 가지고 있다.

시리즈 편집자
모티어(A. Motyer), 스토트(J. Stott), 티드볼(D. Tidball)

저자 서문

사려 깊은 주해와 적절한 해설을 결합한 BST 시리즈는 오랜 세월을 거쳐서 성경 연구자들과 교사들에게 매우 커다란 도움을 제공해 왔음을 입증했다. 에스라와 학개에 관한 책을 써 달라는 요청을 받고서, 나는 매우 기뻤다. 동시에 다소 의기소침해졌다. 비록 이 책들을 여러 차례 다루기는 했지만, 이 시대의 독자들에게 그것을 생동감 있게 전달하는 일은 매우 어려운 작업으로 여겨졌기 때문이다. 아마도 설교자들은 에스라기보다는 느헤미야기를 더 자주 설교할 것이다. 그리고 학개서 1장은 건축 기금이 부족해서 어려움을 겪을 때, 주저하는 신앙 공동체에 헌금 동참을 강권하는 데 매우 자주 사용된다. 그러나 성경을 연구하고 가르치는 다양한 기쁨 가운데 하나는 독자가 성령의 가르침에 진정으로 마음이 열려 있을 때, 성경의 모든 부분이 생명력을 갖는다는 점이다. 이전에 더럼(Durham)에 있는 교회에서 섬길 때, 나는 우리가 공부한 새 책에 대해 매번 이보다 더 중요한 책은 없다고 말하곤 했다. 그럴 때면 교회 성도들은 종종 쓴웃음을 지었다. 진정한 의미에서 그 말은 사실이다. 왜냐하면 우리가 어떤 특정한 시기에 무슨 책을 연구하든지 간에, 그 책은 그 순간 우리에게 주시는 주님의 음성이 되기 때문이다. 그리고 에스라기와 학개서를 탐구하면서 나는 실제로 그 책들을 통해서 많은 은혜를 받았다.

이 두 책은 모두 내 설교 사역에서 중요한 역할을 맡았다. 배넉번(Bannockburn)에서 처음 몇 년 동안 에스라기에 관해서 설교했는데, 그때 처음으로 그 책의 강력한 메시지와 가르침이 오늘날의 교회 배경에도 타당하다는 사실을 깨달았다. 2003년도에 더럼 클레이패스(Claypath)의 예전에 섬기던 교회(지금은 크라이스트처치에서 사역한다)에서 에스라기에 관해 시리즈 설교를 했다. 그것은 내가 마지막으로 행한 시리즈 설교 가운데 하나였다. 그리고 그 설교 시리즈가 학과 과정을 수료한 많은 학생과 재학생 모두에게 유익했다고 믿는다. 한편 학개서에 관해서는 세 차례에 걸쳐 설교했다. 가장 최근에 한 설교는 2005년도에 스코틀랜드의 목회자 모임(Scottish Ministry Assembly)이었다. 주석서는 늘 설교 단상에서 검증을 받는다는 점에서 유익하다. 비록 주석서의 최종 형태는 실제 강단에서 이루어지는 설교들과는 상당히 다르지만, 책으로 설교한다는 것은 저자가 실제로 존재하는 사람들을 늘 염두에 두고 있다는 뜻이다.

이 책들의 메시지, 곧 하나님을 위한 건축물에 대한 강조, 하나님의 말씀에 순종할 필요성 및 성령님을 향한 열린 마음 등은 오늘날에도 분명히 들을 필요가 있는 내용 가운데 하나다. 심지어 거의 아무것도 일어나지 않는 것처럼 보일 때도, 하나님은 무대 뒤에서 일하시며 그분의 목적을 수행해 가신다. 하나님의 섭리에 대한 이와 같은 강조는 의기소침할 수밖에 없는 시기에 우리를 격려해 준다. 보통은 에스라기와 느헤미야기가 더 자주 짝을 이루어 다루어지지만, 에스라기와 학개서를 짝으로 삼자 이 두 책을 더욱 잘 이해할 수 있었다.

이 책을 집필하는 데 계획보다 더 오래 걸렸는데, 집과 일터를 두 번이나 옮겨야 했다는 것이 내가 할 수 있는 유일한 변명이다. 그런 불안정한 환경이라 계속 집필에 집중하기가 어려웠다. 에든버러에 있는 러더퍼드 하우스

(Rutherford House)에서 조교로 나를 도왔던 앤 뷰캐넌(Ann Buchanan)에게 매우 감사한다. 뷰캐넌은 이 책의 첫 번째 부분을 타이핑해 주었다. 또 콘힐 스코틀랜드(Cornhill Scotland)의 직원인 앤 맥머핸(Ann McMahan)에게도 감사를 표한다. 맥머핸은 마찬가지로 이 책의 두 번째 부분을 타이핑해 주었다. 그리고 필립 듀스(Philip Duce)에게 깊은 감사를 드린다. 내가 몇 차례나 원고 마감 기한을 지키지 못했을 때도 그는 관대하게 인내하며, 기한을 기꺼이 연장해 주었다. 알렉 모티어(Alec Motyer)는 모방할 수 없는 독특한 유머와 더불어 성숙한 지혜와 훌륭한 학식에 기초한 수많은 논평으로 나를 계속 격려해 주었다. 종종 나는 모티어의 논평들이 성경의 풍경에 대한 현명하고 재치 있는 지침이며, 그 자체로 출판될 충분한 가치가 있다고 생각했다. 그에게 깊은 감사를 표한다. 이 책에 제시된 참고 도서는 이 해설서가 다른 많은 이들에게 빚을 지고 있다는 사실을 보여 준다. 심지어 어떤 부분들은 해당 저자들과 종종 의견을 달리하긴 하지만 말이다. 특별히 내가 끊임없이 참조한 하나의 주석을 언급하고자 한다. 그것은 작고한 데릭 키드너(Derek Kidner)가 집필한 주석으로, 틴데일 주석 시리즈에 포함되어 있다. 키드너의 다른 모든 저서와 마찬가지로, 그 주석서는 우아하고 간결한 문체, 심오한 영적 통찰과 겸허하게 묘사되는 방대한 학식을 보여 준다.

완전히 고립된 채 저자 홀로 저술하는 책은 없다. 맨 처음 이 책의 저술을 청탁받은 이후로 몇 년 동안은 중대하고 때때로 고통스러운 변화의 시기였다. 언제나 그러했듯이, 이 기간에 아내 델마(Thelma)는 사랑으로 한결같이 나를 지원해 주었다. 그 힘든 과정에서 때때로 포기하고 싶은 유혹도 느꼈지만, 아내는 내가 다른 프로젝트들과 더불어 이 작업을 계속해 나가도록 권면해 주었다. 사랑과 감사의 마음으로 아내에게 이 책을 바친다.

말로든지 글의 형태로든지, 하나님의 말씀을 가르친다는 것은 엄청난 특권이다. 내 연구가 부족함을 나는 뼈저리게 인식한다. 부디 주님께서 이 책을 사용해 다른 사람들을 축복해 주시기를, 특히 성경에 대해서 설교하고 가르치는 이들을 축복하시고, 주님의 이름을 높이시기를 기도한다.

로버트 파이올

글래스고

약어

ANET *Ancient Near Eastern Texts*, 3rd ed., ed. J. B. Pritchard(Princeton, 1969)
ESV   English Standard Version
JBL   *Journal of Biblical Literature*
KJV   King James Version
LXX   Septuagint
NIV   New International Version
WBC   Word Biblical Commentary

에스라

서론

헨리 포드(Henry Ford)는 "역사는 다소 비좁은 침대(bunk)다"라는 유명한 말을 했다.[1] 에스라기를 맨 처음 읽을 때, 많은 독자는 포드의 말에 동의하고 싶다는 유혹을 느낀다. 에스라기의 역사는 지금으로부터 상당히 멀리 떨어져 있을 뿐만 아니라 "옛날의 불행하고 아득한 일들"에 대한 이야기다.[2] 또한 그 사건들은 사무엘기 상하에서 나타나는 강력한 내러티브의 흐름도 없고, 친숙하지 않은 이름들이 나열되어 있다는 점도 도움이 되지 않는다. 그러나 해설 부분에서 살펴보겠지만, 이것은 피상적인 견해일 따름이다. 만약 우리가 처음에 노력을 기울여 본다면, 성경에 포함된 본문으로 가치가 있기는 하지만 종종 너무나 자주 무시되었던 어떤 부분은 깜짝 놀랄 만한 전망을 보여 줄 것이다. 또한 그 부분에 관한 연구는 하나님의 목적들과 하나님의 백성에 대한 계시와 관련된 생동감 넘치고 흥미로운 책으로서 에스라기를 계시해 줄 것이다. 그러나 맨 먼저 이 책의 역사적인 배경에 눈을 돌려야만 한다.

---

1   Henry Ford, in *Chicago Tribune*, 1916년 5월 25일 자.
2   William Wordsworth, poem: "The Solitary Reaper."

1. 언제 기록되었는가?

에스라기와 학개서는 반드시 바빌로니아 강제 추방과 귀환이라는 배경에 비추어서 이해해야 한다. 열왕기 상하와 역대지 상하는 모두 하나님의 백성이 바빌로니아로 포로로 끌려가는 이야기로 끝난다. 북이스라엘 왕국은 주전 722년, 앗시리아에 의해서 멸망했다. 그리고 열 지파는 앗시리아로 강제 이송되었다. 그렇지만 시온, 곧 "위대한 왕의 도성"(시 48:2, 새번역)은 존속했다. 하나님이 주전 701년에 산헤립의 침공으로부터 예루살렘을 구해 준 사건은 아마도 몇몇 사람들에게 그릇된 안전감을 빚어냈을 것이다. 그래서 예루살렘과 남유다 왕국이 존속하는 동안, 그들은 그곳에 희망이 있다고 믿었다. 그러나 느부갓네살 치하의 바빌로니아 군대가 예루살렘 성벽을 파괴하고, 성전과 왕궁을 불사르고, 성전 기물을 부수어 바빌로니아로 실어 가며, 예루살렘 주변 지역을 황폐하게 만들었을 때, 주전 587년에 남유다 왕국은 마침내 종말을 맞았다.[3] 예레미야애가 1장에는 그런 분위기가 잘 묘사되어 있는데, 예루살렘성을 과부로 표현한다. 또한 그 성은 슬피 우는 자이며, 비웃음의 대상이다.[4] C. S. 루이스(Lewis)의 저서 가운데 하나의 제목으로 표현하자면, '순례자의 귀향'(pilgrim's regress) 사건이 일어났다. 곧 사람들은 아브라함이 떠나왔던 바로 그 장소로 다시 돌아왔다. 그리고 출애굽 사건 이후에 이스라엘 백성에게 주어진 젖과 꿀이 흐르던 땅은 가련하고 사람이 거의 살지 않는 황무지로 바뀌었다.

이 사건이 일어나기 훨씬 이전에, 볼 눈을 지닌 이들과 들을 귀를 지닌 이들에게는 진정으로 희망이 있었다. 이사야는 그 백성이 추방될 것을 예언하면서, 승리주의에 대해 경고했다.[5] 하지만 40장부터 그는 포로들이 돌아올

---

3   왕하 25:9-17; 렘 32:43.
4   애 1:1, 2, 7.
5   사 39:5-7.

것을 예언한다. 페르시아 왕 고레스의 대리(代理) 행위로 벌어지는 그 사건은[6] 새로운 출애굽이 될 것이다.[7] 골짜기에 널려 있는 마른 뼈들에 대한 위대한 환상을 본 에스겔은 어떻게 어느 날 또다시 북이스라엘과 남유다가 한 나라가 되어 "내 종 다윗"이 그들을 다스리는 왕이 될 것인지에 대해서 말했다.[8] 또한 다니엘은 계속해서 예루살렘으로 향한 창문을 열고 하나님에게 기도하며, 인자의 승리와 더불어 역사의 종말이 온다는 사실을 알렸다.[9]

포로 귀환의 연대기는 다음과 같다. 고레스의 칙명이 주전 538년에 공포되었다. 그러자 에스라 1-6장에 묘사된 대로, 제1차 포로 귀환이 이루어졌다. 성전 재건 사역이 서서히 실행되었고, 마침내 주전 516년에 성전이 완공되었다. 그리고 아닥사스다 1세(주전 464-425년 재위)가 다스리던 주전 458년에 에스라가 예루살렘으로 돌아왔다. 에스라 7장에서 끝부분까지 에스라의 귀환에 뒤따라 일어나는 사건들을 다룬 이야기가 나온다. 그렇지만 많은 저자는 이와 같은 연속적인 설명에 이의를 제기했다. 그들은 전통적인 순서로 귀환이 이루어진 것이 아니라, 느헤미야가 에스라보다 먼저 돌아왔다고 주장한다. 우리는 이 단원의 마지막 부분에서 해당 논쟁을 다룰 생각이다. 그러나 먼저 포로 귀환의 중요성에 대해서 좀더 숙고해 볼 필요가 있다.

포로기 이후에 기록된 책들의 분위기는 암울한 듯하다. 하늘은 흐리다. 봄이 올 기미는 거의 없고, 새롭고 참신한 기회들이 열릴 기미도 없어 보인다. 그러나 조금만 숙고해 보면, 귀환이 지닌 놀라운 특성이 드러난다. 방관자에게 바빌로니아 제국에서 페르시아 제국으로 바뀌는 과정은 단순히 한 전제군주로부터 또 다른 전제군주로 바뀌는 것과 비슷하다. 포로 생활을 하던 백성들이 그들의 고국으로 돌아가도록 고레스가 허락하는 정책을 펼치리

---

6   사 45:1.
7   사 51:9-11.
8   겔 37:15-24.
9   단 6:10; 7장.

라 기대한 방관자는 없었을 것이다. 아무도 이런 정책을 기대한 사람은 없었을 테지만, 이미 언급한 이사야서의 해당 본문을 포함해서, 예언을 담은 성경에서는 바로 그와 같은 일련의 상황을 기대했다.

그렇지만 문제는 그 생생한 예언들이 성취될 수 없는 것처럼 보였다는 점이다. 황폐해진 땅은 피어나는 장미꽃 같은 활기를 띠지 못했고, 이방 민족들이 시온으로 몰려오는 일도 일어나지 않았다. 다윗 왕조는 다시 세워지지 못했다. 그들이 처한 상황은 바로 "작은 일의 날"이었다(슥 4:10). 그러므로 그날을 위해서 신실한 예배를 회복하고, 신실한 일을 실행하며 또 신실한 삶을 다시 확립해야 한다. 공의로운 해가 떠올라서 치료의 빛을 비추는 것과 더불어, 그날은 분명히 올 것이기 때문이다.[10]

포로 귀환은 불가피하게 제한적으로 이루어졌다. 300만 정도로 추정되는 출애굽 사건의 귀환자 숫자와 비교만 해도 알 수 있다.[11] 제1차 포로 귀환에서 돌아온 이들은 채 10만 명도 되지 않았다. 그뿐만 아니라, 나일강과 유프라테스강 사이에 놓인, 아브라함에게 약속된 영토는 예루살렘을 둘러싼 작은 지역으로 축소되었다. 북쪽으로는 적대적인 사마리아인들이 있었으며, 남쪽으로는 살기에 적합하지 않은 네게브 지역과 시내 사막이 있었다.

그 땅의 상태는 전혀 매력적이지 않았다. 그 지역의 주된 경제는 농업이었는데, 그곳의 기후는 경제에 참혹한 피해를 초래할 수도 있었다.[12] 더욱이 포로 생활을 하던 시기에 지도자의 부재로 사회 기반 시설과 그 땅은 황량하게 방치되었고, 도시들과 마을들도 황폐해질 수밖에 없었다. 도덕은 땅에 떨어졌고, 신앙을 갖고 비전을 품기도 어려웠다. 구약성경은 포로 시기에 인구가 급감한 그 땅의 생활에 대해서 조금밖에 말해 주지 않는다. 바빌로니아

---

10 말 4:2.
11 민 1:45은 군대에 입대할 수 있는 스무 살 이상의 남자들을 언급한다. 나이 든 남자, 여자와 어린 아이들을 더하면, 아마도 300만 명에 이를 것이다.
12 학 1:5-11을 보라.

땅으로 사로잡혀 갔던 사람들의 대부분은 지도층과 도시의 시민들이었다. 예레미야 41:5은 포로 시기에 "여호와의 성전"에 곡식 제물과 향료를 바치려고 사람들이 왔다는 사실을 말한다. 이것은 황폐해진 성전 구역에서 제한된 범위로 예배가 계속 실행되었다는 사실을 암시한다. 그렇지만 에스라기는 포로 생활에서 돌아온 이들과 이들이 진행한 성전 재건 그리고 토라에 대한 새로운 강조를 집중적으로 다룬다.

(비록 에스라기와 학개서에서 직접 언급되지 않았지만) 또 하나의 의미심장한 배경은 포로 생활을 하던 땅에 남은 공동체의 중요성이다. 그것이 바로 에스더기에서 다루는 주제다. 비록 에스라 4:6에서 스쳐 가듯 단 한 번 언급되지만, 페르시아 왕 크세르크세스(주전 486-464년 재위), 혹은 아람어로 아하수에로는 에스더기에서 중요한 역할을 하는 왕이다. 그는 주전 480년에 그리스 원정을 떠났지만 성공을 거두지 못한다(아마도 에스더 1장의 잔치가 벌어지는 배경이 이때쯤일 것이다). 크세르크세스왕은 테르모필레(Thermopylae)에서 힘겨운 전투를 벌이고 살라미 전투에서 대패한 것으로도 유명한 인물이다.

만약 전통적으로 제시되는 연대를 따른다면, 그 연대기는 다음과 같다.

페르시아 왕들의 연대기
주전 539-530년: 고레스

주전 530-522년: 캄비세스
주전 522-486년: 다리우스 1세
　　　　　　　 /히스타스페스

주전 486-465년: 크세르크세스/아하수에로
주전 465-424년: 아닥사스다/롱기마누스

예루살렘 사건들의 연대기
주전 538-536년: 제1차 포로 귀환,
　　　　　　　 성전 재건이 시작됨

주전 520-516년: 성전 재건이 다시 시작되고
　　　　　　　 완공됨

주전 486년: 에스라 4:6의 "고발"
주전 468년: 에스라가 예루살렘으로 보내짐
주전 445년: 느헤미야가 예루살렘으로 보내짐

내가 이것을 굳이 "전통적인" 연대라고 말하는 이유는, 앞에서 언급한 바와 같이, 에스라와 느헤미야가 돌아온 시기의 전통적인 순서를 뒤바꾸기를 원하는 강력한 견해 때문이다. 이 견해는 사실상 느헤미야가 에스라보다 먼저 돌아왔다고 주장한다. 간략하게 말하자면, 이 견해의 지지자들은 느헤미야가 이혼에 대한 에스라의 조치를 모르는 것처럼 보인다는 모순점들에 주목한다. 또한 에스라의 도착과 느헤미야의 도착 사이에는 13년의 시간 간격이 있다는 점, 에스라가 율법책을 낭독했다는 사실이 언급되었음에도, 두 개혁자 사이에 그다지 많은 협력이 이루어지지 않았다는 점 등에 주목한다. 하지만 이 논점의 상당 부분은 입증되지 않고, 또한 진정으로 입증될 수 없는 가설들에 근거한다. 그래서 (BST 시리즈 『느헤미야』와 마찬가지로) 이 책도 성경의 자료로부터 자연스럽게 도출되는 견해를 받아들인다. 그것은 에스라가 정말로 주전 458년에 예루살렘에 도착했으며, 약 13년 뒤에 느헤미야도 도착했다는 견해다. 더 자세한 논의에 관심이 있다면, 특별히 해당 논점에 대해서 명료하고 탁월한 관점을 제시한 키드너의 견해를 참고하라.[13]

2. 어떤 종류의 책인가?

에스라기의 포괄적인 장르는 내러티브다. 그래서 에스라기는 창조에서 새 창조로 이어지는 성경의 웅대한 내러티브에 잘 어울린다. 그리고 느헤미야기와 역대지 상하와 더불어, 에스라기는 더욱더 특별히 이스라엘 역사를 다시 이야기하는 데 잘 어울린다. 그것은 바빌로니아 포로기 이후의 관점에서 하나님이 자기 백성을 포기하지 않으셨으며, 또한 그분의 목적들을 바꾸지도 않으셨음을 보여 준다. 해설 부분의 다양한 곳에서 살펴보겠지만, 이 어두운 날들에 관한 이야기는 출애굽기와 연결되어 있으며, 메시아를 기대한다.[14] 이 주제를 더 자세하게 탐구하기 위해서 출처, 구조 및 표현 양식, 이 세 가지를 살펴보려 한다.

---

13 Kidner, Appendix V, pp. 146-158.
14 더 자세한 내용을 알려면, 이 책의 학개서 서론 209쪽을 보라.

1) 자료

분명히 에스라기(와 느헤미야기)를 편집하는 데 몇몇 자료들이 사용되었을 것이다. 이 자료들은 본질적으로 개인적인 회고록과 공문서, 두 종류로 구성되었다. 종종 "에스라 회고록"으로 불리는 이 개인적인 회상은 주로 에스라 7-10장에서 나타난다. 느헤미야 8장에서도 이런 회상이 나타난다고 추가하는 이들도 있다. 특히 회고록의 어떤 부분은 일인칭으로 묘사되어 특별한 생동감을 더해 준다. 우리는 이런 표현을 통해 에스라의 성품과 동기에 대해서 매우 분명하게 파악할 수 있다. "우리 하나님의 손이 우리를 도우사"(8:31)를 비롯해, 이스라엘 백성과 이방 백성 사이의 통혼(9:3-5)에 대해 듣고 나서 에스라가 낙심한 사실을 스스로 설명하는 표현들은 그의 마음을 깊이 이해할 수 있게 해 준다. 그뿐만 아니라, "이 일과 큰비 때문에 떨고 있더니"(10:9)라는 세부 묘사는 그 이야기에 대한 목격자의 느낌을 더욱 잘 살려 준다.

또 다른 자료는 공문서를 참조했음이 분명하다. 고레스의 칙명(1:2-4), 4-7장에서 페르시아 왕들과 주고받은 공적인 편지들, 또한 1:9-11에 열거되는 성전 기물들에 대한 목록과 2:1-66 및 10:18-44에서 나타나는 자세한 명단 등은 그 당시 상황에 대한 역사적·사실적 배경을 제공한다. 이런 사항들은 이 '회고록'이 지어냈다는 뜻이 아니라, 오히려 포로 귀환의 공적·사적 측면을 모두 알려 준다는 의미다. 나는 이 책의 해설 부분에서 이 공문서 단락들이 지닌 신학적인 중요성을 논의하려 한다.

비록 에스라가 7-10장에서 일인칭 단수로 말하고 있지만, 그가 이 책 전체의 저자라는 결정적 증거라고 할 수는 없다. 이 책의 면밀한 구조와 통일성을 고려할 때, 이 책의 저자는 분명히 뛰어난 표현 능력을 지닌 사려 깊은 사람이었을 것이다. 에스라 7:1-6에 제시된 정보는 에스라가 지금 우리가 보는 이 책을 저술했을 가능성이 크다는 사실을 암시한다. 그러므로 에스라가 이 책을 저술했다는 전통적인 견해를 의심할 만한 설득력 있는 근거는 전혀 없다.

2) 구조

이 책은 신중한 기획에 근거하고 있으며, 몇 가지 중요한 주제들을 강조한다는 점을 분명하게 보여 준다. 몇몇 학자들은 에스라기와 느헤미야기가 서로 결합된 세밀한 구조에 관심을 기울였다.[15] 다음에 제시된 에스라기의 구조에 대한 개요는 글래스고의 세인트 조지 트론 교회(St. George's Tron)에서 사역하는 내 동료 가운데 한 명인 유언 도즈(Euan Dodds) 박사의 연구에 기초한다.[16]

첫 번째 귀환(1-6장)　　　　　　**두 번째 귀환(7-10장)**

1:1-11	고레스왕의 조서 최초의 귀환자들	7:1-28	아닥사스다왕의 조서 에스라의 귀환
2:1-70	귀환자들의 명단	8:1-14	귀환자들의 명단
3:1-13	성전 재건 준비 및 예배 레위인들의 역할 완공 및 제사	8:15-36	성전 예배를 위한 준비 작업 및 금식 레위인들의 역할 완공 및 제사

첫 번째 도전(1-6장)　　　　　　**두 번째 도전(7-10장)**

	첫 번째 도전		두 번째 도전
4:1-24	이방인들이 이스라엘에 가담하기를 원함 외부의 반대 아닥사스다왕에게 상소함	9:1-5	이스라엘이 이방인들과 결합함 내부의 갈등 하나님에게 간구함
	해결		해결
5-6장	학개와 스가랴 선지자가 이스라엘 백성에게 도전함 고레스의 선포 제사장들과 레위인들의 순결 유월절	9-10장	에스라 제사장이 이스라엘 백성에게 도전함 에스라의 선포 하나님의 백성의 순결

이 구조에 몇 가지 강조점이 나타난다. 분명히 이 책의 이 두 부분은 약 80년이라는 시간 차이가 있지만 일련의 두 사건들이 서로 밀접하게 평행을 이루는 구조를 지닌다. 거기에는 낙심, 기회, 유혹 및 해결책이 서로 비슷하게 나타난다. 첫 번째 단계는 최초 귀환자들의 사역을 다룬다. 두 번째 단계는 기초를 굳힌 사람, 곧 에스라에 대한 설명이 나온다. 이 두 단계의 유사점과 차이점은 해설에서 언급할 작정이다.

두 부분에서 모두 개별적인 이름들의 목록(2:1-70과 8:1-14)이 제시된다. 이 목록들은 이런 귀환이 단순한 일종의 집단 이동이 아니라, 오히려 개인들이 관련된 일종의 모험적 성격의 기획이라는 사실을 드러낸다.

이 두 부분은 맨 처음에는 기쁨의 의식과 더불어 일이 순조롭게 진행된다는 같은 유형을 보여 준다. 비록 방해의 종류가 다르기는 하지만, 그다음에는 두 부분 모두 적대자들의 방해에 부딪히는 장면을 보여 준다. 더욱이 두 부분에서 모두 일을 진척시켜 주는 힘은 토라(Torah)다. 이 책을 해설하며 첫 번째 부분에서는 학개와 스가랴의 사역과 관련해, 두 번째 부분에서는 에스라 자신의 사역과 관련해 모세오경과 구약성경의 다른 부분들이 어떻게 반영되는지에 주목할 것이다. 그러나 이 두 부분이 공통적으로 강조하는 사실은 새로운 공동체 삶의 기초로 모세오경의 권위 있는 말씀을 다시 확립하고 있다는 점이다.

3) 표현 양식

이미 언급한 바와 같이, 이 책은 공문서 자료와 개인 회고록의 내러티브가 결합된 형태를 취한다. 이와 같은 자료의 결합은 약속의 땅으로 귀환한 이

---

15 특별히 주도면밀한 다음 연구를 참고하라. D. D. Dorsey, *The Literary Structure of the Old Testament: A Commentary on Genesis – Malachi* (Grand Rapids: Baker, 1999), pp. 158-161. 『구약의 문학적 구조: 창세기-말라기 주석』(크리스챤).
16 나는 몇 가지 세부 사항을 변경했으며, 논평을 추가했다. 그러나 그 구조는 도즈 박사의 연구를 따르고 있다. 이 점에 대해서 그에게 매우 감사한다.

위대한 사건을 독자들이 다양한 관점으로 이해하게 해 준다. 공문서 부분은 독자들에게 특별히 흥미롭지는 않겠지만, 귀환에 참여한 실제 인물들과 그 귀환에 관한 인간적 실상을 살짝 들여다보게 해 준다.

내러티브 부분은 해당 사건들을 세계 역사, 특별히 페르시아 제국의 배경에 위치하게 할 뿐만 아니라, 성경의 더 광범위한 내러티브와 연결해 준다. 해설 부분에서 이와 같은 연결점 중에서 몇 가지를 탐구할 계획이다. 특별히 모세와 출애굽 사건과 연결해서 탐구할 것이다. 공문서와 내러티브 부분은 모두 더 폭넓은 그림과 이것이 강조하는 의미에 대한 기대감을 갖게 한다. 그리고 그 결과, 공적 요소와 개인적 요소가 만족스러운 방법으로 결합하게 된다.

3. 주요 주제들

이 책의 신학적인 메시지를 이해하고 그것을 우리 자신의 시대에 적용하지 않는다면, 역사와 자료들에 대한 숙고 그 자체는 특별할 것도 없다. 특히 에스라기는 하나님, 하나님께 드리는 예배, 하나님의 백성, 구약성경 및 기도, 이 네 가지 주요 주제들을 제시한다.

1) 하나님

하나님이 말씀하시는 것과 성경이 하나님에 대해서 무엇을 말하는지부터 시작한다면, 성경을 가장 잘 이해할 수 있다. 물론 에스라기에서 하나님에 대한 묘사는 성경 계시의 주요 흐름 안에 있다. 그분은 창세기 1장에서 언급되는 하나님으로, 두려우신 분이며 절대주권을 지니신 분이다. 그분은 말씀과 명령으로 모든 것을 창조하신다. 또한 창세기 2장에서 언급되는 하나님으로, 실제로 피조 세계에 내려오셔서, 자기가 지으신 사람들과 친밀하게 교제하신다. 에스라기에서 하나님에 대한 이 첫 번째 측면은 "하늘의 하나님"(1:2;

5:11; 6:9)과 같은 표현에서 매우 명백하게 나타난다. 그 표현은 하나님이 피조 세계와 역사의 모든 과정에 절대주권을 지니셨음을 보여 준다. 두 번째 측면은 주님께서 "고레스의 마음을 감동시키[셨다]"(1:1)와 같은 방법으로, 또한 아닥사스다왕에 대한 비슷한 언급(7:27)뿐만 아니라, "우리 하나님의 은혜로운 손"(8:22, 31, NIV 번역을 따름)과 같은 언급에서도 나타난다.

이런 표현과 관련이 있는 것으로, 하나님이 자기 언약에 신실하시다는 점을 강조하는데, 특별히 3:10-11에서 그 점이 명백하게 표현된다. 성전의 기초가 놓일 때, 제사장들과 레위 사람들은 다음과 같이 주님을 찬송한다. "주는 지극히 선하시[다]." "인자하심이 이스라엘에게 영원하시도다." 그러나 이 주제는 에스라기 전체에서 핵심을 이룬다. 그러면서 포로 생활로부터 돌아온 공동체와 하나님이 오래전에 약속의 땅으로 인도하신 이전의 더 광범위한 공동체 사이의 연속성이 강조된다.

그와 같은 하나님은 결코 무관심한 방관자이실 수 없다. "하나님은 우리의 기도를 들어 주셨다"(8:23, 새번역)라는 단순하면서도 진심이 우러나오는 표현은 모든 과정을 통해서 하나님의 보호를 의식하고 있음을 나타내 준다. 또한 그 표현은 크고 작은 모든 일을 주관하시는 하나님의 섭리가 작용하고 있음을 드러낸다. 하지만 이것은 자기만족을 위한 근거가 아니었다. 왜냐하면 특별히 9장과 10장에서 두려움을 불러일으키는 하나님의 거룩이 강조되기 때문이다. 바빌로니아에서 포로들이 돌아온 뒤 성전을 재건했을 때, 그들은 아세라 신상(神像)을 세우지 않았으며, 높은 언덕 위에서 우상들을 숭배하지도 않았다. 하지만 토라를 가벼이 여겨서, 이방 여인들과 결혼하는 관습을 되풀이했다. 무엇보다도 그 관습은 그들의 조상이 주님과 멀어지게 만들었다. 에스라의 위대한 기도(9:5-15)에서 이 점에 대한 염려가 표현된다. 또한 그의 기도는 포로 생활에서 돌아온 백성에게 가장 필요한 것이 포로 생활에서 신체적으로 해방되는 삶이 아니라, 오히려 죄를 용서받고 마음이 변화되는 삶이라고 강조한다.

하나님의 위대함과 자비로움에 대해서 분별력을 회복하며 그분의 거룩함에 대한 새로운 비전을 품는 것보다 오늘날의 교회에 더 중요한 일은 있을 수 없다. 하나님에 대한 이와 같은 새로운 이해와 그분의 임재에 대한 더 심오한 분별력에 성장과 유익함의 열쇠가 놓여 있다. 에스라기를 기도하며 경건한 자세로 연구하면, 그와 같은 바람직한 결과를 얻는 데 크게 이바지할 것이다.

2) 하나님께 드리는 예배

이 주제는 맨 먼저 하나님께 정기적으로 드리는 예배를 포함한다. 그 예배와 관련해서 성전은 꼭 필요한 중심 장소였다. 바로 이것이 포로 생활에서 돌아온 이들이 맨 처음으로 "하나님의 사람 모세의 율법에 기록한 대로 번제를 그 위에서 드리려" 한 이유였다(3:2). 거룩한 장소로 나아가는 길을 마련하기 위해서는 다른 무엇보다 이스라엘 백성의 죄 사함을 위한 번제를 드릴 필요가 있었다. 이어지는 절들은 다른 정규 제사들을 다시 도입하는 것과 성전 재건에 대한 준비에 대해서 말한다. 포로 생활로 말미암아 중단되었던 성전의 정규 예배는 회복될 필요가 있었다.[17] 하나님에 대한 공적인 예배의 절정은 성전 봉헌 및 유월절을 다시 지키는 것과 더불어 6장에서 나타난다. "모세의 책"(6:18)에 대한 언급은 에스라가 도착하기 이전에 희생 제사 제도와 토라의 다른 규정들이 이미 잘 알려져 있었다는 사실을 보여 준다.

에스라기에서 기도에 대한 강조는 하나님을 향한 예배의 핵심에 해당한다. 여기서 에스라는 자신의 개인적 잘못은 없지만, 이스라엘 백성의 죄에 동참함으로써 진정한 지도력을 보여 준다. 그렇지만 과감한 조처가 뒤따른다는 점 때문에, 이 기도를 섬뜩한 자기 성찰(morbid introspection)로 볼 수 없다. 그리고 에스라는 단순한 실용주의자가 아니었다. 오히려 그의 행위들

---

[17] 하나님께 드리는 예배와 생활 전반과의 관계에 관한 논의를 더 자세하게 알고 싶다면, 3장에 대한 해설을 보라.

은 하나님의 말씀을 경청하고 말씀대로 순종하는 삶에 뿌리내리고 있다. 그는 몽상가도 아니었다. 그의 삶에서 신앙과 행위는 전혀 분리되지 않았다.

3) 하나님의 백성

다양한 측면에서 하나님의 백성은 그들이 처한 상황 때문에 상당히 의기소침해졌다. 대략 5만 명 정도가 포로 생활을 하던 이국에서 귀환했다.[18] 이들은 "**남아 피한**"(9:15) 자들이었다. 하지만 이 남은 자에게 소생의 다양한 가능성이 열려 있었다. 비록 포로 생활을 하던 바빌로니아에서 예루살렘과 유다 지역으로 돌아왔지만, 그 사람들은 "**이스라엘 백성**"(2:2)으로 불렸다. 또한 "**그들의 조상의 가문과 선조가 이스라엘에 속하였는지 밝힐 수 없었더라**"고 한 2:59에서는 그 사실을 밝힐 필요가 있다는 점을 말한다. 이것은 "**하나님의 사람 모세의 율법**"(3:2; 7:10; 10:3을 보라)에 대한 순종을 강조함으로써 하나님 백성의 개념을 강화했다. 그러므로 이 작은 신앙 공동체는 이집트를 떠난 뒤에 시내산에서 언약으로 맺어진 하나님의 백성과 유기적 관련이 있다.

그 연속성의 다른 측면은 이방 종교로부터 분리되는 삶이었다. "**거룩한 자손**"(9:2)은 보존되어야 했다. 여기서 언급된 이방 민족들은[19] 더럽힐 위험성에 대한 이전의 경고를 의도적으로 반영한다.[20] 그리고 이것은 "**사로잡혔다가 돌아온 이스라엘 자손과 자기 땅에 사는 이방 사람의 더러운 것으로부터 스스로를 구별한 모든 이스라엘 사람들에게 속하여 이스라엘의 하나님 여호와를 찾는**"(6:21) 사람들을 자비롭게 받아들인 점과 균형을 이룬다.

바빌로니아로 추방된 결과, 독립국가 남유다 왕국의 지위는 종말을 맞았다. 따라서 포로 생활에서 돌아온 이들이 남유다 왕국뿐만 아니라, 통일 왕국 이스라엘과 나아가 하나님의 말씀을 듣기 위해서 시내산 기슭에 모였던

---

18 2:64-65.
19 9장에 대한 해설을 보라.
20 예를 들면, 창 15:19-21; 출 3:8, 17; 13:5; 34:11을 보라.

하나님의 백성과 자신들의 정체성을 동일시하는 데 관심을 기울이는 것은 에스라기(와 느헤미야기 및 역대지 상하)의 주요한 특징 가운데 하나다. 이것은 주로 예배를 통해서 (그래서 성전은 핵심적인 중요성을 지닌다) 그리고 토라의 백성이 됨으로써 이루어진다. 에스라 자신은 이 새로운 관심을 모범 사례로 보여 줄 뿐만 아니라 다른 이들에게도 이와 같은 관심을 기울이도록 권면한다. 또한 이 새로운 관심사는 그들이 포로 생활에서 귀환하게 된 근거이자, 미래를 위한 일종의 헌장이다.

여기서 우리가 발견하는 것 가운데 상당 부분은 특별히 오랜 세월에 걸쳐서 확립된 서구의 교회들에도 타당한 지침이다. 서구의 교회들은 예언적인 음성을 거의 들려주지 못하는 상황이며, 그 대신 시류(時流)를 따르는 견해들을 나약하게 반향한다. 성경에 새롭게 몰두하며, 성경 연구, 해설 및 적용에 열심을 품는 태도는 하나님 백성의 강건함을 위해서 가장 필요하다. 전도서 12:9-10에서 전도자/교사에 대한 다른 묘사와 더불어, 에스라 7:10에서 에스라 자신에 대한 묘사는 대규모 모임뿐만 아니라, 소그룹과 두세 명의 모임에서도 하나님의 말씀을 가르치는 모든 이들에게 통찰과 도전을 준다. 여기서 하나님의 말씀을 부지런히 연구하고, 신중하게 실천하며 철저하게 가르치는 삶에 대한 원리들을 제시하는데, 이런 자세들은 모든 세대에게 타당하다.

4) 성경

해설 부분에서 지적하겠지만, 예레미야서, 시편 및 정경의 다른 부분들과 관련해, 성경에서 토라의 기본적인 중요성만큼이나 이야기를 전달하는 방식은 필수적이다. 토라에 대한 에스라의 가르침은[21] 말라기서에서 직면한 상황에 대한 반응이었다. 말라기서에서 율법을 제대로 가르치지 않은 제사장들

---

21 7장의 해설을 보라.

은 혹평을 받는다.²² 키드너는²³ 성경을 재발견하고 새롭게 가르치는 힘이 넘쳐났던 종교개혁 시대와 에스라기의 상황을 비교한다. 냉담해지고 무관심한 교회에 성경 강해 사역이 다시 도입되었을 때, 언제나 그와 같은 결과가 나타났다고 말한다. 그러므로 사람들에게 성경의 메시지를 들려주는 일은 긴급하고 영원한 과제다.

어떤 책을 세밀하게 연구하는 일이 아무리 가장 근본적인 작업이라고 하더라도, 단순히 그와 같은 연구에만 국한되지는 않는다는 사실이 다양한 방법으로 드러난다. 곧 에스라 9:4은 "**이스라엘의 하나님이 하시는 말씀으로 말미암아 떠는 자**"에 대해서 말한다. 그와 같은 자세는 단순히 율법을 지키고 율례를 준수하는 것과 매우 다른 태도다. 그렇다고 이 말이 세부적인 순종이 필요하지 않다는 뜻은 아니다. 그리고 3:2은 "**이스라엘 하나님의 제단을 만들고 하나님의 사람 모세의 율법에 기록한 대로**" 그 위에서 번제를 드렸다는 사실을 언급한다.

4. 지속적인 타당성

앞에서 제시한 설명들과 이 책의 해설 전체를 통해서 제시되는 다른 설명은 에스라기의 지속적인 타당성과 중요성을 입증해 준다. 이제 나는 몇 가지 줄거리를 서로 연결해서 제시하고자 한다. 먼저 다음 세 가지로 말할 수 있다.

1) 하나님은 결코 그분의 목적을 포기하지 않으신다

바빌로니아 포로 생활에서의 귀환은 초라했다. 예를 들면, 이사야서 2장과 미가서 4장의 예언에서는 모든 민족이 시온으로 몰려올 것이며, 또 죄와 강포함이 종결될 거라고 했지만, 그런 강력한 약속들은 이행되지 않았다. 하지

---

22 말 2:6-9.
23 Kidner, p. 26.

만 그 귀환은 중요한 부분적 성취였다. 또한 언젠가 그 계획이 현실로 이루어진다는 보증이었다. 용기를 북돋워 주는 요소들이 거의 없을 때, 그와 같은 확신은 무기력한 시기에 사람들을 격려하고 소망과 기대감을 준다.

2) 하나님은 자기 백성을 절대로 포기하지 않으신다

표면적으로 바빌로니아로 강제 추방된 사건은 마치 하나님이 언약 백성을 포기하셨으며 그들과 관계를 끊으신 것처럼 보인다. 그러나 에스라기는 포로 귀환이 일종의 새로운 출애굽 사건이라고 강조한다. (해설 부분에서 이 점을 지적할 생각이다.) 이방 군주들, 이방의 적대적인 고위 관리들과 사람들의 낙심에도 불구하고, 하나님의 백성은 적어도 부분적으로 시온으로 돌아왔다. 그리고 다시 예배드리며 율법을 준수하기 시작했다. 이것은 그들의 나라가 시작되었던 시기를 회고하게 할 뿐만 아니라, 새 예루살렘에서 하나님의 백성이 최종적으로 모두 모이게 될 날을 기대하게 한다.

3) 하나님은 자기 백성을 인도하신다

성경에 대한 강조점은 베드로후서 1:19의 경우와 똑같다. 베드로후서에서는 선지자들의 말씀에 관해 "마음속에서 날이 새고 샛별이 떠오를 때까지, 어둠 속에서 비치는 등불"(새번역)을 대하듯 하라고 묘사한다. 에스라기도 그 성경의 일부분이다. 모든 약속이 성취되고 하나님이 사람들과 함께 거하시는 날까지, 성경은 어둠 속에서 안전하게 걸어가도록 우리를 도와준다.

1장

구속받은 하나님 백성의 귀환
1:1-11

모델하우스를 방문한다는 것은 항상 즐거운 경험이다. 새 나무의 냄새, 번쩍이는 외양(外樣)과 새 카펫은 우리를 새롭고 흥미로우며 다양한 가능성으로 초대한다. 그런데 몇 달 전에는 그곳이 건축 현장이었다. 모든 것은 불결해 보이고 시끄럽고 무질서한 상태였을 것이다. 그런 상황의 똑같은 장소를 방문한다고 상상해 보자. 어느 시대 또는 어느 곳에 살든지, 우리는 이 땅에서 하나님의 교회를 방문할 수 있다. 우리가 발견하는 교회는 모델하우스라기보다 오히려 건축물이라고 할 수 있다. 하지만 그 건축물은 역사의 과정에서 필수적인 일부분이다. 그리고 에스라기에 이르게 되면, 우리는 그 긴 과정에서 매우 의미심장한 어떤 시점에 직면한다. 그 긴 과정에서 하나님은 이 세상의 채석장에서 돌들을 떼어 내, 점진적으로 그 돌들로 그분의 성전을 세워 나가신다. 그리고 마침내 그 집은 예수 그리스도를 머릿돌로 해서 사도들과 선지자들의 기초 위에서 완성된다.[1] 우리는 역사 속에서 위대한 어느 시점에 있다. 에스라기의 문체가 다소 간단명료하다고 해서, 그 표면 아래에서

---
1 엡 2:19-22.

꿈틀대는 거대한 동요(動搖)가 없다고 상상해서는 결코 안 된다.

에스라기는 그 자체로 주요한 두 부분으로 나뉜다. 포로 생활에서 돌아온 하나님의 백성에 관해 이야기하는 에스라기는 그 이야기를 역사의 배경 안에 위치시킨다. 하나는 느헤미야기의 마지막 부분까지 이어지는 내러티브의 일부분을 형성하는데, 그 기간은 대략 한 세기에 해당한다. 다윗 왕국인 남유다 왕조는 주전 586년에 종말을 맞았다. 그것은 에스라기의 이야기가 시작되기 약 70년 전의 일이다. 바빌로니아 군대―이전에는 앗시리아 군대―는 피정복민을 메소포타미아 안에 있는 새로운 정착지로 끌고 갔다. 그리고 자신들이 정복한 영토 안에 식민지를 건설했다. 앗시리아 군대가 사마리아를 함락시켰을 때, 북이스라엘 왕조에 이와 같은 사건이 일어났다.[2] 또한 바빌로니아 군대가 예루살렘을 약탈했을 때도, 이와 같은 일이 일어났다.[3] 이제 바빌로니아 제국 자체가 사라졌다. 주전 539년에 고레스 치하의 페르시아 제국이 바빌로니아 제국을 대체했다. 고레스가 맨 처음에 취한 조치들 가운데 하나는 바빌로니아에 포로로 끌려왔던 여러 나라의 백성들을 고국으로 돌려보내는 것이었다. 그래서 우리는 이제 주전 538년에 있다. 포로로 끌려갔던 유다 백성 가운데 일부가 성전을 재건하기 위해 고국으로 돌아온다.

전통적으로 이 책 전체는 에스라의 이름으로 불린다. 하지만 에스라 자신은 7장에서야 비로소 맨 처음으로 등장한다. 이 책의 전반부(1-6장)는 일종의 역사적인 개요이며, 에스라 자신보다 약 80년 전에 예루살렘으로 돌아왔던 선구자들에 관해서 이야기해 준다. 종종 '에스라 회고록'으로 불리는 후반부(7-10장)는 어떻게 에스라 자신이 돌아왔는지에 대해서 말해 준다. 또한 이 부분에서 귀환 백성의 단결과 개혁의 프로그램이 시작된다. 우리는 이 책의 저자(아마도 에스라 자신)가 보여 주는 훌륭한 문학적 기교를 발견한다. 저자는 역사, 회고, 공적인 명령들, 족보와 기도 등으로 이루어진 다양한 요소

---

2   왕하 17:5-6, 24을 보라.
3   왕하 25:11을 보라.

들을 결합해서 하나의 연속적인 내러티브로 제시한다. 이전의 성경책들을 계속 언급함으로써 이 책에 깊이와 울림을 더한다. 이 책을 피상적으로 읽는다면, 그와 같은 요소들을 간과하기가 쉽다.

에스라기는 중요한 하나의 주제, 즉 하나님의 집의 재건에 관심을 기울인다. 그 주제는 또한 학개서와 다소 다른 측면에서 스가랴서의 강조점이기도 하다. 그러므로 에스라기의 부제로 선택된 것은 '하나님을 위한 성전'이다. 하지만 솔로몬의 성전은 불타 버렸다. 우리는 그와 같은 건축물을 주로 벽돌 및 회반죽과 관련된 것으로 생각해서는 안 된다. 여기서는 건축 기금을 모금하기 위한 헌금 캠페인이나 일련의 설교를 다루려는 것이 아니다. 오히려 하나님을 자신의 입술뿐만 아니라, 삶으로 높여 드리는 하나님의 백성 가운데 그분이 임재하신다는 점에 주의를 기울이려 한다. 신약성경은 성전 건축을 살아 있는 돌들이 하나의 영적인 건물로 성장해 가는 관점으로 이해한다. 그래서 바울은 이렇게 말한다. "그리스도 안에서 건물 전체가 서로 연결되어서, 주님 안에서 자라서 성전이 됩니다"(엡 2:21, 새번역). 또한 베드로도 다음과 같이 말한다. "너희도 산 돌같이 신령한 집으로 세워지고 예수 그리스도로 말미암아 하나님이 기쁘게 받으실 신령한 제사를 드릴 거룩한 제사장이 될지니라"(벧전 2:5). 신구약 성경에서 핵심적인 강조점은 하나님의 백성과 언약에 기초한 사랑으로 연결된 하나님의 임재다. 또 신구약 성경은 "하나님의 집이 사람들 가운데"(계 21:3, 새번역) 있게 될 날을 고대하고 있다. 그래서 성경이 주님의 '집'에 대해서 말할 때, 그것은 하나님이 오셔서 우리와 함께 계시는 장소를 가리킨다는 사실을 확실히 이해할 필요가 있다. 이것은 비단 성전에만 국한되지 않는다. 야웨께서는 "그들 중에 거할" 장소로 모세에게 성소를 지으라고 명령하셨다(출 25:8).

1. 주도권을 지니신 하나님(1:1-4)

"여호와께서 집을 세우지 아니하시면 세우는 자의 수고가 헛되며"(시 127:1)라는 시편 기자의 말은 이 부분에 대한 훌륭한 머리말이 될 수 있다. 물론 어떤 물리적인 건축물을 짓는다는 의미에서 집을 세운다는 것도 가능하다. 그러나 단지 만약 그와 같은 건축물이 주의 복을 받는다면, 그 건축물은 하나님이 의도하시는 목적들을 성취할 것이다. 1:1의 주동사는 '감동시키셨다' (moved)로, 그것의 주체는 주님 자신이다. 이 사건들의 주도권을 하나님이 지니신다는 뜻이다. 그래서 이 장에서 나타나는 첫 번째 주요 주제는 이 책 전체의 분위기, 즉 하나님의 섭리를 제시해 준다. 사실상 '섭리'라는 단어 자체는 성경에서 나타나지 않는다. 그러나 그 개념은 창조에 대한 성경의 그림에서 비롯되는 위대한 가르침 가운데 하나다. 섭리는 하나님이 그분의 피조 세계와 지속적인 관계를 맺으시며, 또한 피조물과 피조 세계의 전체 질서를 궁극적으로 그분의 목적대로 성취하려 이끄신다는 뜻이다. 하나님은 모든 것을 그분의 목적들에 따라서 운용하시지만, 인간은 저마다 자기의 결정과 행위에 대해서 책임을 져야 하는 존재다. 우리는 이런 현실(reality)에 대해서 긴장감을 가질 필요가 있다. 이것은 궁극적으로 모든 인간의 행위, 모든 환경과 사건들은 하나님의 계획들을 실현하기 위해서 서로 협력한다는 의미다. 구약성경에는 이 사실에 대한 전형적인 진술이 창세기의 마지막 부분에 나온다. 요셉은 그의 형들에게 "형님들은 나를 해치려고 하였지만, 하나님은 오히려 그것을 선하게 바꾸[셨다]"(창 50:20, 새번역)라고 말한다. 형들의 배신, 잔인함 및 이기심은 하나님의 계획들을 성취하도록 이끄는 영광스러운 태피스트리(tapestry, 여러 색실로 그림을 짜 넣은 직물-편집자)로 짜였다. 믿음으로 하나님의 계획을 신뢰하고 그분이 우리에게 가르치시기를 원하는 점을 묻기보다, 오히려 순간적으로 하나님에게 우리의 어둡고 어려운 상황을 변화시켜 주시기를 요청하며 반응할 때, 이 사실을 기억할 필요가 있다. 그래서 여기서도 하나님은 이방인 통치자 고레스를 사용하셔서, 그분 백성의 역사를 그 다음 단계로 이끄신다. 우리는 이 점을 다음 두 가지로 숙고해 보고자 한다.

1) 고레스와 선지자들

"여호와께서 예레미야의 입을 통하여 하신 말씀을 이루게 하시려고"(1절)라는 표현은 하나님의 섭리가 세상을 살펴보고 역사를 이해하고 추론하는 이론이 아님을 밝혀 준다. 하나님이 은혜로 그분 자신을 계시해 주지 않으신다면, 하나님의 방법들은 우리가 알기 힘든 상태로 남는다. 고대 세계에서 신들이 말하고 그들의 계획을 계시해 주는 일은 자명하지 않았다. (따라서 열왕기상 18:26-29에서 바알을 섬기던 선지자들은 바알이 무엇인가를 말하게 하려고, 광적으로 헛되이 선동하려고 시도한다.) 그러나 하나님은 그분의 계획을 자기 종들과 선지자들에게 계시하신다.[4] 그리고 계시 그 자체는 앞으로 일어날 사건들에 동력을 부여하는 하나님의 행위다. 여기서 에스라기의 시작 부분에서 어떤 일이 일어나는지 정확하게 이해하기 위해서는 예레미야의 예언과 이사야서에서 고레스에 관한 언급을 반드시 살펴볼 필요가 있다.

이 책은 에스라가 "**모세의 율법에 익숙한 학자**"(7:6)였다고 말해 준다. 그는 그 당시 일어나고 있던 일을 설명하려고 곧바로 성경을 살펴본다. 하나님의 관점에서 판단할 때, 포로 귀환으로의 반전은 마음이 갑자기 바뀌어서 일어난 사건이 아니었다. 오히려 선지자들의 예언을 통해서 이미 예고된 바였다. 예레미야 25:1-14은 민족들이 70년 동안 바빌로니아의 왕을 섬길 것이라고 말한다. 그리고 예레미야 29:10에서 야웨께서는 이렇게 말씀하신다. "너희가 바빌로니아에서 칠십 년을 다 채우고 나면, 내가 너희를 돌아보아, 너희를 이곳으로 다시 데리고 오기로 한 나의 은혜로운 약속을 너희에게 그대로 이루어 주겠다"(새번역).[5] 예레미야 25:10에서 그 배경을 조사한다면, 하나님이

---

4   암 3:7.
5   70년은 50년보다 조금 더 많은 것 같다. 하나님은 은혜로 그 기간을 단축하셨다. 우리가 그 기

절대주권의 섭리로 역사를 주도하시는 또 다른 흥미로운 단면을 발견한다. 고레스와 마찬가지로, 느부갓네살도 하나님의 종이다.[6] 고레스가 회복을 위한 하나님의 계획들을 성취하듯이, 느부갓네살은 파괴를 위한 하나님의 계획을 성취한다. 예레미야 29:11은 하나님의 백성에 대한 그분의 장기 계획을 언급한다. "너희를 향한 나의 생각을 내가 아나니 평안이요 재앙이 아니니라. 너희에게 미래와 희망을 주는 것이니라." 이 계획은 기도 및 순종과 연결된 다음 절들로 이어진다. 에스라기에서도 그 두 가지는 중요한 주제들이다.

에스라는 일하고 있는 가장 중요한 행위자는 하나님의 살아 있는 말씀이라는 사실을 전혀 의심하지 않는다. 우리는 그와 같은 확신을 되찾을 필요가 있다. 포스트모더니즘과 싸우고자 하는 모든 시도와 '교회 되기'의 새로운 방법들을 모색하는 수준을 넘어 무엇보다도 하나님의 말씀이 지닌, 삶을 변화시키는 특성을 믿어야 한다. 그것에 더해서, 바로 그 말씀이 역사를 통제하고 이끈다는 점을 믿어야 한다. 예레미야가 전달한 말씀, 곧 하나님의 말씀은 포로 시대 이전에 이스라엘 백성의 타락과 배교(背敎)를 드러내 주는 수단이었다. 그러나 이제 그 말씀은 미래를 열어 주고 새로운 희망을 주는 수단이다. 하나님의 말씀을 가르치고 전파하고 해설하는 이들이 삶을 변화시키는 말씀의 능력에 대한 확신을 회복하고, 그런 일을 하는 말씀에 대해 기대하는 것은 대단히 중요하다.

그러나 여기서 명백하게 언급되는 구절들은 예레미야서의 해당 구절들 이외에 다른 의미도 있다. 그것은 '**움직였다**'(moved)라는 동사로 암시되는데,

---

간을 70년으로 살펴볼 수 있는 두 가지 방법이 있다. 첫째, 만약 다니엘과 그의 친구들을 포함해서(단 1:1-6), 소규모의 강제 이주가 주전 605년에 시작된다고 간주하면, 그 기간은 선구자들이 예루살렘에 도착한 해인 주전 538년까지 67년이 된다. 그렇다면 그 기간은 70년에 근접한다. 둘째, 다른 대안으로서, 만약 솔로몬 성전이 파괴된 주전 586년부터 주전 516/515년에 두 번째 성전이 완성된 기간을 받아들인다면, 그 기간은 거의 정확히 70년이다.

6 과연 느부갓네살은 신자가 되었는가? 단 4:34-35에서는 이렇게 말한다. "그 권세는 영원한 권세요 그 나라는 대대에 이르리로다. 땅의 모든 사람들을 없는 것같이 여기시며 하늘의 군대에게든지 땅의 사람에게든지 그는 자기 뜻대로 행하시나니 그의 손을 금하든지 혹시 이르기를, '네가 무엇을 하느냐?'고 할 자가 아무도 없도다." 이 말은 그의 이전 진술보다 더 진전되었다.

아마도 마음을 '감동시키셨다'(stirred up, ESV)라는 번역이 더 적절하다. 다시 말해, 주님께서는 고레스의 마음을 감동시키셨다. 이사야 41:2의 "누가 동방에서 한 정복자를 일으켰느냐?"(새번역)라는 구절은 고레스를 암시한다. 또 41:25에서 하나님은 "내가 북쪽에서 한 사람을 일으켜 오게 하였다"(새번역)라고 말씀하신다. 이사야 44:28과 45:1에서는 고레스라는 이름이 명백하게 언급된다. 그리고 45:13에서 "내가 공의로 그를 움직였다"(stirred up in righteousness, ESV)라고 묘사된다. 여기서 우리는 하나님이 역사를 놀랍도록 매우 정확하게 주도하신다는 사실을 본다. 또한 살아 있는 말씀은 놀라울 만큼 정확하게 이 점을 기록한다. 이사야서에서 이 사건은 전체 논점의 절정이다. 곧 하나님은 예언하실 수 있으며, 또한 그분의 예언은 역사 무대에서 실질적으로 실현된다는 것이다.

2) 고레스와 정치가들

앞에서 말한 것 가운데 그 무엇도 고레스를 꼭두각시의 차원으로 떨어뜨리지 않는다. 그는 자기 자신의 목적을 위해서 조서를 선포하고, 이전의 바빌로니아와 앗시리아의 정치 체제와 매우 다른 정치 체제를 확립한다. 우리는 바빌로니아 제국을 정복하고 페르시아 제국을 세운 이 매력적인 사람을 살펴볼 필요가 있다. 그는 두 번째로 고레스라는 이름을 지닌 통치자로 고레스 2세였다. 대체로 '위대한 자'(the Great)로 불린 그는 주전 559년부터 530년까지 통치했다.[7] 그는 야웨를 믿었고, 유다와 그 나라의 하나님에 특별한 관심을 두고 행동한 통치자로 추측되었다. 그렇지만 고레스가 재건한 우르(Ur)에 있는 달의 여신 신전에서 진흙으로 만든 원통이 1879년에 발견되었는데, 오늘날 흔히 '고레스 실린더'(Cyrus Cylinder)로 불린다. 바빌로니아에 초점을 맞춘 일종의 공문서인 이것은 그 도시의 최고신 마르둑(Marduk)이 고레스에

---

[7] 에스라기는 고레스가 왕위에 오른 '첫해'에 대해서 말한다. 그것은 주전 539년 후반에 정복자로서 그가 바빌로니아로 들어온 해를 가리킨다.

게 정복자라는 이름을 부여했다고 한다.[8] 그 공문서가 야웨 또는 유다를 언급하지 않는다는 사실은 별로 놀랍지 않다. 하지만 이 문서는 피정복민이 그들의 고국으로 돌아가도록 허용하는 것을 반영하고 있으며, 티그리스강 건너편에 있던 도시들을 언급한다. 여기 에스라기에서 고레스의 조서는 아마도 비슷한 정책에 대한 또 다른 사례였을 것이다. 이번에 그 조서는 유다 백성을 대상으로 선포되었다. 더욱이 그 페르시아 왕은 이집트를 곱지 않은 눈길로 바라보았을 가능성이 있다. 만약 유다 지역에 주민이 많이 거주하는 바람직한 현상이 생기면, 이집트 정복을 계획할 때 좋은 발판이 될 수 있다. 통찰력이 있는 정치가인 고레스는 내정을 담당하는 고관들을 거느리고 있었을 것이다. 그들은 훌륭한 정책을 조언하는 데 뛰어났으며, 구체적인 청중을 대상으로 삼아서 논거를 만들어 냈을 것이다.

예언과 정책은 모두 전체 그림의 일부분이다. 주님의 손이 일하고 계시며, 하나님은 정치가들이 그들의 목적을 이루기 위해 설계한 것들을 사용하셔서, 그분의 계획을 실행하신다. 고레스의 입장에서는 단순히 또 다른 피정복민이 그들의 고향으로 돌아가서, 성전을 재건하고 그들의 방식대로 예배드릴 수 있도록 허용하는 정책이었다. 그러나 하나님께 이것은 하늘과 땅의 창조로부터 시작되며, 새 하늘과 새 땅에서 절정을 이룰 위대한 이야기의 한 부분이다. 우리는 그리스도인으로서 우리의 사역을 그 빛에 비추어 보아야 할 필요가 있다. 그래서 정부가 교회를 억압하려고 시도할지라도, 그 상황에 압도당해서는 안 되며, 반면에 정부가 교회에 우호적이라고 하더라도, 그 상황에 지나치게 흥분해서도 안 된다. 그 두 상황 모두 결국은 그것을 통해서 하나님의 목적이 성취되어 가는 과정이기 때문이다.

고레스의 칙명이 조서로 기록되었다는 점(1:1)은 하나님의 섭리가 정확하다는 사실에 대한 또 다른 예증이다. 20년 뒤에, 엑바타나(Ecbatana)에서 발

---

8 Cyrus Cylinder는 *ANET*에서 읽을 수 있다.

견된 고레스 조서의 아람어 사본에서 다리우스왕은 성전 재건 사업을 지지하는 명령을 내린다(6:1-5). 하나님이 그분의 계획을 정하실 때, 그분은 또한 그것을 이루기 위한 수단도 정하신다. 구두와 문서로 전달된 고레스의 말은 인간적인 수단이 된다. 그 수단을 통해서 하나님의 영원한 계획이 성취된다. 이것은 역사에 대한 하나의 관점이다. 우리는 이 관점을 전제 정권뿐만 아니라 민주 정권에까지 모든 인간의 권력으로 확대할 필요가 있다. 바울이 로마서 13:1에서 말하는 것처럼, 만약 "모든 권세는 다 하나님께서 정하신 바"라면, 이것은 단순히 '신명기 역사가들'이나 '역대지 역사가들'의 강조점이 아니라, 오히려 성경의 일관된 관점이다. 그래서 우리는 "우리의 하나님이 다스리신다"라고 확신하며 말할 수 있고 찬양할 수 있다.

3) 하나님의 집의 재건

그러므로 사람들이 하는 말의 배후에 있는 하나님의 말씀은 예루살렘에 **"하늘의 하나님 여호와"**(1:2)를 위한 집을 건설하는 이 위대한 프로젝트를 착수하는 일을 가능하게 한다. 야웨에게 주어진 이 칭호는 다른 나라의 신들을 마치 자신들의 신들을 언급하는 방식으로 언급하는 고레스의 정책을 반영한다. 그러나 이 칭호는 이 하나님이 어떤 건물이나 나라에 국한되지 않는다는 점을 상기시켜 주기도 한다. 그리고 이 칭호는 에스라기뿐만[9] 아니라, 느헤미야기와[10] 다니엘서에서도[11] 여러 번 나타난다. 나아가 하나님의 초월성과 그분의 계획들을 실현하시는 능력을 강조한다. 그 하나님은 한 나라에 국한되지 않으시고, 하늘과 땅의 창조자시다.

왜 성전을 재건하는 일이 그토록 중요한가? 왜 에스라기와 학개서는 모두 이 주제를 강조하며, 우리가 이 주제에서 벗어나지 못하게 하는가? 우리

---

9   스 5:11-12; 6:9-10; 7:12, 23.
10 느 1:4-5; 2:4, 20.
11 단 2:18-19, 44.

는 하나님이 그분의 백성과 함께 거하신다는 성경의 핵심 주제를 살펴볼 필요가 있다. 하나님은 인간과 친밀하게 교제하시려고, 인간을 하나님의 형상대로 지으셨다. 그래서 창세기 3:8에 따르면, 하나님은 "동산에 거니[셨다]."[12] 이것의 최절정은 하나님이 사람들과 함께 거하시는 새 하늘과 새 땅에서 이루어진다.[13] 그렇지만 아담과 하와의 타락으로 거룩하신 하나님과 죄인인 인간 사이에 장벽이 세워진다. 에덴동산의 동쪽 입구에 있는 빙빙 도는 불칼은 사람들이 생명 나무에 접근하지 못하도록 막는다. 사람을 만나기 위해서 에덴동산의 타락하지 않았던 세상에 특정한 장소를 만드셨던 하나님은 출애굽 이후에, 성소(또는 성막)를 지으라고 명하신다. 그곳에서 하나님은 그분의 백성과 함께 거하겠다고 말씀하신다.[14] 성전은 그와 같은 확신에 대한 또 다른 표현이다. 그러므로 성전 재건은 핵심적으로 중요한 작업이다.[15] 성막과 성전은 단지 예배를 드리기 위한 장소일 뿐만이 아니라, 오히려 하나님의 임재를 분명한 방법으로 알려 주기 위한 설비(setting)다. '쉐키나'(*Shekinah*)로 알려진 이 특별한 임재는 눈에 보이는 구름의 형태를 취하는, 거주하고 임재하는 존재다.[16] 이스라엘 백성을 이집트에서 이끌어 내신 야웨는 멀리 떨어진 곳에서 사는 땅 주인이 아니라, 그분의 백성 사이에 거하시는 분이다.

성전은 사무엘하 7장에서 언급되는 다윗의 언약과 연결되어 있다. 거기서 '집'이라는 용어와 관련해서 흥미로운 언어유희가 나타난다. 곧 하나님은 '성전'이라는 의미에서 다윗이 '집'을 세우는 것을 거절하셨다. 그러나 주님께서는 '왕조'라는 의미에서 다윗에게 '집'을 세워 주겠다고 약속하신다(삼하 7:11-16). 이 약속은 성전을 다윗의 후손과 연결해 준다. 또한 다윗의 위대한 후손

---

12 이 절에서 '거닐다'로 번역된 히브리어 동사 **할라크**(*hālak*)는 히트파엘 형태로 사용되었다. 이 단어는 '습관적으로 자주 거닌다'는 뜻을 지니고 있다. 또한 이 형태의 단어는 에녹(창 5:22, 24)과 노아(창 6:9)에게도 사용되었다. 그것은 하나님이 그들과 친밀한 교제를 가지셨음을 암시한다.
13 계 21:3. 해당 문맥에서 반드시 그와 같은 뉘앙스를 끌어내야 한다.
14 출 25:8.
15 더 자세한 내용을 알려면, 학개서에 대한 해설을 보라.
16 출 40:34-38.

이 하늘과 땅을 결합해 성전이 되게 함으로써, 하나님께 영광을 돌리게 될 그날을 기대하게 한다.

아마도 성전의 중요성과 한계를 가장 명백하게 나타내는 성경 본문은 열왕기상 8:27-30에 기록된 솔로몬의 위대한 성전 봉헌 기도일 것이다. 해당 절들에서 솔로몬은 하나님에 관한 한 쌍을 이루는 두 개의 위대한 진리를 파악하고 있다. 그 진리들은 성경의 계시에서 한가운데 있다. 곧 하나님은 "거기 높은 곳"에도 계시지만, 동시에 "여기 낮은 곳"에도 계신다는 점이다. 서로 한 짝을 이루는 이 두 강조점은 창세기 1장과 2장에서 확증되었다. 창세기 1장에서 전능하신 창조주는 만물이 존재하도록 명령하신다. 그리고 창세기 2장에서 하나님은 세상으로 내려와 흙으로 남자를 지으시고, 또 남자의 갈비뼈로 여자를 만드신다. 인간은 이 하나님을 온전히 파악할 수 없다. 하지만 어느 날 그분은 우리의 육신을 취하실 것이다. 솔로몬은 "저 하늘, 저 하늘 위의 하늘이라도"(왕상 8:27) 하나님을 모시기에 부족하기 때문에, 자기가 지은 성전은 더욱더 그렇게 할 수 없다고 간파한다.[17] 이 모순은 오직 그 말씀(the Word)이 이 땅에 와서 육신을 취할 때만 해결될 수 있다. 궁극적으로 그 말씀은 하나님의 백성을 성전이 없는 곳으로 인도할 것이다. 왜냐하면 그곳에는 하나님과 어린양이 있기 때문이다.[18]

슬프게도 이어지는 역사는 솔로몬과 그의 많은 후임자들이 이 두 개의 진리를 신실하게 지키지 못했음을 입증해 주었다. 예루살렘에는 아스다롯, 그모스와 몰렉을 숭배하기 위한 제단이 세워졌다.[19] 솔로몬은 그때 자신이 공경했던 야웨가 단순히 어떤 지역에만 한정된 작은 신이라고 공표한 셈이다. 또 성전을 수리하고자 시도했지만 실패했던 요아스의 이야기를 숙고해 볼 필요가 있다.[20] 요아스는 성전 건물을 순전히 돈을 모으고, 헌금 모금

---

17 왕상 8:27.
18 계 21:22.
19 왕상 11:4-8.

을 위한 캠페인을 하며, 건축물을 수선하는 관점에서 이해하는 사람들의 수호성인이었다. 거기에는 기도, 하나님께 돌이키는 태도, 온 마음으로 동참하는 진지함 등에 대한 언급이 전혀 없다. 또한 성경에 대한 언급도 전혀 없다.[21] 이 모든 것을 요시야의 위대한 개혁과 비교해 보자.[22] 요시야의 개혁은 다음과 같은 요인들에 의해서 이루어졌다. "좌우로 치우치지 아니하[는]"(대하 34:2) 태도, 주님을 섬기고자 하는 열망, 젊은 시절부터 품어 온 하나님에 대한 열심, 우상숭배에 대한 증오심, 무엇보다도 하나님의 말씀에 순종하는 태도 등이 개혁을 끌어가는 추진력이었다.[23] 그리고 요시야는 유월절을 다시 성대하게 기념함으로써 경건한 예배를 회복하고 다시 확립한다.[24]

그래서 여기서 성전 재건은 주님이 그들 가운데 거하신다는 사실을 하나님의 백성이 얼마나 진지하게 대하는지 입증해 준다.

신약성경이 성전에 대한 주제를 어떻게 다루는지와 성전의 구조를 이루는 살아 있는 돌들에 대해서는 이미 간략하게 언급했다. 그렇지만 성전 건물은 구약성경 전체를 통해서도 아주 중대한 주제였다. 때가 이르면, 예수님은 "너희 집이 황폐하여 버려진 바 되리라"(마 23:38)라고 말씀하시며 성전에 등을 돌리실 터였다. 요한복음 2:18-22에서 예수님은 성전과 자신의 몸—진정한 성전—을 분명하게 구분하신다. 참된 성전인 예수님의 몸이 죽임을 당한 후, 사흘 만에 죽은 사람들 가운데서 다시 살아날 것이다. 물질적이고 일시적인 것에 초점을 맞추었던 그분의 청중은 그분을 완전히 오해했다. 예수님이 말씀하신 성전은 하나님이 그분의 백성과 더 좋은 방법으로 궁극적으로

---

20 왕하 12장; 대하 24장.
21 저자의 다음 논문을 보라. "A Curious Silence: The Temple in 1 and 2 Kings," in T. Desmond Alexander and Simon Gathercole (eds.), *Heaven on Earth: The Temple in Biblical Theology* (Carlisle: Paternoster, 2004), pp. 49-59.
22 왕하 22-23장; 대상 34-35장.
23 대하 34장을 보라. 특별히 대하 34:14-32에서 율법책이 발견되었을 때, 그가 회개했다는 이야기를 읽어 보라.
24 대하 35:1-19.

거하시는 것을 가리켰다.[25]

4) 깊은 우물에서 길어 올리는 물

우리는 이미 어떻게 에스라가 포로 시대 이전 선지자들인 이사야와 예레미야의 글을 인용하는지 살펴보았다. 이사야 12:3은 "너희가 기쁨으로 구원의 우물들에서 물을 길으리로다"라고 말한다. 에스라는 바로 여기서 이사야의 예언을 실행하고 있다. 이전 시대의 구약성경에 포함된 몇 가지 내용을 반영하는 1:3-4은 살아 계신 하나님이 자기 백성을 만나고 이끄신다고 계시해 준다. 예루살렘으로 '올라간다'는 표현은 시편에서 나오는 큰 무리의 순례자들이 찬양하는 것을 반영한다. 그 찬송들은 다음과 같은 말을 떠올리게 해 준다. 곧 "사람이 내게 말하기를 여호와의 집에 올라가자 할 때에 내가 기뻐하였도다"(시 122:1). 이 구절은 문자 그대로 예루살렘으로 가는 여행을 가리키는 동시에 그것이 상징하는 영적인 여행을 가리키는 말로, 표면적인 의미뿐만 아니라 더 깊은 의미를 지닌 구절에 대한 좋은 본보기다. 우리는 아직 예배드리는 신앙 공동체를 구체적으로 만나지 않았다. 하지만 3장에서 그 공동체를 만나게 될 것이다. 그렇지만 여기서 이미 하나님에 대한 찬양과 예배가 예루살렘 성벽을 재건하고 주민들의 집을 짓는 일보다 더 높은 우선순위를 지니고 있다는 사실이 확립된다. 여기서 시편 구절이 울려 퍼지는 것은 해당 장면에서 하나님의 섭리가 작용하고 있다는 사실을 알려 주는 또 다른 사례다. 물론 고레스는 그 사실을 알지 못했다.

1:4에서 '살아남은 자들'(survivors, NIV)로 번역된 단어는 흥미로운 또 다른 세부 표현이다. 그 히브리어 단어는 종종 '남은 자'로 번역된다. 우리는 그 단어가 지닌 신학적인 의미를 살펴볼 필요가 있다. '쉐에리트'(šěʾērît)라는 히브리어 단어는 '남다, 남겨져 있다, 생존하다'를 의미하는 히브리어 동사 '솨

---

[25] 계 21:2-22:5을 보라.

아르'(šʾr)의 명사형이다. 그러나 우리의 목적에서 중요한 점은 어떻게 그 단어가 작은 무리의 수를 가리키는 데 사용되는지 이해하는 것이다. 곧 그들은 상당히 많은 무리 가운데서 남은 자들이며, 그들의 존속은 하나님의 자비에 근거하고 있다. 궁극적으로 바로 남은 자들을 통해서 하나님은 은혜로 그분의 계획을 성취하실 것이다.

의미심장하게도 그 단어는 홍수 이야기에서 맨 처음으로 사용된다. 곧 "오직 노아와 그와 함께 방주에 있던 자들만 남았더라(šʾr)"(창 7:23). 노아와 그의 가족을 통해서 피조 세계에 대한 하나님의 목적들이 실현될 것이다. 그렇지만 남은 자 신학에 대해서 가장 세부적으로 표현한 이들은 바로 주전 8세기의 선지자들이다. 아모스는 하나님을 찾도록 권면을 받는 "요셉의 남은 자"(암 5:15)에 대해서 말한다. 그리고 "무너진 다윗의 장막"을 회복할 것이라는 예언에 앞서, "야곱의 집은 온전히 멸하지는 아니하리라"라는 주님의 말씀이 언급된다(암 9:8, 11). 또 이사야는 심판과 구원의 배경에서 남은 자에 대해서 말한다. 이사야는 8:9-22에서 하나님을 믿는 백성 가운데서 남은 자들이 멸망하지 않는 것을 본다. 그러나 하나님이 그들과 함께 계시므로, 그들 앞에 전시되는 힘은 무시무시하다. 그렇지만 하나님이 제시하시는 안전은 인간의 편에서 믿음과 순종으로 특징지어지는 경건한 생활 방식으로 나타난다. 그리고 그 믿음은 흑암의 날들을 거쳐서 하나님을 신뢰하는 것이다. 사실, 오래된 찬송가가 노래하듯이,[26] 하나님의 약속들을 믿고, 그분의 계명들에 순종하는 방법 이외에 다른 길은 없다. 우리는 여기서 추상적인 세계 안에 있는 것이 아니라, 오히려 성도들과 진정한 교제를 나누고 있다. 그들은 세상의 기초가 놓이기 이전에 선택되었지만, 인내와 오래 참음으로 믿음의 경주를 하며, 하나님의 은혜에 응답한다. 이사야 10:20-25에서 아브라함의 자손이 바닷가의 모래와 같을 거라는, 아브라함에게 주어진 약속은 포로 생

---

[26] John Henry Sammis (1846-1919), hymn: *When we walk with the Lord* (Trust and Obey). 새찬송가 449장, "예수 따라가며."

활에서 돌아온 이들로 말미암아 성취될 것이다. 주님께서는 그들을 위해서 큰길을 내실 것이다.[27] 그들은 새로운 공동체의 핵심을 이룰 것이다. 포로 시대 이후의 선지자들은 이 '남은 자'가 포로 생활에서 돌아온 작은 그룹이라고 확인해 준다.[28] 에스라기에서 그 단어는 또다시 9:8, 13-15에서 나타난다.

그래서 남은 자는 하나님의 목적의 연속성과 성취를 위해서 핵심적으로 중요하다. 바로 그와 같은 이들이 "이스라엘의 위로를 기다리는" 이들이다(눅 2:25). 그들 가운데 마리아, 요셉, 시므온과 안나 같은 사람들이 포함되어 있다. 그들은 하늘에서 구원의 해가 떠오르기를 기다렸다. 모든 위기의 시기에는 이런 일이 일어난다. 하나님의 백성은 보잘것없는 숫자로 줄어들 수 있다. 그렇지만 하나님은 그들을 보존하시고, 그들을 통해서 일하신다. 또한 하나님은 모든 난관을 극복하고 "아무도 능히 셀 수 없는 큰 무리"가 하나님의 보좌 앞과 어린양 앞에 서는(계 7:9) 날까지 이르게 하실 것이다.

에스라기는 무미건조한 연대기가 아니다. 에스라 1:1-4의 네 절은 어떻게 하나님의 계획이 성취되는지에 대해서 놀라운 일들을 단순히 광범위한 개요가 아니라, 구체적인 세부 내용으로 보여 준다. 성경의 통일성과 권능은 입증되었다. 하나님은 그분의 선지자들을 통해서 유다 백성이 포로로 잡혀갈 것과 포로 생활이 끝날 것을 미리 선포하셨다. 에스라기에서 어떻게 하나님의 말씀이 이미 일어난 일과 앞으로 일어날 일을 언급하고 있으며, 그뿐 아니라 현재의 행동을 위한 지침 역할을 한다는 사실을 보여 주기 위해서 성경을 광범위하게 인용하는지를 살펴보았다. 하나님은 여전히 언약을 충실히 지키시는 하나님이다. 또한 그분의 백성에게 오래전에 약속하신 땅에서 그들을 또다시 만나기를 열망하신다. 이제 그들 가운데 남은 자들이 그 땅으로 돌아온다.

27　사 11:16.
28　학 1:12, 14; 2:2; 슥 8:6, 11-12.

2. 사람들의 반응(1:5-6)

에스라는 이 사건들 배후에 하나님의 섭리와 선지자들의 예언이 있다는 사실을 입증해 주었다. 이제 그는 사람들의 반응에 대한 중대한 질문에 관심을 기울인다. 하나님의 섭리를 더욱더 굳게 믿을수록, 우리는 더욱더 그분의 지속적인 계획들에 동참하려고 열심을 품는다. 언제나 그렇듯이, 여기서도 등장하는 중요한 질문은 이것이다. 과연 하나님은 그분의 백성을 통해서, 아니면 그분의 백성을 무시한 채 자기 계획들을 성취하실 것인가.

여기서 포로 생활에서 돌아온 이들의 우선순위들에 대한 하나의 중요한 이슈를 반드시 살펴보아야 한다. 바빌로니아 강제 추방은 실질적으로 노예 생활과 마찬가지며, 바빌로니아에 거주하던 추방된 공동체 전체는 고향으로 돌아오기를 스스로 포기했다고 상상하기 쉽다. 그렇지만 적어도 많은 사람의 경우, 그렇지 않았다는 사정을 암시해 주는 몇몇 예가 있다. 예레미야 29장은 기본적으로 예루살렘과 바빌로니아 사이에 오고 간 편지들로 이루어진다. 거기에는 예레미야가 보낸 편지도 하나 포함되어 있다. 그 장(章)은 포로 생활의 상황에 대해서 흥미로운 시각을 살짝 보여 준다. 예레미야는 추방자들에게 "그 성읍이 평안을 누리도록 노력하고"(29:7), 또한 집을 짓고 과수원을 만들고 아내를 맞아 가정을 이루라고 권면한다. 이것은 그들이 그렇게 할 자유가 있다는 점을 전제한다. 이와 비슷하게, 에스겔도 장로로 이루어진 그들 자신의 조직을 구성하라고 말하고 있으며, 그 자신도 그들을 자유롭게 섬겼다.[29] 더욱이 적어도 자신들의 이전 고향에 대한 개인적 경험이 전혀 없는 두 세대가 바빌로니아에서 성장했다. 어린 자녀가 있는 가정을 거느린 사람들과 나이 든 사람들은 긴 여행에서 일어나는 다양한 어려움을 무릅쓰고 편의 시설과 사회 기반 시설도 전혀 없는 황폐한 도시로 돌아가기를

29　겔 8:1 및 14:1을 보라.

꺼렸을 것이다. 단지 영적 우선순위에 대한 통렬한 감각에 마음이 움직인 일부 사람들이 고향으로 돌아가기로 마음먹었을 것이다.

이 모든 사실은 매우 중요한 의미가 있다. 포로 시대의 저작들과 그 이후의 저작들이 가진 중대한 가치들 가운데 하나는, 그 책들이 그 당시 하나님의 백성이 지금 서구 교회에서 우리가 처한 상황과 매우 비슷한 처지에 있다는 점을 묘사한다는 사실이다. 여러 의미에서 나날이 증대되는 제도 교회의 취약성, 많은 신학교에 내재하는 불신앙과 매우 많은 목회 현장에 만연한 무기력함을 생각할 때, 우리 역시 일종의 추방을 경험하는 셈이다. 한 세대 후에 말라기가 통렬하게 지적하듯이, 이와 같은 위험성은 점차 심해지는 무관심과 하나님에 대한 무시와 매우 낮은 도덕 수준에 만족하며 그것을 용인하는 삶을 내포하고 있다. 지금은 우선순위에 대해서 긴급한 재평가가 필요한 때이며, 구원하는 복음을 세상에 전달해서 하나님의 성전을 재건하고자 하는 열망이 요구되는 때다.

1) 감동에 대한 새로운 인식

고레스에게 이미 사용되었던 단어 '감동시켰다'는 이제 예루살렘으로 돌아가서 하나님의 집을 재건하라는 부름에 반응하는 이들에게 적용된다. 이것은 1:5에서 강조된다. 5절에서 왕궁 재건은커녕 심지어 예루살렘 도시와 성벽 건축에 대한 제안도 가장 중요한 우선순위가 아니었다. 오히려 이스라엘의 삶과 예배의 한가운데 있던 장소에 대해서 언급한다. 그렇다면 성전 재건은 어떤 중대성을 지니고 있는가?

우리는 하나님을 위한 건축물은 근본적으로 벽돌과 석회에 관한 것이 아니라, 오히려 이것들이 가리키는 실재들(realities)이라는 점을 이미 살펴보았다. 또다시 바빌로니아로 추방되기 직전에 예레미야가 했던 말이 여기서 우리를 도와준다. '성전 설교'에서 예레미야는 다음과 같이 경고한다. "너희는 이것이 여호와의 성전이라, 여호와의 성전이라, 여호와의 성전이라 하는 거짓

말을 믿지 말라"(렘 7:4). 사람들이 유다 땅에 살고 있던 이방인들과 과부들을 압제하고 바알을 숭배할 때, 단순히 나무와 돌로 만들어진 어떤 건물이 있었고 거기서 제사 의식이 거행되었다는 사실은 하나님의 임재를 전혀 보증해 주지 않는다.[30] 그와 같은 '성전 신학'은 우상숭배였으며, 그들의 종교에서 모든 타당성을 제거했다. 그러나 이제 그들 사이에 주님의 임재를 확실하게 하는 것보다 더 중요한 일은 아무것도 없다. 그리고 주님의 임재를 소홀히 여기는 일은 그들이 자신들 가운데 주님의 임재에 얼마나 관심이 적은지 입증해 준다. 또 예레미야는 실로에 있던 이전 성소의 운명에 대해서 어떤 물리적인 구조물도 그 자체로서 거룩하지 않다는 사실을 사람들에게 상기시켜 준다.[31] 이와 비슷하게, 에스겔은 야웨의 영광이 성전을 떠나는 환상을 보았다. 그 성전은 우상의 신전이 되고 말았다.[32] 하나님은 손으로 만든 성전에 갇혀 계시지 않는다.

그렇지만 포로 귀환이 이루어졌을 때, 성전을 짓는 물리적인 행동은 그들의 삶 전체와 더불어 그들이 하나님께 기꺼이 예배드리고자 한다는 점에 대한 하나의 상징이었다.[33] 여기서 성전 건축을 사람들의 마음이 하나님께 감동받은 일과 연결하는 것은 엘리야가 제단을 다시 쌓아서 하나님의 불이 그 위에 내려올 수 있게 한 사건과 일맥상통한다.[34] 제단을 다시 쌓은 일 그 자체가 불을 내려오게 한 것이 아니라, 불을 받아들일 준비가 된 그들의 마음 때문에 불이 내려왔다. 성전을 재건하는 일은 포로 생활에서 돌아온 이들이 하나님께 예배드리기를 열망했을 뿐만 아니라, 그들의 공동체 한가운데 하

30　렘 7:5-11.
31　렘 7:12-15. 실로는 예루살렘에서 대략 32킬로미터 떨어져 있다. 가나안 정복 이후에, 성막은 실로에 놓여 있었다(수 18:1). 사사 시대에 성막은 주요한 성소였다. 성경은 성막이 어떻게 파괴되었는지에 대해서 구체적이며 역사적인 설명을 제시하지 않는다. 하지만 해당 장소의 발굴 결과에 따르면, 에벤에셀 전투 이후에 블레셋 사람들이 그것을 없애 버렸을 가능성이 있다(삼상 4:10-11. 또한 시 78:60-64을 보라).
32　겔 10-11장.
33　또한 학개서에 대한 해설을 보라.
34　왕상 18:30.

나님이 확실히 임재하기를 열망했음을 보여 준다.

우리는 오늘날 교회를 세운다는 뜻은 물리적인 건물이 아니라, 살아 있는 돌들(living stones)에 관한 것임을 강조했다. 그렇지만 친교는 회복, 확장 또는 완전히 새롭게 지어야 한다는 뜻일 때가 있다. 만약 이것이 주께서 사람들의 마음을 감동하게 하신 결과라면, 교회의 성장에서 중요한 한 부분이 된다. 왜냐하면 사람들이 기도에 힘쓰고, 관대하게 베풀며, 그들의 복음 사역을 확장하기를 기대할 것이기 때문이다. 만약 그것이 종종 불분명한 기금 모금으로 처리해야 하는 일이라면, 아무런 유익도 없고 그저 어떤 건물을 다시 세우는 일에 지나지 않는다. 여기서 최초의 동기는 하나님이 사람들의 마음에 감동을 주셨다는 사실이다. 나중에 어떻게 이것이 선지자들의 사역으로 다시 불붙는지 살펴보려 한다.[35] 이처럼 성전 건물을 재건하는 물리적인 행위는 그들이 자신들의 삶 전체로 기꺼이 하나님을 섬기고자 하는 열망에 대한 상징이 된다.

이 배경에서 다음과 같은 스가랴의 말은 바로 이 세대에 가장 합당한 것이다. "이는 힘으로 되지 아니하며 능력으로 되지 아니하고 오직 나의 영으로 되느니라"(슥 4:6). 포로 귀환자들을 기다리고 있던 여행과 힘겨운 과제의 어려움에 대해서는 이미 앞에서 언급했다. 그것은 그들의 믿음을 시험하는 실질적 도전 요소였다. 이런 어려움이야말로 당면한 과제가 하나님으로부터 비롯되었다는 점을 입증한다고 말한다면, 그것은 사실이 아니다. 그와 같은 어려움은 인간의 완고함, 어리석음이나 준비 부족에서 비롯될 수도 있기 때문이다. 어떤 유형의 그리스도인들은 시련으로 가득한 일을 만나면, 그것이 틀림없이 하나님의 뜻이라고 쉽게 단정한다. 또 어떤 유형의 그리스도인들은 어려움이 전혀 없다는 것은 그 일이 틀림없는 하나님의 뜻임을 입증해 준다고 생각하기 쉽다. 우리는 하나님의 인도하심에 열려 있고, 그분의 말씀

---

35 5장을 보라.

에 깨어 있어야 하며, 지혜로운 조언을 구할 필요가 있다. 키드너는 이것을 군사들의 숫자를 줄이는 기드온의 방식, 또 나중에 유대와 갈릴리 지역에서 무리의 숫자를 줄이는 예수님의 방식과 비교한다.[36] 기드온은 하나님이 많은 수의 군인뿐만 아니라, 적은 수의 군인으로도 미디안 족속을 물리치실 수 있다는 사실을 배워야 했다.[37] 예수님은 무리를 피해서 외딴 장소로 물러가셨다.[38] 하지만 초대교회가 괄목할 만한 성장을 이루었던 것처럼, 많은 숫자는 하나님의 복을 알려 주는 하나의 표시일 때도 있다.[39] 이 일은 유대 지도자들의 강력한 반대에 부딪혔지만, 성령으로부터 일어나는 운동이었기에 결국 막을 수 없었다.

2) 연속성에 대한 인식

에스라가 여기서 일어나고 있는 일을 이전의 성경과 연결하는 데 관심을 기울인다는 점을 이미 앞에서 언급했다. 이 단락에서도 마찬가지로 에스라의 관심사가 분명하게 나타난다. 남은 자가 "유다와 베냐민 족장들과 제사장들과 레위 사람들"(5절)로 더 자세하고 구체적으로 언급되는 것이 그 첫 번째 암시다. 이들은 정치 및 종교 지도자들을 대표했으며, 또한 포로 시대 이전의 이스라엘 나라와 진정한 연속성을 제공해 주었다. 포로 시대 이전 시기에 다윗 왕조로부터 분리되었기 때문에, 다른 지파들은 의도적으로 제외되었다고 추측되었다. 하지만 그것은 입증되기 어려운 가정이다. 오히려 누가 실제로 포로 생활에서 돌아왔느냐는 역사적인 사실과 관련된다.

성경의 선지자들과 역사가들이 항상 분열 왕국을 비정상적인 현상으로 이해하며, 새롭고 다시 하나가 될 왕국을 기대한다는 점은 주목할 만하다.

---

36 Kidner, p. 34.
37 삿 7:1-8.
38 예를 들면, 마 14:13.
39 예를 들면, 행 2:41, 47; 6:7.

두 가지 사례가 이 점을 충분히 입증해 준다. 에스겔 37장에서 하나님은 에스겔 선지자에게 하나님의 백성이 회복되는 것에 대한 어떤 환상을 보여 주신다. 거기서 이스라엘과 유다가 다시 하나가 되는 것은 그들 가운데 하나님의 성소가 영원히 존재한다는 점으로 표시된다. 이와 비슷하게, 역대지의 저자도 새롭게 회복되는 시기에 북쪽 지역의 주민도 예루살렘에서 드리는 예배에 동참한다고 신중하게 지적한다. 역대하 15:9은 북쪽 지파들에 속하는 사람들이 아사왕의 종교개혁에 동참했다고 말한다. 또한 30:11에서도 히스기야의 위대한 유월절 의식에 북쪽 지파들에 속한 사람들이 참여했다고 언급한다.

에스라 1:6(1:4을 반영함)에서 우리는 과거에 하나님이 행하신 일ㅡ이번에는 출애굽 사건과 관련됨ㅡ과 연속성을 갖는 또 다른 사례를 발견한다. 그 당시에 이른바 "이집트 사람들에게서 얻은 전리품"이 있었다. 히브리 사람들이 이집트를 떠날 때, 그들은 은과 금 및 다른 물품을 취했다. 학개는 모든 나라의 보화가 하나님께 속하기 때문에 그 보화를 이런 식으로 사용하는 것은 전적으로 타당하다고 말한다.[40] 여기서 또다시 포로 귀환을 새로운 출애굽으로 이해하는 이사야서와 연결된다.[41]

연속성에 대한 분별은 이 새로운 에피소드에서 필수적인 한 부분이다. 왜냐하면, 이스라엘 백성을 이집트에서 이끌었을 뿐만 아니라 지금 그들을 바빌로니아에서 돌아오게 하는 주님께서는 변함이 없으시기 때문이다. 이것은 주님의 한결같은 신실하심을 계시해 주는 행위들이다. 그러므로 찬양과 기도의 기초가 된다. 그렇지만 반드시 하나님의 영으로 감동되어야 한다. 그렇지 않다면, 하나님에 대한 위대한 진리들은 마음과 생각을 움직일 수 있는 확신과 능력 없이 단순한 진술에 그치고 말 것이다. 그와 같은 상황에서, 에스라 자신의 기도와 율법을 가르치는 일과 마찬가지로, 사람들을 하나님에

---

40 학 2:7-8.
41 사 43:16-21; 48:20-21.

게 돌이키도록 하는 학개와 스가랴와 같은 강력한 예언적 사역 역시 필요하다. 우리는 과거로부터 배워야 할 필요가 있지만, 현재에 살아 계신 동일한 하나님을 만난다.

3. 성전 재건 사역의 시작(1:7-11)

하나님이 주도권을 취하시고 하나님의 백성이 반응할 때, 실질적인 건축 사역이 시작된다. 여기서부터 2장의 끝부분까지 사람들과 그릇들에 대한 목록이 세부적으로 묘사된다. 우리는 그 목록을 자세하게 다루며, 그것이 지닌 중요성을 살펴볼 생각이다.

1) 공적인 일

에스라 1:7은 고레스의 공적인 칙령에 대한 간략한 개요를 제시한다. 그 칙령의 세부 내용은 6:3-5에서 읽을 수 있다. 여기서 거룩한 기물에 대한 언급은 감동적이다. 왜냐하면 이 그릇들은 마지막으로 벨사살왕이 큰 잔치를 베풀고 술을 마실 때 사용되었기 때문이다.[42] 하나님은 그 그릇들을 보존해 두셨다. 그리고 이제 그것들은 또다시 성전에서 하나님을 섬기는 일에 사용될 것이다.

이 임무를 실행한 두 명의 공직자들은 미드르닷과 세스바살이라고 언급된다. 미드르닷은 매우 흔한 페르시아 이름으로, "태양신인 미드라스가 주었다"는 뜻이다. 그 밖에는 그에 대해 알려진 바가 없다. 그러나 세스바살의 정체에 관해서는 논란이 빚어지고 있다. 5:14과 16은 고레스가 그를 유다 총독으로 임명했다고 언급한다. 더욱이 그는 성전의 기초를 놓은 인물로 언급된다. 그러나 문제는 다른 곳에서(2:2; 3:8; 4:3; 5:2; 학 1:1) 스룹바벨이 총독으로

---

42 단 5:1-4.

나온다는 점이다. 그래서 동일한 사람이 두 이름을 지니고 있었다는 주장이 제기되었다. 곧 세스바살은 궁정에서 사용하던 이름이며, 스룹바벨은 개인적인 이름이라는 주장이다.[43] 그리고 그는 '유다 총독'이라는 별칭을 지녔다. 이것에 근거해서 어떤 이들은 그가 세낫살(대상 3:18)과 같은 인물이며, 유다 왕으로서 바빌로니아로 끌려갔던 여호야긴의 아들이라고 이해한다.[44] 하지만 두 견해 모두 문제점을 지니고 있다. 우리는 최종적인 결정을 내려야 할 정도로 충분한 정보가 없다는 사실을 인정할 필요가 있다.[45] 그렇다고 해도, 에스라기 이야기의 진정성은 영향을 받지 않는다.

2) 성전 그릇(1:8-10)

9-11절에서 제시되는 성전 그릇 목록은 있는 그대로의 사실성과 진정성을 보여 준다. 그것은 솔로몬 성전을 건축할 때 묘사되는 세부적인 설명을 반영한다.[46] 열왕기하 25:13-17에서는 바빌로니아 군대가 성전에서 약탈해 간 물품들을 볼 수 있다. 이미 언급했듯이, 그 물품들 가운데 일부가 다니엘 5장에서도 언급된다. 그렇지만 오직 여기 에스라기에서만 그 숫자가 언급된다. 솔로몬 이후에 4세기가 지나서 약탈 행위가 일어났다는 점을 고려할 때, 이 숫자는 포로 시대 이전의 성전이 상당히 부요했다는 인상을 심어 준다. 또한 그 숫자는 솔로몬의 막대한 부에 대해 의심할 근거가 없음을 입증해 준다. 한 가지 명백한 문제는 각각의 물품을 합한 전체 숫자가 무려 5,400개에 이른다는 점이다.[47] 이 목록은 가장 주목할 만한 물품을 선별한 것일 가능성이 있다. 여기에는 느부갓네살이 약탈해 간 청동 가공품이 전혀 언급되지 않는

---

43 한 가지 사례로서 단 1:6-7을 보라. 거기서 다니엘과 그의 세 친구에게 새로운 이름들이 주어진다.
44 Clines, p. 41을 보라.
45 Kidner가 제시하는 유익한 논의를 보라. Kidner, Appendix II, pp. 139-143.
46 왕상 6-7장.
47 해당 목록과 다양한 수정안에 대한 철저한 논의는 Williamson (WBC), pp. 5-8을 보라. 그는 그 숫자를 모두 합산하는 일에 관심을 기울이며 그 수정안에서도 합산하려 한다.

다. 고레스가 모든 그릇을 한 번에 돌려주지 않았을 수도 있다.[48]

이 세부 사항은 하나님의 언약과 그분의 무한한 자비에 대한 이 암묵적인 증표를 보존할 때 나타나는 하나님의 놀라운 섭리를 계시해 주지 않는다. 하지만 한 가지 세부 항목이 이 목록에 포함되지 않았다는 사실은 놀랄 만하다. 어디서도 언약궤가 언급되지 않는다. 그것이 무엇을 의미하는가에 대해서 질문할 필요가 있다. 이 언약궤 안에는 십계명을 새긴 두 돌판이 있었다.[49] 그것은 하나님의 말씀이 하나님 백성의 삶에서 절대적으로 우선한다는 사실을 보여 준다. 또한 언약궤 안에는 광야에서 하나님의 은혜로 먹을 것이 공급되었다는 점을 상기시켜 주는, 만나가 담긴 항아리도 들어 있었다. 그리고 하나님이 죽음으로부터 생명을 일으키실 수 있다는 사실을 상징하는, 싹이 난 아론의 지팡이도 들어 있었다. 그 지팡이는 아론의 제사장 직분의 타당성을 입증해 주었으며, 유일한 타당성을 지닌 제사장이 영속적으로 필요하다는 사실을 알려 준다.[50] 그 언약궤는 하나님이 그분 자신을 자기 종들에게 계시해 주시는 지성소 안에 놓여 있었다.[51] 그것은 하나님의 임재와 "성막에 충만[한]" 그분의 영광(출 40:35)에 대한 하나의 상징이었다. 언약궤와 관련된 다양한 역사에는 다음과 같은 사항들이 포함되어 있다. 요단강을 건널 때 제사장들은 이스라엘 백성의 맨 앞에서 언약궤를 메고 갔다. 그들은 블레셋 사람들에게 언약궤를 빼앗기기도 했다. 나중에는 솔로몬 성전 안에 놓였고, [므낫세왕이 치운 언약궤를] 요시야왕은 다시 성전 안으로 옮겼다.[52] 바빌로니아 포로 시대 이전의 이스라엘 백성에게 언약궤는 모든 의미에서 예배의 중심을 차지했다.

---

48 그릇 목록에는 몇 가지 불분명한 점이 있다. 금그릇과 은그릇은 아마도 액체를 부을 때 사용되었을 것이다. 그리고 'silver pans'(NIV) 또는 'censers'(ESV) 'knives'(KJV)라고 번역된 히브리어 명사 '마할라핌'이 무엇을 의미하는지 분명하지 않다.
49 출 25:16; 신 10:1-5.
50 히 9:4.
51 출 25:22; 30:36.
52 수 3:14; 삼상 4:1-11; 왕상 8:2; 대하 35:3.

그렇지만 예레미야는 언젠가 언약궤가 더는 존재하지 않을 것이며, 그것의 대체제도 만들어지지 않을 것이라고 경고했다.[53] 그 경고의 배경에는 미래의 축복에 대한 예언이 있다. 곧 하나님은 그분의 백성 가운데 거하실 것이며, 모든 나라가 그분의 백성에게로 올 것이다. 바빌로니아 강제 추방 사건은 하나님이 어떤 지역에만 한정해서 존재하시는 분이 아니라는 사실을 이스라엘 백성에게 가르치려는 목적이 있다. 에스겔이 그발 강가에서 하나님의 영광에 대한 환상을 볼 때, 그는 사실상 이동하는 언약궤를 본다. 그 언약궤는 성령이 원하는 곳이면 어디든지 갈 수 있다.[54] 이것은 느부갓네살이 통치할 때 바빌로니아에 나타나는 야웨의 수레 보좌(the chariot throne)다. 그와 같은 적대적인 상황에서 야웨의 영광을 본다. 그 영광은 "사람의 모습과 비슷한 형상"이었다(겔 1:26, 새번역). 하나님은 그들에게 어떤 날을 준비하고 계신다. 그날에 참 언약궤, 하나님의 영광이 사람의 형상을 취한 채 우리 가운데 거할 것이다.[55] 주전 587년에 예루살렘이 함락되었을 때, 언약궤는 소기의 목적을 다하고 나서, 아마도 사라졌거나 파괴되었을 것이다. 이것은 하나님의 섭리에 대한 또 다른 사례다. 만약 언약궤가 보존되었다면, 이전 세대들이 광야에서 모세가 만들었던 놋뱀을 숭배했던 사례와 마찬가지로, 이스라엘 백성은 언약궤 자체를 숭배할 커다란 위험이 도사리고 있었다. 바로 그런 이유에서 히스기야왕은 놋뱀을 산산조각 내 버렸다.[56]

그러나 하나님의 영광은 사라진 것이 아니었다. 포로 생활에서 돌아온 이들은 그들의 생활 구조를 다시 세우며, 황량한 성소에서 하나님에게 참 예배를 드리는 것을 회복해야 하는 과제를 지니고 있다. 11절에서 "세스바살이 그 그릇들을 다 가지고 갔더라"는 문구는 극적으로 묘사되지는 않았다. 하

---

53 렘 3:16.
54 겔 1장.
55 요 1:14.
56 민 21:8-9; 왕하 18:4.

지만 그것의 배후에는 다음과 같은 의미가 숨어 있다. 곧 이 공동체는 그 그릇들과 물품들이 원래의 합당한 장소에 있어야 하고 원래의 합당한 목적들을 위해서 사용되기를 갈망했으며, 그 보물들을 원래 있어야 할 바로 그 장소로 가져갔다는 뜻이다.

3) 전환점

"사로잡힌 자를 바벨론에서 예루살렘으로 데리고 갈 때에"(11절)라는 간략한 표현은 이스라엘 백성이 포로 생활에서 벗어나 돌아온다는 사실을 묘사한다. 그것은 새로운 출애굽 사건이며, 역사의 위대한 순간들 가운데 하나의 순간이다. 출애굽 이야기와 달리, 바빌로니아에서 예루살렘으로의 여행과 그 여정에 동참한 이들의 정서(情緖)를 자세히 소개한 내용은 전혀 없다. 그와 같은 종류의 이야기를 들으려면, 우리는 에스라가 돌아오는 이야기를 다루는 8장까지 기다려야 한다. 이것은 보이지 않는 하나님의 섭리를 보여 주는 분명한 경우다. 출애굽의 경우와 달리, 이 사건에는 명백한 기적들이 수반되지 않았을 수도 있지만, 이것은 바로 하나님의 행위다. 고국으로 돌아온 사람들의 숫자는 적었다. 하지만 그들은 이스라엘 나라가 돌아왔음을 대표한다. 이집트를 떠났던 그들의 조상과 마찬가지로, 그들도 이방인 이웃들에게서 선물들을 받아서 가져왔다.

두 가지 사항에 대해서 말할 수 있다. 첫째, 여기에서는 국제적인 역사와 그 역사의 배후에 영적이며 인격적 요소들이 서로 섞여 있다. 고레스와 페르시아 제국은 역사적인 사실이다. 해당 시기를 입증해 주는 고레스 실린더와 같은 문화적인 유물에 대해서는 이미 앞에서 언급했다. 그렇지만 이 모든 일의 배후에 여기서 구체적으로 실현되는 예언의 말씀이 있다. 심지어 이처럼 세상에서 일어나는 명백한 사건들을 통해 말씀이 "육신이 된다"라고 말할 수 있다. 선지자들의 말은 일어나고 있는 사건에 대한 단순한 묘사가 아니다. 그들의 말 자체가 또한 하나님의 말씀이기 때문이다. 그 말씀은 이 사건들이 일어나게 하는 동인(動因)이다.

둘째, 지금 일어나고 있는 사건의 의미를 이해하고 파악하려면, 믿음의 눈이 필요하다. 부차적인 의미에서 이것은 독자들에게 사실이다. 맨 처음 에스라기를 읽으면, 종종 그 책이 지닌 매력을 간과하기 쉽다. 왜냐하면 에스라기는 종종 너무나 소박하고 사실적인 이야기를 말하는 것처럼 여겨지기 때문이다. 그렇지만 무슨 일이 일어나고 있는지 살펴보고, 이전에 기록된 성경 구절들이 울려 퍼지는 것을 파악한다면, 하나님이 그분의 계획을 실행하시고 있다는 사실을 깨닫는다. 진정으로 우리는 개인, 공동체, 국가 및 국제적인 사건들이 펼쳐지는 방법에 대해서 그와 같은 인식이 필요하다. 궁극적으로 역사에 대한 성경의 신학은 하나님이 하나님이심을 드러낼 것이며, 세상은 그 사실을 알게 된다는 것이다.

4. 우리의 입장

이 짧은 장(章)은 정교하며 믿을 수 없을 정도로 단순한 방법으로 커다란 이슈들을 제기했다. 이 책의 나머지 부분을 살펴보면, 세 가지 관찰 정보가 우리의 처지를 이해하고 저자로부터 계속 배울 수 있도록 도움을 준다.

첫째, 문학적인 설명이다. 저자는 담백하고 간결한 문체로 글을 쓴다. 얼핏 보기에 저자는 문체에 거의 관심이 없는 듯 보인다. 그렇지만 그는 풍부하고 기억을 떠올리는 방법으로 언어를 사용한다. 앞에서 이미 '남은 자'라는 용어, 성전 그릇들의 중요성과 이전에 기록된 성경 구절들의 울림과 같은 세부 사항을 살펴보았다. 에스라기와 더불어 우리는 아마도 이전에 기록된 성경들이 수집되고, 구약성경의 정경 개념이 출현하는 시기에 이른다.[57] 따라서

---

[57] R. Beckwith, *The Old Testament Canon of the New Testament Church and Its Background in Early Judaism* (Grand Rapids: Eerdmans, 1986), pp. 110-180을 보라. 우리는 정경의 수집 및 형성 과정에 대해서 조금밖에 알지 못한다. 그러나 Beckwith는 구약성경의 시대가 끝나

선지자들이 전한 말들은 권위 있는 것으로 받아들여졌다. 또한 에스라기와 같은 후대의 책들에 선지자들의 말들이 언급되며 그 전체 메시지를 온전히 이해할 수 있도록 나타난다. 이것은 에스라기의 텍스트가 풍부하고 다층적이며 또한 이전에 주어진 계시에 기초한다는 사실을 의미한다. 우리는 정경에 대한 설명에서 이 강조점을 다시 다룰 계획이다. 에스라기는 지루하고 단조로운 연대기가 아니라, 오히려 살아 있는 하나님의 말씀으로 힘차게 역동한다.

두 번째는 신학적인 설명이다. 에스라기는 언약 공동체에 성전이 핵심적으로 중요하다는 점뿐만 아니라, 하나님과의 관계 및 그분이 백성 사이에 임재하시는 사실에 대한 심오한 이슈들을 강조한다. 그 당시에 성전 그릇들은 하나님이 직접 제정하신 종교의식의 한 부분이었다. 따라서 그 그릇들을 합당하게 사용하는 문제는 중요한 사항이었다. 디모데후서 2:20-21에서 바울은 큰 집에 있는 그릇들에 대해서 말한다. 큰 집은 곧 교회이며, 하나님의 백성은 그릇들이다.[58] 성전 그릇들이 특별한 목적들을 위해서 성별된 것처럼, 하나님의 백성도 성별되었으며, 하나님에게 영적인 제사를 드려야 한다.

에스라기와 학개서가 입증해 주듯이, 예루살렘 성전은 하나님의 백성 한가운데서 하나님의 임재를 증거하는 핵심 장소로 남아 있었다. 그 성전은 최종적인 목적지가 아니라, 오히려 새 예루살렘으로 가는 길 위에 있는 하나의 단계다. 새 예루살렘에는 성전이 없다. 너울을 벗은 하나님의 임재와 어린양이 바로 성전이기 때문이다.[59] 성전 재건을 지시한 고레스의 조서를 예레미야의 말과 연결함으로써, 에스라기는 성전이 하나님 계획의 한 부분임을 입증해 주었다. 예레미야를 통해서 하나님은 그분의 백성에 대해서 "너희가

갈 무렵에 이미 책들이 정경으로 인정되었으며, 또 그 책들은 잘 알려진 방법으로서 율법, 선지서와 성문서의 세 그룹으로 배열되었다고 주장한다.
58 또한 딤전 3:15을 보라.
59 계 22:21.

내게 부르짖으며 내게 와서 기도하면 내가 너희들의 기도를 들을 것이요"(렘 29:12)라고 말씀하신다. 그리고 에스라기는 주님을 부르는 것과 기도에 관해 성전 재건을 통해서 생생하게 표현한다.

세 번째는 정경과 관련된 언급이다. 오직 느헤미야기, 학개서 및 스가랴서의 암시들과 더불어, 에스라기만이 성경에서 포로 귀환을 구체적으로 보여준다. 하지만 귀환은 구약성경의 다른 부분들에서도 언급된 주제다. 바로 앞에서 언급한 책들은 성경의 큰 그림 안에서 이 에피소드가 중요한 위치에 위치하도록 도와준다.

첫째, 다윗 왕조에 대해서 말하고 그 왕조의 비참한 실패와 그것에 뒤따르는 심판을 예고하는 이전의 구절들이 있다. 사무엘하 7장에서 나단은 하나님이 다윗과 언약을 맺으셨다고 말한다. 그 언약은 하나님의 사랑, 다윗의 왕위가 갖는 영속성과 그 왕국이 영원히 세워질 거라는 사실을 말한다. 하지만 그 언약은 또한 다윗의 후손이 "사람의 매"(삼하 7:14)로 징계를 받을 것이라고 말한다. 거기에는 바빌로니아로 추방되는 사실도 포함된다. 이 주제는 시편 89:38-41에서 전개된다. 해당 본문에서 여호와께서 다윗의 가문에 속한 왕(아마도 여호야긴)의 "왕위를 땅에 엎으셨[다]"(89:44). 이와 마찬가지로, 솔로몬의 위대한 성전 봉헌 기도도 죄악의 결과로 일어날 다양한 재앙에 대해서 말한다. 하지만 그의 기도는 하나님이 재앙으로부터 회복해 주시기를 간청한다.[60] 이 구절들은 다윗 가문 역사에서 상당 부분은 신실함과 반역의 특징을 나타내지만, 하나님의 한결같은 사랑이 승리할 것이라고 기대한다. 에스라 1장에서 우리는 하나님의 신실하심에 대한 증거로서 포로 생활에서 돌아온 사람들에 대한 역사적인 기록을 본다.

그러나 궁극적이며 종말론적인 성취는 우리를 또 다른 성경 구절들로 안내한다. 그 구절들은 선지서들 안에서 많이 나타나며, 포로 생활을 넘어서

60　왕상 8:31-53.

영광스럽고 변화될 미래를 내다본다. 예를 들면, 이 미래는 이렇게 묘사된다.

> 여호와의 속량함을 받은 자들이 돌아오되
> 노래하며 시온에 이르러. (사 35:10)

이 영광스러운 시는 출애굽 사건을 되돌아본다. 비록 그 사건은 메마른 사막을 통과하는 여행도 포함되었지만, 거기서 하나님의 백성은 주님의 영광을 보았다. 이와 비슷하게, 영광스러운 새로운 삶은 오직 하늘의 도성에서 온전히 성취될 것이다. 하지만 이 선구자들이 시온으로 돌아오는 사건은 한편으로 출애굽을 반영하지만, 다른 한편으로 하늘의 도성을 미리 보여 준다. 구약성경의 페이지들은 기대로 가득 차 있다. 각각의 새로운 왕, 선지자, 각각의 사건은 소망을 불러일으킨다. 그것은 하나님이 이전에 하신 약속들을 성취해 나가시며 또 그분의 선한 일이 계속된다는 증거로 이해된다.

이와 마찬가지로, 에스겔은 성전 재건을 기대하는 부분에서[61] 출애굽 내러티브를 회고하며 또한 주님의 날을 미리 내다본다. 궁극적인 강조점은 "하나님이 계시는 곳이 바로 시온이다"라는 것이다. 이 선구자들이 돌아왔을 때, 그들의 비전은 에스겔의 비전과 똑같았다. 그들은 하나님 백성의 한가운데 주님께서 임재하기를 원했다.[62]

하나님을 위해서 집을 짓도록 이끄는 신앙과 비전은 아마도 스가랴 4:7을 반영하는 다음과 같은 찰스 웨슬리의 말에서 가장 훌륭하게 표현된다.

> 나에게 산을 평지로 옮길 수 있는
> 믿음을 주소서.

---

61 겔 40-48장.
62 D. I. Block, *The Book of Ezekiel*, vol. II (NICOT; Grand Rapids: Eerdmans, 1998), p. 506. 『NICOT 에스겔 1』(부흥과개혁사).

나에게 어린아이와 같이 간청하는 사랑을 주소서.
그 사랑으로 당신의 집을 다시 세우기를 열망하게 하소서.
당신의 사랑이 내 마음을 사로잡게 하소서.
그리고 내 순결한 영혼을 모두 삼키소서.

더욱이 웨슬리는 집을 세우는 것을 사람들을 구주에게로 데려오는 것으로 이해한다.

무한한 하나님의 사랑으로
내 마음을 넓히시고 불을 붙이시고 채우소서!
그래서 내가 온 힘으로 노력하며
당신의 열심으로 그들을 사랑하게 하소서.
그리고 창에 찔리신 주님의 옆구리로 그들을 인도하게 하소서.
그들의 목자이신 주님은 그들을 위해서 죽으셨습니다.[63]

하나님의 은혜로 그와 같은 영(a spirit)은 진정으로 하나님의 성전에서 살아 있는 돌들로 건물을 세워 나가도록 이끌 것이다.

---

63 Charles Wesley, hymn: "Give me the faith which can remove."

2장

이름이 가진 의미

2:1-70

에스라 2장에서 어떤 내용을 끌어내든지, 우리는 한때 여기서 살았고 숨을 쉬었으며 기쁨과 슬픔을 느꼈던 사람들을 다루고 있다는 사실을 인식해야 한다. 그들은 단순한 족보의 이름들이 우리에게 말해 줄 수 있는 것보다 훨씬 더 깊은 무언가를 말해 줄 수 있다. 포로 생활에서 돌아온 그 사람들은 단순히 익명성에 가려진 대중이 아니었다. 적어도 그들 가운데 몇몇은 성경 안에 이름을 남겼다. 얼핏 보기에 이 장(章)은 아무런 매력도 없는 것처럼 보이지만, 사실은 원대한 계획을 보여 주며, 심오한 깊이를 지니고 있다. 먼저, 우리는 여기서 등장하는 몇몇 이슈들에 대해서 언급하려 한다. 그다음, 이 장이 지닌 전반적인 타당성과 지속적인 가치에 대해서 말할 것이다. 모호한 부분이 많기는 하지만, 여기에는 명단이 분명히 제시되어 있다. 그래서 거의 한 세기가 지난 뒤, 느헤미야는 공동체를 조직하기 위한 부분적인 자료로 이 명단을 활용할 수 있었다(느 7:5-67).

1. 포로 생활에서 돌아온 이들의 명단

1) 지도자들(2:1-2상)

몇몇 학자들은 이 명단을 포로 생활에서 돌아온 이들의 명단으로 보지 않고, 오히려 대략 20여 년의 기간에 걸쳐서 돌아온 사람들에 대한 복합적인 설명으로 이해한다.[1] 그러나 그런 설명은 불필요하다. 2장은 "**사로잡힌 자를 바벨론에서 예루살렘으로 데리고 갈 때에**"라는 1:11을 더 확장해 설명한 것으로 이해하는 편이 더 자연스럽다. 이스라엘의 이전 역사가 낭랑하게 울려 퍼지는 2장에는 포로 생활에서도 잠재울 수 없었던 그들 역사의 연속성과 민족성에 대한 깊은 의식이 반영되어 있다.

"예루살렘과 유다 도(ESV: 'province')로 돌아와"라는 번역에서, '도'는 이전의 남유다 왕국의 핵심부를 가리킨다. 고대 페르시아 용어로 그것은 "강 건너편 다른 땅"(4:10)으로 알려진 지역으로 고대 페르시아 제국의 거대한 영토에서 매우 작은 한 부분을 가리킨다. 그러므로 여기에서도 또다시 남은 자 개념이 반영되어 있다. 비록 백성과 영토의 관점에서 소규모이기는 하지만, 남은 자는 하나님의 위대한 약속들과 영광스러운 미래의 상속자다. 이 미래는 "**예루살렘과 유다 도로 돌아와 각기 각자의 성읍으로 돌아간 자**"(1절)라는 표현에 이미 요약되어 있다. 그들이 고국으로 돌아오자, 거대한 재건축 프로젝트가 그들을 기다리고 있었다. 그 프로젝트는 아직 돌 하나도 놓이지 않은 상태였다. 그러나 이 설명은 희망과 새로운 시작에 대한 열망을 불어넣어 준다.

에스라기는 포로 생활에서 돌아온 지도자들의 이름을 언급하는 것으로 시작된다. 이 장의 내용에 해당하는 것으로서, 느헤미야기는 열두 명의 이름으로 이루어진 그 명단에 '나하마니'라는 이름을 덧붙인다.[2] 왜 '나하마니'라

---

1 예를 들면, Williamson, *Ezra, Nehemiah* (WBC), pp. 30-32.
2 방대한 주석서들은 해당 명단에 대해서 자세히 분석해 준다. 예를 들면, Williamson, *Ezra,*

는 이름이 여기서 생략되었는지는 알지 못한다. 아마도 열둘이라는 숫자가 연속성에 대한 표시로서 중요하기 때문일지도 모른다. 그 숫자는 바로 이들이 포로 생활에서 돌아온 진정한 이스라엘 백성임을 암시한다. 2:2의 명단에서 스룹바벨과 예수아의 이름이 맨 앞에 등장한다. 스룹바벨은 유다 왕 여호야긴의 손자이며, 다윗 왕조를 대표한다. 그리고 예수아(학개서와 스가랴서에서는 '여호수아')는 대제사장이다(슥 3:1). 왕과 제사장 계보는 바로 예수 그리스도 안에서 그 직분이 연합하게 되는 날을 가리킨다.

이 명단에 포함된 다른 이름들은 성경의 다른 곳에서는 나오지 않는다. 아마도 여기서 언급되는 느헤미야는 후 시대에 돌아오게 될 잘 알려진 유다 총독 느헤미야와 동일 인물이 아닐 것이다. 또한 에스더기의 맨 마지막 부분의 상황에서 모르드개는 탁월한 지도력으로 페르시아 수사에서 견고하게 자리 잡았으며 그곳의 자기 백성의 수호자였다(에 10:2-3). 이 점은 여기서 언급되는 모르드개가 에스더기에 등장하는 모르드개와 동일 인물이 아니라는 사실을 분명하게 밝혀 준다. 오늘날과 마찬가지로, 고대 세계에서는 이름들을 반복해서 사용했다. 그래서 우리는 유명 인사와 평범한 사람들이 동일한 이름을 지니고 있다는 사실에 놀랄 필요가 전혀 없다.

2) 포로 생활에서 돌아온 이스라엘 백성 명단(2:3-35)

"이스라엘 백성"(2:2)이라는 표현은 포로 생활 이전의 이스라엘 국가와 명백하게 연결해 준다. 참으로 그들은 포로 생활에서 돌아온 하나님의 백성이다. 해당 명단은 두 부분으로 이루어져 있다. 첫째, 가문과 관련된 이름들(3-20절)이다. 둘째, 지명과 연관성이 있는 이름들(21-35절)이다. 이미 우리가 에스라기의 특징적인 서술 방법으로 살펴본 것으로, 여기서도 쉽게 이해할 수 있는 의미뿐만 아니라, 더 의미심장한 의미를 내포하고 있다. 애초에 이스라엘

Nehemiah (WBC), pp. 24-39; Clines, pp. 45-63.

백성 명단을 두 부분으로 제시하는 까닭은 아마도 이 명부를 다양한 방법으로 나타내기 위한 시도일 것이다. 그렇지만 여기서도 아브라함에게 주어진 후손 및 땅과 관련된 이중 약속이 성취된다. 그러므로 이 명단의 배후에는 모든 세대로 이어지는 연속성과 조상에게 주어진 약속의 땅에 대한 사랑이 스며들어 있다.

3) 제사장 명단(2:36-39)

여기서는 단지 네 제사장 가문만 언급된다. 다윗이 조직한 스물네 그룹의 제사장 가문보다 훨씬 적은 숫자다.[3] 그렇지만 많은 주석가가 언급했듯이, 그들은 포로 생활에서 돌아온 전체 그룹의 10분의 1을 형성했다. 그리고 그들은 성전의 기능을 수행하는 필수 인력이었다. 나아가 그들은 하나님의 부르심을 받은 백성으로 구성되는 제사장 나라에서 빼놓을 수 없는 한 부분을 형성했다.

4) 레위 사람(2:40-42)

"레위 사람"(Levites)은 모세오경에서 금송아지 우상숭배 사건 이후에 주님의 영광을 훼손한 사람들에게 복수를 행한 이들로 두각을 나타낸다.[4] 그리고 성막을 세우고 보호하며 운반하는 등 성막과 관련된 중요한 역할을 담당했다.[5] 그들은 땅을 기업으로 받지 못했지만, 십일조로 생계를 지원받았다.[6] 여기서 놀라운 점은 단지 일흔네 명의 레위 사람만 포로 생활에서 돌아왔다는 사실이다. 나중에 에스라 자신도 포로 생활에서 약속의 땅으로 돌아가기를 원하는 레위 사람이 없다는 현실에 부딪힌다(8:15).

---

3   대상 24-26장.
4   출 32:25-29.
5   출 38:21; 민 1:47-53.
6   민 18:23-24; 신 18:1-4.

이 점에 대해서 다양한 이유를 제안할 수 있다. 다른 모든 사람과 마찬가지로, 그들은 포로 귀환으로 생길 격변에 위축되었을 것이다. 다른 한편으로는, 엄격한 절제와 진지함이 요구되는 성전의 일과로 복귀하고자 하는 열망이 적었을 가능성이 있다. 에스겔 44:10-14을 통해 레위 사람 가운데 몇몇은 이스라엘 백성이 우상숭배를 하는 데 주도적인 역할을 했던 사실을 어렴풋이 알 수 있다. 하지만 에스겔서에서는 레위 사람이 회개하고 나서, 그들이 다시 야웨의 성전에서 섬기게 된다고 예언한다. 그와 같은 섬김을 통해서 그들은 이전에 레위 지파에 주어진 언약을 성취할 것이다.[7] 여기서 레위 사람은 숫자의 측면에서 많지 않지만, 그들은 그 지파 가운데서 신실한 남은 자를 대표했다.

또한 "**노래하는 자들**"(41절)과 "**문지기의 자손들**"(42절)도 레위 지파에 속한 이들이었다. 그러나 그들은 성전에서 특별한 기능을 수행했다. 역대지는 '노래하는 자들'을 레위 사람과 연결하지만, 상관관계는 분명하지 않다.[8] 느헤미야기는 노래하는 사람들을 레위 사람에 포함하지만, 반면에 성전 문지기의 명단은 별도로 제시한다.[9] "**아삽 자손**"(41절)은 시편 50편 및 73-83편과 연결되어 있다. 한 시편에서는 "내 하나님의 성전 문지기로 있는 것이 좋사오니"라고 말한다.[10]

5) 성전 막일꾼(2:43-58)

에스라 8:20은 다윗이 레위 사람을 도우라고 이 막일꾼들을 임명했다고 밝힌다. 히브리어 '느티님'(*nĕtînîm*)은 ESV와 NIV에서 '**성전 막일꾼들**'로 번역되었다.[11] 이 사람들이 어떤 특별한 임무를 수행했는지는 정확하게 알지 못

---

7 신 10:8-9.
8 예를 들면, 대상 6:16.
9 느 11:15-20; 12:24-25.
10 시 84:10.
11 '느티님'(*nĕtînîm*)이라는 이 히브리어 명사는 오직 역대지상과 에스라기와 느헤미야기에서만

한다. 몇몇 주석가들은 '르신'(48절)과 '시스라'(53절)와 같은 외국인의 이름처럼 보이는 이름들과 기드온 자손으로 확인되는 이스라엘의 이름들에 주목한다.[12] 그리고 이 막일꾼들이 노예보다 약간 더 나은 사소한 일들을 수행했을 것이라고 제안한다. 그러나 이 제안이 꼭 진실이라고 할 수는 없다. 그 명칭은 성전에서 구체적인 섬김을 위해서 선택되어 봉사하던 개인들을 암시할 가능성도 있기 때문이다. 어쨌든 그 사람들은 성전 재건과 성전 예배를 다시 제도화하는 매우 중요한 임무를 수행하기 위해 모두 모였다. 바울은 승천하신 그리스도가 교회 지도자들에게 은사와 선물을 주셨다고 상기시켜 주었다. 이때 그가 히브리어 단어 'ntn'의 전문적인 용례를 염두에 두었을 가능성도 있다.[13]

6) 가문이 밝혀지지 않은 사람들(2:59-63)

연속성뿐만 아니라 사람들이 자기 가문에 대해서 주장하는 것이 과연 사실인지 확인하기 위해서 혈통을 추적하는 일은 중요했다. 족보를 살펴보았지만, 몇몇 제사장들은 그 조상이 확인되지 않았다. 따라서 이들의 조상을 확인하는 일은 매우 진지한 과제였다(61-62절). 고라, 다단과 아비람과 관련된 이야기는 규정에 어긋나게 제사장 직분을 수행하는 일의 위험성에 대해서 경고한다. 민수기에서는 "그가 이렇게 한 것은, 아론 자손이 아닌 다른 사람들은, 어느 누구도 절대로 주 앞에 가까이 가서 분향할 수 없다는 것"(민 16:40)이라고 기록되어 있다. 성경은 외람되게도 제사장에게만 허락된 분향의 업무를 하려고 성전 안으로 들어갔다가 문둥병에 걸린 웃시야왕의 비극적

나타나며, 항상 정관사가 붙어 있는 복수 형태로 사용된다. '주다'를 뜻하는 일반 동사 ntn과 관련이 있는 이 용어는 아마도 성전 봉사를 위해 받쳐지거나 헌신된 사람들을 뜻하는 말일 것이다. 이 단어와 관계가 있는 '네투님'(nětunîm)은 민 8:16에서 주님께 "온전히 바쳐진" 레위인을 의미할 때도 사용되었다.

12 수 9:23, 27.
13 엡 4:7-13.

인 사례를 알려 준다.[14] 반면에 느헤미야는 성전 안으로 피신하라는 유혹을 물리쳤다.[15]

유다 **총독** 또는 '티르샤타'(Tirshatha)가 제사장 직분의 질서와 등록 과정을 감독했다. '티르샤타'라는 명칭은 나중에 느헤미야기에서도 사용되었다. 제사장들이 공식적으로 기능을 수행하기 이전 시기에는 아마도 스룹바벨이 그 일을 감독했을 것이다. 그리고 **거룩한 음식**은 아론의 후손인 제사장들을 위해서 구별된 몫이었다.[16]

여기서 하나님의 뜻을 분별하는 수단으로서 "**우림과 둠밈**"(63절)이 다시 도입되었다. 대체로 이 두 단어는 함께 사용되는데, 대제사장은 하나님의 계시를 분별하기 위한 수단으로서 우림과 둠밈을 사용했다. 출애굽기 28:30과 레위기 8:8은 우림과 둠밈이 보석으로 이루어진 두 개의 작은 물체로, 대제사장의 판결 가슴받이 안에 넣어 사용했다고 알려 준다. 이스라엘 왕국 초기 이후로 우림과 둠밈을 사용하던 관행은 사라졌지만, 이제 여기서 다시 도입된 것으로 보인다.[17] 각 면에 '예'와 '아니요'가 표시된 평평한 모양의 우림과 둠밈은 세 가지 옵션이 가능하다. 히브리어로 '타맘'(tāmam)과 관련이 있는 '둠밈'은 '완벽함'을 뜻한다. 두 개의 둠밈이 보인다면, 하나님이 찬성하신다고 해석할 수 있다. 한편 '우림'은 '저주하다'라는 뜻의 히브리어 동사 '아라르'(ārar)와 관련되어 있다. 만약 두 개의 우림이 보인다면, 그것은 '아니다'라는 응답을 가리킨다. 만약 우림 하나와 둠밈 하나가 보인다면, 하나님이 응답하시지 않는다는 표시다. 우림과 둠밈이 사용되지 않은 이유가 이스라엘의 통일 왕국 후기에 많은 선지자를 통해서 예언의 말씀이 주어졌기 때문은 아닐 것이다. 예언의 말씀이 풍성했던 모세가 생존해 있던 시기에 도입되

---

[14] 대하 26:16-21.
[15] 느 6:10-13.
[16] 레 2:3; 7:1, 6.
[17] 삼상 28:6; 느 7:65도 보라.

었다는 사실만 고려해 봐도 알 수 있다. 오히려 우림과 둠밈의 재도입은 이전 세대와의 연속성을 강조하고, 하나님에게 나아가는 방법을 제공하는 것이면 무엇이든지 다시 도입하겠다는 커다란 관심사를 반영한다.

여기서 제공되는 정보는 많지 않고 어떤 단어들이 정확히 무엇을 의미하는지 분명하게 알 수 없지만, 이런 점 때문에 이 단락이 주는 진정한 영향력을 모호하게 만들어서는 안 된다. 포로에서 돌아온 이들, 특별히 그들의 지도자들은 기꺼이 세부적인 면까지 힘써서 순종하고자 했다. 성전 재건 사역을 위해서 모두 모여 계획을 세울 때, 그들은 토라에 충실히 반응하려고 세심한 주의를 기울였다. 출애굽기 25:9에서 하나님은 모세에게 보여 주는 것과 똑같은 모양으로 성막을 지으라고 지시하셨다. 포로 생활에서 돌아온 지도자들은 어떻게 하면 온전히 세부적인 지시까지 순종할지에 관심을 기울였다. 그것은 하나님이 또다시 그들 가운데 거하시도록 하기 위한 준비였다. 이 단락은 성전 재건 사역을 수행할 순전한 권위를 지닌 공동체에 대해서 강조한다.

7) 귀환환 전체 회중의 수(2:64-67)

64절에서 제시되는 전체 숫자 42,360명은 모든 개인을 전부 포함하는 숫자일 수 없다. 왜냐하면 느헤미야 7장에서는 돌아온 회중의 숫자를 29,818명과 31,089명으로 제시하기 때문이다. 에스라기와 느헤미야기 사이의 이와 같은 불일치를 해결하기 위해 몇 가지 설명이 시도되었다. 에스라기에 제시된 숫자에서는 여인들, 아이들과 아마도 북이스라엘 지파들에 속한 이들의 숫자가 빠져 있을 거라고 설명한다. 족보들과 마찬가지로, 명단은 모든 사람을 총망라한 것이라기보다 선택적으로 제시한 기록일 가능성이 있다. 그리고 이와 같은 자료와 관련해서, 고대의 필사자들은 방대한 명단과 숫자를 필사하는 가운데 실수를 쉽게 범했을 것이 분명하다.

2. 예물과 정착

1) 성전 재건을 위한 예물(2:68-69)

"힘 자라는 대로 공사하는 금고에 들이니"(69절)라는 표현은 고린도전서 16:2에서도 반영되어 있다. 이 표현은 이 모든 것의 배후에 인간적인 희생이 있음을 상기시켜 준다. 집의 이사를 경험해 본 사람은 누구든지 불가피한 커다란 변화를 겪어야 하는 것 이외에, 온갖 종류의 추가 비용과 예측하지 못했던 사건들이 일어난다는 사실을 잘 알 것이다. 2장에서 언급되는 이들은 새집이 아니라, 거의 70년 동안 대체로 폐허로 방치되어 있던 땅으로 돌아왔다. 이 사실은 앞에서 언급한 요소들을 전적으로 극대화해 준다. 그렇지만 포로 생활에서 돌아온 이들은 자발적으로 기꺼이 예물을 드렸다. 그것은 출애굽기 25:1-7 및 35:21-29에서 성막 건축과 역대상 29:2-9에서 솔로몬 성전 건축을 반향한다.

2) 각자의 성읍에 정착함(2:70)

이 절은 틀림없이 힘들고 복잡했을 정착 과정을 간결하게 요약해 주며, 포로 귀환의 첫 번째 단계를 마무리해 준다. 이제 등장인물들이 모두 모였고, 무대는 마련되었다. 그리고 드라마가 막 시작되려는 참이다.

3. 행동을 위한 준비

이 장의 매우 세부적이며 꼼꼼한 특성에 누구나 깊은 인상을 받는다. 그렇지만 더는 말할 내용이 많지 않다고 느낄 수 있다. 많은 이름이 나오는 구약 성경 구절들을 큰 소리로 읽는 데 그리 열정을 품고 있지 않다면, 분명히 이 장이 마음에 들지 않을 것이다. 아마도 대부분의 교회에서 이 본문은 인기 있는 설교 프로그램은 아닐 것이다. 그러나 하나님은 이 장이나 이와 비슷한 본문들을 우리에게 주시려고 선택하셨다. 만약 우리가 성경을 진지하게 대한다면, 이어지는 이야기에서 그 배후에 놓인 강조점을 탐색하려고 시도해야 한다.

1) 위대한 내러티브의 한 부분

이 장의 이야기는 지루하게 여겨진다. 그렇지만 이 장은 창조로부터 새 창조로 이어지는 이야기에서 중요한 연결 고리 역할을 한다. 다음 몇 가지로 이 점을 입증해 줄 수 있다. 2장의 첫 부분에서는 포로 생활에서의 귀환이 강조된다. 이 사건은 출애굽 사건에 견줄 만한 중요성을 지녔다. "**바벨론 왕 느부갓네살에게 사로잡혀 바벨론으로 갔던 자들**"(1절)이라는 표현은 독자들에게 바빌로니아로의 추방 사건이 일어났으며, 이제 주의 백성이 약속의 땅으로 돌아온다는 사실을 상기시켜 준다. (적어도 이전 형태의) 바빌로니아는 사라졌다. 시온은 재건될 것이고 그곳에서 또다시 하나님을 찬양하는 노래들이 울려 퍼질 것이다.

그뿐만 아니라, 후손과 땅에 대해서 이전에 아브라함에게 주어진 약속[18]은 잊히지 않았다. "**각자의 성읍**"(1절)이라는 표현은 비록 황폐된 상태로 남아 있던 땅을 다시 일궈야 했지만, 그들이 이전에 조상이 살았던 곳, 곧 여호수아의 통치 아래 분배가 이루어진 약속의 땅으로 돌아갔음을 암시해 준다.[19] 역대하 36:21은 땅이 안식을 누렸다고 말한다. 그러나 이제 새로운 국면으로 들어간다. 그 국면은 약속과 가능성으로 생동감이 넘친다. 하나님의 섭리 가운데 새로운 시대가 다가오고 있다.

사실상 적은 무리가 포로 생활에서 돌아왔다. 그렇지만 그 상황은 결코 "여호와의 속량함을 받은 자들이 돌아오되 노래하며 시온에 이르러"(사 35:10)라고 노래한 이사야의 표현과는 거리가 멀다. 사실상 선지자들은 이처럼 빛

---

18 창 12:1-3.
19 수 13-19장.

나는 표현으로 말한다(그 이슈에 대해서는 나중에 다시 다룰 것이다). 그러나 다른 한편으로는 재앙으로부터 소수의 남은 자만 구원받았다는 사실에 관해서 더 겸허하고 사실상 침울한 어조로 말하기도 한다. 여기서는 다음 두 사례를 언급하는 것만으로도 충분하다. 이사야 6:13은 이렇게 말한다. "그러나 밤나무나 상수리나무가 잘릴 때에 그루터기는 남듯이, 거룩한 씨는 남아서, 그 땅에서 그루터기가 될 것이다"(새번역). 심지어 아모스 3:12은 더 우울하게 묘사한다. "목자가 사자 입에서 양의 두 다리나 귀 조각을 건져냄과 같이⋯ 이스라엘 자손도 건져냄을 입으리라." 여기 에스라 2장에서는 포로들 가운데서 남은 자들이 돌아왔다. 하지만 그 남은 자들은 하나님의 약속의 상속자들이다. 그리고 그들의 후손을 통해서 장차 메시아가 올 것이다. 사실 메시아가 올 때도, 단지 소수의 남은 자들만 그를 반겼다. 하지만 바로 그 메시아가 포로 생활에서 돌아온 이들의 모든 열망을 성취할 것이다. 왜냐하면 "영원히 야곱의 집을 왕으로 다스리실 것이며 그 나라가 무궁"(눅 1:33)할 것이기 때문이다. 또다시 "모든 사람이 호적하러 각각 고향으로 돌아[갔다]"(눅 2:3)라는 구절은 우연이 아니다. 그러므로 에스라 2장은 구원사의 이야기에서 중요한 연결 고리 역할을 하며, 장차 하나님의 약속이 궁극적으로 성취된다는 사실을 가리켜 준다. 요한계시록에서는 "아무도 능히 셀 수 없는 큰 무리가 나와⋯보좌 앞과 어린양 앞에 서서"(계 7:9)라고 언급된다.

이 모든 것은 오늘날 서구 교회가 처한 상황과 깊은 관련이 있다. 회복에 대한 확신이 가득 찬 예언들이 넘쳐나고, 승리주의자의 찬양이 울려 퍼지는데도 불구하고, 지금 우리는 시온의 회복을 목격하고 있지 않다. 오히려 용기를 잃은 채 피곤하고 지쳐 있으며, 앞으로 교회가 세워져 갈 것이라는 점에 대해서 조롱과 무관심에 직면하고 있다. 이와 같은 시기에 우리는 무엇을 해야 하는가? 에스라기는 우리에게 이렇게 말할 것이다. 하나님의 말씀을 선포함으로써 계속 하나님의 집을 세워 나가야 한다. 그래서 불신자들이 그 집의 구성원이 되게 해야 하며, 이미 그 집안에 속한 이들은 계속 성장해야 한다. 그리고 우리는 기도로 그 일을 뒷받침해야 한다. 에베소서 2:14-22과 같은 본문은 하나님의 성전이 사도들과 선지자들의 기초 위에 세워져 가며, 모퉁잇돌인 그리스도 예수 안에서 건물 전체가 서로 연결되어 있다고 말한다. 이 말씀은 종종 이 땅의 교회가 처한 음울한 현실과 어긋난다. 따라서 우리는 교회의 개혁을 위해서 회개하고 기도하며 수고해야 할 필요가 있다. 이 세상에서 신자들이 소수라는 현실은 우리를 포로 생활에서 돌아온 이들의 입장에 서게 한다. 그러므로 포로기 이후에 쓰인 성경은 우리의 상황에 대해서 직접적으로 강력하게 말해 준다. 그들과 마찬가지로, 우리는 우리 시대에 신실해야 할 필요가 있다. 그들에게 주어진 약속들과 그리스도가 오셨을 때 성취된 약속들은 하나님과 어린양이 다스리시는 성전 외에 다른 성전 건물이 없는 새 예루살렘 도성에서 더욱 온전히 영화롭게 성취된다는 사실을 믿어야 한다.[20] 포로 생활에서 돌아온 이들 대부분의 이름과 마찬가지로, 우리 가운데 대부분의 이름은 하늘나라에 기록되어 있다. 에스라 2장에서 사람들은 우림과 둠밈을 통해서 하나님의 뜻을 물어볼 제사장을 기다려야만 했다. 지금 우리는 타락한 세상 안에서 살고 있다. 그것은 우리가 사는 시대가 다양한 한계를 지니고 있다는 점을 받아들이며, 그와 더불어 살아가야 한다는 사실을 의미한다. 구원사와 관련된 이야기의 어떤 단계에서든지, 하나님은 그분의 성전을 세워 가신다. 우리는 우리에게 주어진 임무를 부지런히 실행하며, 하나님의 신실하심에 의존해야 한다.

2) 우선순위에 대한 통찰

여기서 제시되는 명단이 임의적인 것이 아니고, 서로 다른 다양한 그룹의 순서를 가졌다는 사실은 분명히 중요한 의미를 지니고 있다. 열두 명의 지도자들은 온 이스라엘을 대표하며, 공동체 안에서 훌륭한 지도력을 보여 주어야

---

20   계 21:22.

한다. 고대 이스라엘 국가에서 발생한 대부분의 문제는 형편없는 지도력에서 비롯되었다. 르호보암과 같은 사악한 왕들과 사악한 조언자들이 자주 등장했다.[21] 선지자들은 지도자들을 혹독하게 책망하는 경우가 잦았다.[22] 공동체의 대표자들로서, 지도자들은 특별한 책임을 지니고 있다. 그래서 학개 선지자는 맨 먼저 그들에게 하나님의 말씀을 전한다.[23]

그들은 공동체, 곧 **이스라엘 백성**을 대표하는 지도자들이었기 때문이다(2:2하). 그리고 앞에서 이미 언급한 바와 같이, 여기서 조상과 땅에 대한 이중 주제가 강조된다. 약속의 땅으로 돌아온 그 공동체의 최우선 과제는 성전을 재건하는 일이었다. 성전의 주된 기능은 하나님이 그분의 백성 가운데 거하시는 처소가 되게 하는 것이다. 이 점에 대한 기본적인 언급은 맨 처음 성막에 관한 다음 글에서 제시된다. "내가 그들 중에 거할 성소를 그들이 나를 위하여 짓되"(출 25:8). 그분의 백성 가운데 거하시는 하나님에 대한 그 백성의 반응은 예배였다.[24] 이미 우리는 제사장들과 레위인, **성전 막일꾼**으로 구성된 명단의 구조를 살펴보았다. 또한 성전에서 섬기는 이들이 모두 함께 그리고 저마다 신실하게 자기 임무를 수행해야 한다는 것의 막대한 중요성을 언급했다. 또다시 여기서 우리가 배워야 할 교훈이 많이 있다. 그 메시지는 바울이 고린도전서 12장에서 제시하는 가르침과 비슷하다. 거기서 바울은 모든 진정한 신자는 그리스도의 몸을 구성하며, 유기적으로 서로 연결된 채, 하나 됨을 이룬다고 강조한다. 이와 같은 명단은 각 사람과 각 사람에게 주어진 임무가 주님께 중요하다는 사실을 보여 준다. 맨 처음부터 자신들이 하는 일의 중요성을 깨닫는 사람은 별로 없었지만, 모든 사람들의 기여는 매우 중요했다.

21　왕상 12:8-11.
22　예를 들면, 사 1:10; 렘 22:2-5; 암 6:1; 습 3:3-4.
23　학 1:1; 2:2, 21.
24　3장에 대한 해설을 보라.

3) 제사장들의 나라

이 장에서 언급되는 제사장들의 중요한 역할과 관련해서, 여기서 제사장 직분의 중요성과 그것을 대제사장이신 그리스도 아래에서 제사장들의 공동체로서 교회에 어떻게 적용할 수 있는지 간략하게 말하고자 한다. 분명히 포로 시대 이후의 공동체를 세우는 데 제사장들은 중요한 역할을 한다. 먼저 구약성경에서 제사장 직분이 지닌 주요 기능에 대해서 한마디 언급하는 편이 우리의 관점을 분명히 하는 데 도움이 될 것이다. 사실상 제사장 직분은 두 가지 주요 기능을 지니고 있었다. 먼저 예배와 관련된 기능으로서,[25] 그들은 이스라엘을 대표해서 하나님께 나아갔다. 대제사장은 이스라엘의 열두 지파의 이름들을 기록한 판결 가슴받이를 붙이고 성소 안으로 들어갔다.[26] 두 번째 기능은 이스라엘 백성에게 토라를 교육하는 일이다.[27] 하지만 몇십 년이 지나서, 말라기는 제사장들이 다음 두 가지 측면을 제대로 이행하지 못했다고 비판한다. 그들이 희생 제물을 더럽혔으며, 율법을 그릇되게 가르쳤다는 것이다.[28] 그 두 요소는 포로 생활에서 돌아온 공동체에 매우 중요한 기능이었다. 제사장들은 자기들의 책임을 분명하게 의식해야 할 필요가 있었다.

이제 우리는 어떻게 이것을 오늘날 하나님의 백성에게 적용해야 할지, 또한 특별히 제사장 직분이 우리에게 무엇을 의미하는지 살펴보고자 한다. 이미 구약성경에서 제사장과 관련된 용어가 이스라엘 백성에게 적용되었다. (특히 출애굽기 19:6의 "너희가 내게 대하여 제사장 나라가 되며 거룩한 백성이 되리라"의 구절이 이에 해당한다.) 베드로전서 2:9은 바로 이 개념을 언급하고 있다. 특별히 이 구절은 신자들에 대해서 다음과 같이 정의하며 선언한다. "너희

---

25 예를 들면, 스 3:10.
26 출 28:29-30.
27 예를 들면, 학 2:11.
28 말 1:6-8; 2:8.

는 택하신 족속이요 왕 같은 제사장들이요 거룩한 나라요 그의 소유가 된 백성이니 이는 너희를 어두운 데서 불러내어 그의 기이한 빛에 들어가게 하신 이의 아름다운 덕을 선포하게 하려 하심이라"(벧전 2:9). 이것은 베드로가 바로 앞에서 언급한 '신령한 제사'를 드린다(벧전 2:5)는 개념을 보완해 준다. 따라서 모든 신자는 구약성경의 제사장 직분이 지닌 이중적 측면과 연결되어 있다. 대제사장이신 그리스도는 하늘로 올라가셨으며, 그곳에서 우리를 위해서 간구하신다. 그리고 우리는 오직 그리스도 안에서만 제사장들이다.

그리스도가 오시기에 앞서, 구약 시대의 제사장 직분은 그분을 가리키는 역할을 했다. 그리고 이스라엘 백성은 하나님을 위해서 거룩하게 구별되었다. 제사장 직분은 앞으로 올 것에 관한 '실물 교수'(object lessons)였다. 이제 하나님의 모든 백성은 제사장들이고, 모두 손으로 짓지 않은 성전에서 드리는 예배와 섬김에 동참한다. 물론 사람들은 서로 다른 다양한 임무를 지닌다. 그 가운데 특별히 가르치는 직분도 있다. 그렇지만 이들은 서로 다른 부류의 사람들이 아니다. 다양한 직분은 "성도를 온전하게 하여 봉사의 일을 하게 하며 그리스도의 몸을 세우려"(엡 4:12)는 목적을 지니고 있다. 에스라 2장에서 우리가 배워야 할 교훈은 모든 신자는 하나님의 성전을 세우기 위해서 모두 합력해서 일해야 한다는 사실이다. 신약성경은 '제사장'이라는 호칭을 단지 예배 의식을 위해서 임명받은 사람들에게만 적용해야 한다는 관점을 전혀 지지하지 않는다.

4) 더 광범위한 배경

에스라기와 느헤미야기는 포로 생활을 하던 사람들 가운데 일부가 약속의 땅으로 돌아왔고, 성전을 재건했으며, 그곳에서 율법 규정대로 예배를 드렸고, 하나님을 영화롭게 하는 생활 방식을 다시 확립했다는 사실을 알려 준다. 학개서와 스가랴서는 포로 생활에서 돌아온 이들의 마음을 움직인 설교 메시지가 어떤 것이었는지를 보여 준다. 하지만 슬프게도 말라기는 한 세대가 지나서 그 공동체가 많은 것을 잃어버렸음을 폭로한다. 앞에서 이미 제사장들이 하나님에게 더러운 예물을 드리고, 사람들에게 율법을 그릇되게 가르친 것을 말라기 선지자가 비난했다고 언급했다. 에스라기는 토라에 대해서 매우 강조한다. 에스라 7:10은 율법을 연구하고 가르치는 일의 중요성에 대해서 말한다. 느헤미야 8장에서 에스라는 직접 율법을 가르칠 뿐만 아니라, 또한 다른 이들이 율법을 가르치는 일을 감독한다. 에스라기와 느헤미야기는, 포로 생활이 이스라엘 백성에게서 신앙을 빼앗아 가지 못했으며, 포로 생활에서 돌아온 이들은 아브라함에게 주어진 약속과 다윗과 모세 언약의 상속자들이라는 사실을 밝혀 주는 특별한 역할을 한다. 에스라 2장은 세부적인 내용에 주목하고, 모든 것을 제대로 수행하는 데 관심을 기울이며 그 점에 대해서 증언해 준다.

그러나 단지 이 책들만 그 시대에 대해서 증언해 주는 것은 아니다. 에스더기는 얼핏 보기에는 페르시아 본토에 거주하고 있어서, 예루살렘 공동체와 자기 정체성을 동일시하기를 전혀 원하지 않는 듯이 보이는 하나님의 백성에 관한 이야기를 들려준다. 하지만 자세히 살펴보면, 에스더기와 에스라기/느헤미야기는 겉으로 보이는 것처럼 서로 멀리 떨어져 있지 않다. 예를 들면, 에스더기에서도 출애굽 사건의 내러티브와 관련된 많은 평행 본문들이 등장한다. 한 예를 들자면, 하만은 유다 사람들을 대적하도록 아하수에로 왕을 설득한다. 그는 왕을 설득해서, 열두째 달인 아달 월 십삼 일에 유다 사람들을 죽이도록 허용하는 조서를 내리게 한다. 그날은 바로 유월절 전날이다.29 그 당시 유다 사람들의 목숨은 바람 앞의 등불과 같았다. 과연 이스라엘의 하나님은 또다시 그분의 백성을 구원하실까? 약속의 땅으로 돌아오지 않은 이들도 이스라엘을 보존하고자 하는 하나님의 전반적인 목적 가운데 한 부분을 차지했다. 바로 그들의 후손을 통해서 메시아가 올 것이다. 만약

---

29 에 3:7-14; 출 12:18을 보라.

하만의 계획이 성공했다면, 모든 유다 사람들은 죽임을 당했을 것이다. 그리고 그 가운데는 나중에 예루살렘으로 돌아온 이들도 포함되었을지도 모른다. 이 사건의 배후에는 사탄의 시도가 놓여 있다. 사탄은 성전이 가리키는 그분, 곧 메시아를 죽이려 시도했다. 에스라기뿐만 아니라, 에스더기도 절대 주권을 지니신 하나님에 대해서 증언해 준다. 그 하나님은 결점이 있는 인간들을 통해서 일하시는 가운데, 그분의 목적들을 성취해 가신다. 또한 그 하나님은 온 땅이 하나님의 영광으로 가득하게 될 시기를 가리키신다.

에스라 2장을 자세히 살펴보면, 단순히 사람들의 명단 이상의 의미를 지니고 있다는 사실을 간파할 수 있다. 여기서 우리는 포로 생활에서 돌아온 사람들로 이루어진 공동체를 본다. 그 공동체는 자신들이 받은 기본 원칙에 헌신해야 한다는 사실을 분명하게 의식하고 있다. 그들의 수고와 헌신을 통해서 이제 새롭고 의미심장한 단계가 시작되고 있다. 에스라기의 이어지는 장들에서 우리는 앞으로 닥칠 어려운 시기에 어떻게 이것이 전개되어 가는지 살펴보려 한다.

3장

우선순위 정하기

3:1-6

스티븐슨(R. L. Stevenson)은 "희망을 품고 하는 여행은 목적지에 도착하는 것보다 더 좋다"라고 말했다.[1] 이 말은 여행의 다양한 매력과 여행이 끝날 때 종종 느끼는 허탈감을 탁월하게 표현해 준다. 포로 생활에서 돌아온 이들에게는 극심한 고통이었을 특별한 요소들이 이 단락에 들어 있다. 그 여행 자체도 힘들었을 것이다. 수십 년 동안 고국의 땅은 사실상 황폐한 상태로 놓여 있었다. 또 시온은 폐허 상태로 방치되어 있었다. 이런 상황에서 무엇을 맨 먼저 해야 할지 확정하고, 그것을 통해서 전체 계획을 확고한 기초 위에 놓아야 할 긴급한 필요가 있었다.

가장 우선해야 할 일은 하나님에게 드리는 정규 예배를 다시 확립하는 것이었다. 나중에 예배에 대해서 더 자세하게 설명할 테지만, 이제 단순히 사실을 말하는 것으로 여기서 무슨 일이 일어나고 있는지 보여 주려 한다. 수십 년 동안 공동체 생활과 하나님의 백성이 예배드리는 삶은 하나의 추억으로 남아 있었다.[2] 그리고 예루살렘 성읍이 재건되기에 앞서, 또 심지어 성전

---

[1] R. L. Stevenson, 'El Dorado.'
[2] 포로로 끌려간 개인들은 신앙을 지켰다. 예를 들면, 다니엘은 창문을 예루살렘 방향으로 열어

재건을 위한 재료들을 모으기에 앞서, 매일 예배드리는 관습을 다시 확립해야 했다. 그리고 이 과정이 진정으로 성경에 부합해야 한다는 결심이 있었다. 곧 "하나님의 사람 모세의 율법에 기록한 대로"(2절) 실행되어야 했다. 이것은 연속성과 관련된 주제로, 우리는 이미 그 주제를 하나님을 위한 건축이라는 에스라기의 전반적인 그림에서 기본 요소로 이해했다.

1. 한 해의 중대한 시기(3:1)

일곱째 달은 이스라엘의 한 해에서 절정을 이루는 달이다. 칠칠절, 나팔절, 대속죄일, 초막절을 포함해, 그달에 가장 중요한 절기 가운데 몇 가지가 포함되어 있다.[3] 그래서 그달은 상징적인 중요성을 지녔다. 더욱이 "일제히…모였다"라는 표현은 매우 중요한 의미를 지닌다. 하나님은 심판을 통해서 그분의 백성을 흩으셨지만, 이제 자비로 그들을 다시 모으신다. 에스라는 2장에서 포로 생활에서 돌아온 사람들의 개별적인 중요성을 강조했다. 이제 에스라는 공동체가 하나가 되는 중요성을 강조한다. 분명히 여기에는 단순히 많은 사람이 예루살렘으로 올라가기로 했다는 사실보다 더 많은 것이 포함되어 있다. 성령이 역사하고 계셨으며, 에스라는 하나님을 위한 집을 짓도록 사람들을 준비시키고 있었다. 느헤미야기에서도 에스라가 하나님의 말씀을 설명하는 것을 들으려고 사람들이 수문에 모인 매우 중대한 상황에 사용했던 것과 똑같은 표현을 사용한다(느 8:1).[4] 그리고 사도행전에서는 "그들이 다 같이 한곳에 모였더니" 성령이 임했다(행 2:1).

    두었다(단 6장).
3   레 23:23-43.
4   느 8:1.

2. 중대한 임무(3:2-3)

또다시 단조로운 표현 양식 때문에 여기서 일어나고 있는 일의 엄청난 중요성을 파악하지 못하면 안 된다. 오래전에 아브라함이 그 땅에 이르렀을 때, 그는 그곳에 제단을 쌓았다. 그런 행위는 하나님의 약속들에 대한 그의 신앙을 보여 준다.[5] 이제 그의 후손이 또다시 하나님에게 이 땅의 소유권을 청구한다. 그리고 하나님이 그들을 또다시 만나 주실 거라고 믿는다. 여기서 몇 가지 이슈들이 제기된다. 또다시 지도자들은 솔선수범을 보인다. 그렇지만 이스라엘 백성은 완전히 그들을 따르고 희생 제물이 다시 도입된다.

무엇보다도 그들은 분명히 하나님이 계시해 주신 정확한 장소에 제단을 놓기를 원했다.[6] 바빌로니아 포로 기간에도 (적어도 초기 시절에) 희생 제물들을 바쳤던 것 같다.[7] 그리고 그들은 분명히 이런 증거를 없애고자 했을 것이다. 왜냐하면, "**그들이 주변에 살고 있는 민족들을 두려워했다**"(3절, NIV를 따름)는 설명이 나오기 때문이다. 그러나 이런 두려움도 그들이 최대한 엄밀하게 순종하는 것을 막지는 못했다.

제단의 목적은 번제를 드리기 위함이었다. 번제 제물은 완전히 불살라졌다.[8] 제사장들은 번제물을 전혀 먹지 않았다. 그 제사는 예배자를 하나님에게 온전히 바친다는 상징일 뿐만 아니라, 하나님이 그 예배자를 온전히 받으신다는 상징이기도 했다. 전제는 아침과 저녁에 절기들의 규정에 따라서 정규적으로 드려졌다. 그 제사의 목적은 대속(히. *lĕkappēr*, 레캎페르)이었으며, 죄가 제거되어서 하나님의 진노가 누그러지는 것을 상징했다. 바로 여기서 예수의 희생 제사를 가리키는 비유가 실행된다. "이 예수를 하나님이 그의

---

5 창 12:7.
6 대상 22:1을 보라.
7 렘 41:5을 보라.
8 레 1장을 보라.

피로써 믿음으로 말미암는 화목제물로 세우셨으니…곧 이때에 자기의 의로 우심을 나타내사 자기도 의로우시며 또한 예수 믿는 자를 의롭다 하려 하심이라"(롬 3:25-26). 모든 참된 예배의 핵심이 바로 이것이다. 하나님의 은혜를 올바로 인식할 때만이, 하나님을 진정으로 섬길 수 있기 때문이다. 하나님을 위한 집은 여기서 시작되어야 하며, 오직 하나님의 은혜로만 우리가 하나님 앞에 설 수 있음을 깨달아야 한다.[9] 그뿐만 아니라, 제단은 적대적인 상황에서 하나님의 임재와 보호를 알려 주는 눈에 보이는 표지였다. 이것은 출애굽 이야기와 연결해 주는 또 다른 요소다.

3. 중요한 순종 (3:4-6)

이 작은 단락은 "기록된 규례대로"(4절)라는 표현이 주도한다. 이 표현은 하나님의 명령에 순전히 순종하는 행위일 뿐만 아니라, 신앙과 삶의 진정한 핵심을 기억하는 행위다. 에스라기의 저자는 '요구된'(required)과 '규정된'(prescribed)이라는 단어들을 사용해 세부 내용을 강조한다. 초막절은 민수기 29:12-38에서 매우 자세하게 묘사된다. 그와 같은 세밀한 규정들을 지키려 준비하고 실행하기 위해서는 세심한 주의력과 정확성이 요구된다. 초막절에는 모두 합하면, 일흔한 마리의 수송아지, 열다섯 마리의 숫양, 일백다섯 마리의 어린양, 또 일곱 마리의 염소가 필요하다. 초막절은 일곱째 달의 열다섯 번째 날부터 스물두 번째 날까지 이레 동안 계속되던 순례 절기였다. 따라서 모든 이스라엘 남자는 초막절에 참석해야 했다.[10] 이스라엘 백성은 솔로몬이 성전 봉헌 의식을 거행할 때와 히스기야 개혁의 한 부분으로 초막절을 준수했다.[11] 그 절기는 '장막절', '숙고트' 및 '수장절'(출 23:16) 또는 단순히 '명절'(요 7:37)

---

9   히 10:19-22을 보라.
10 출 23:14-17; 34:23; 신 16:16.
11 왕상 8:65-66; 대하 30장.

로 불렸다.

이제 포로 생활에서 돌아와서, 이 절기를 지킨다는 것은 상당한 중요성을 지닌다. 이 절기를 지킴으로써 사람들에게 광야에서의 유랑 생활을 기억하게 했다. "이는 내가 이스라엘 자손을 애굽 땅에서 인도하여 내던 때에 초막에 거주하게 한 줄을 너희 대대로 알게 함이니라. 나는 너희의 하나님 여호와이니라"(레 23:43). 추수의 축복과 연결된 이 절기 기간에 사람들은 크게 기뻐하고 감사했다.[12] 초막절은 생생한 방법으로 창조와 구원에 대한 구약성경의 위대한 주제들을 서로 연결해 준다. 사람들은 풍요로운 추수를 통해 창조주의 선함을 볼 수 있고, 축하한다.[13] 광야에서의 방랑 생활을 눈으로 볼 수 있도록 기억함으로써 이집트 땅에서 이스라엘 백성을 이끌어 내신 하나님께 감사한다. 이제 이렇게 새롭게 시작하면서, 포로 생활에서 돌아온 이들은 창조 및 역사와 관련해 주님을 향한 자신들의 믿음을 다시 확인한다.

이것으로부터 몇 가지 숙고해 보아야 할 사항이 제기된다. 첫째, 포로 생활에서 돌아온 이들은 하나님의 신실하심을 찬양했다. 씨를 뿌리는 때와 열매를 거두는 때가 전혀 그치지 않으리라는 옛날의 약속이 또다시 입증된다.[14] 더욱이 그들은 약속의 땅으로 다시 돌아왔으며, 새로운 단계를 시작하고 있다. 새로운 출애굽 이후에 사실상 새로운 정착이 이루어졌다. 이 시점에 진정으로 수많은 증인이 그들을 둘러싸고 있다.

둘째, 그들은 순종이 지닌 막대한 중요성을 고난을 통해서 배웠다. 그들의 불순종은 바빌로니아 추방으로 이어졌으며, 그 결과 신명기 28:15-68에 묘사된 저주들이 성취되었다. 적어도 그 당시 사람들은 그 교훈을 배웠다. 하지만 하나님의 백성은 다음과 같은 교훈을 배워야 할 필요가 있으며, 또한 모든 세대가 그것을 계속 배울 필요가 있다. 곧 순종은 하나님의 말씀을

---

12   신 16:13-15.
13   시 65:9-13.
14   창 8:22.

철저하게 지키는 것이며, 또한 그 말씀에 신실한 태도라는 교훈을 말이다.

셋째, 이와 같은 예배의 갱신은 그 행위를 초월하는 중요한 의미가 있다. 곧 창조와 역사의 주인이신 하나님이 또한 미래를 주도하시는 주님이시라는 사실이다. 초막절에서 기념한 출애굽 사건은 예루살렘에서 성취될 더 위대한 출애굽 사건으로 이끌어 준다.[15] 추수는 모든 시대의 끝에 오는 하나님의 나라를 가리킨다.[16]

그다음에 항상 드리는 번제와 거룩한 절기의 번제와 자원 제물이 뒤따른다(5절). **번제**에 대해서는 앞에서 이미 다루었다. 번제는 날마다 하나님에게 불살라 바치는 제물이었다.[17] **초하루 번제와 정해진 거룩한 절기의 번제**는 정해진 기간에 주기적으로 드렸다. 또한 여기에는 훌륭한 리듬이 있다. 날마다 제물을 드리므로, 우리는 "한 주일에, 한 번이 아니라, 한 주일 내내 날마다 드리는 것이다."[18] 또한 특별히 날마다 드리는 것은 기계적으로 드려서는 안 된다. 더욱이 **기쁘게 드리는 예물**(자원 제물)은 율법에 명시된 행위뿐만 아니라, 스스로 감사를 표현하는 행위도 그들이 드리는 예배의 한 부분임을 보여 준다. 신명기 16:10은 자원 제물과 관련해서 "네 하나님 여호와께서 네게 복을 주신 대로" 예물을 드려야 한다고 말한다. 따라서 이것은 사랑을 베풀어 주시는 하나님에게 감동해서 드리는 사랑의 예물이다. 따라서 포로 생활에서 돌아온 이들은 하나님의 은혜에 구체적으로 반응하며, 공동체를 다시 세우기 시작한다.

6절은 1절과 **수미상관 구조**(inclusio)를 이루며,[19] 그날 새로운 시대가 시작된다고 강조한다. 나팔을 불어서 이스라엘의 한 해의 절정이 시작된다는

15　눅 9:31.
16　사 52:7-12; 슥 12-14장; 마 13:39.
17　민 28:1-8을 보라.
18　George Herbert, poem, "King of glory, King of peace", 1633.
19　수미상관 구조는 동일하거나 비슷한 용어들을 사용함으로써 어떤 단락의 시작 부분과 종결 부분에서 암시되는 바를 묘사하는 문학 용어다.

사실을 알려 준다.[20] 성전 재건은 아직 시작되지 않았다. 하지만 성전의 존재 이유와 연결되는 이런 활동을 시작하는 것은 중요했다.

4. 살아 계신 하나님 예배하기

이 장은 예배와 관련해서 많은 중요한 이슈들을 제기한다. 특별히 어떻게 그 이슈들이 오늘날의 논쟁들에 빛을 비추어 주는지 숙고해 볼 필요가 있다. 우리는 예배에 대한 이해와 관련해서 오늘날의 이슈들을 개괄하고 어떻게 이 단락이 그것들에 대해서 숙고하는 데 도움을 주는지 살펴보려 한다.

  오늘날에는 두 가지 극단적인 입장이 존재한다. 하나의 견해는 예배를 순전히 교회 건물 안에서 일어나는 행사들과 연결한다. 그래서 "당신은 어디서 예배를 드립니까?"라는 질문을 받으면 어떤 교회 건물이나 다른 만남의 장소를 언급하며 대답한다. 교회 사역에서 예배는 특별히 찬송과 연결되어 있다. 만약 어떤 교회에 '예배 인도자'가 있다면, 그와 같은 사람이 예배에서 음악 부분을 지도한다고 확신할 수 있다. 특별히 대학가에서 흔히 대학생들이 어떤 특정한 장소는 예배에 매우 적합하고, 다른 장소는 교육에 매우 적합하다는 것이다. 어떤 기독교 서점이든지, 예배에 관한 책들은 대체로 교회 안에서의 모임에 초점이 맞추어진다. 그리고 예배와 관련된 CD는 대체로 찬양 모음이다. 그와 같은 견해는 구약성경의 언어에 상당히 의존하고, 성전, 찬양, 희생 제물에 대해서 말하며, 찬양—특별히 시편—을 강조할 것이다.

  다른 견해는 삶 전체가 예배라고 강조한다. 그리고 "당신은 어디서 예배를 드립니까?"라는 질문에 그들은 로마서 12:1을 인용하면서, "내 몸이 있는 곳이면 어디든지"라고 대답할 것이다. 흔히 '모임'이라고 불리는 교회 사역은 권면, 교육 및 훈련에 강조점이 있다. 거기서 찬양은 종종 더 적은 역할을 감

---

20 레 23:24.

당한다. 사실, 우리가 예배드리지 않는 유일한 장소는 우리가 함께 모일 때 같다. 이 견해는 성전에 대해 장소가 아니라 사람들을 언급하는 신약성경의 용어 사용과 더불어 초기 교회의 모임이 언급되는 몇몇 곳에서 '예배' 언어가 없다는 사실을 지적한다.[21]

두 견해는 진리와 오류를 모두 포함하고 있다. 그래서 성경에 부합하는 건전한 균형이 필요하다. 에스라 3장은 예배에 관한 참된 성경 신학으로 안내한다.

1) 참된 예배는 하나님의 말씀으로 통제된다

첫 번째로 말해야 할 점은 참된 예배는 하나님의 말씀으로 통제된다는 것이다. (이 절들에 대한 이전의 논의에서 많이 언급되었지만) 신약성경에서는 구약성경의 예배를 주도했던 세부적인 규정들을 발견할 수 없다. 그러나 그 사실에 근거해서 우리의 예배가 덜 성경적이라고 추론해서는 안 되며, 두 가지 사항을 말할 수 있다. 첫째, 우리는 지금 정경 전체를 지니고 있으므로, 진정으로 성경에 부합하는 예배는 성경을 읽고 해설하는 과정을 중심에 놓아야 한다는 것이다. 느헤미야 8장은 에스라가 이전에 기록된 성경책들을 읽고 설명하는 일에 관여했음을 보여 준다. 둘째, 참된 예배는 창조와 역사에 대한 위대한 성경의 가르침에 근거해야 할 필요가 있다. 우리는 그 가르침이 이 장에서 거행되는 의식의 핵심에 있음을 살펴보았다. 그리스도의 오심과 더불어, 이 위대한 진리들은 더 밝게 빛난다. 하지만 그 진리들은 구약 시대로부터 계속해서 흘러나온다.

2) 참된 예배는 하나님 중심적이며 다른 사람들과 친교를 나눈다

참된 예배는 하나님 중심적이며 또한 다른 사람들에게도 예민한 관심을 기

---

21   예를 들면, 고전 14장; 히 10장.

울인다. 그것은 초월성뿐만 아니라, 내재성을 지닌다. 몇 절 안 되는 이 단락에서 야웨의 이름이 다섯 번이나 나타난다. 그 이름은 출애굽기 3장에서 모세에게 계시된 모든 신비와 위엄을 지니고 있다. 야웨의 이름을 묵상하는 것은 과거에 하나님이 보여 주신 신실하심을 회고하는 일일 뿐만 아니라, 현재의 은혜를 떠올리며, 미래의 약속을 기대하게 한다. 다시 한번 말하지만, 하늘 보좌에 앉아 계시며 죽임을 당한 어린양을 경배할 때, 육신이 되신 말씀에 계시된 주님을 아는 지식으로 모든 이름 위에 뛰어난 그 이름을 경배하는 행위는 더 심오한 측면을 지닌다.

그러나 홀로 드리는 예배가 아니다. **사람들은 마치 한 사람인 것처럼 모였다**(1절). 또 그들은 서로 친교를 나누며 하나님을 찬양했다. 그리고 모세를 강조하고 그들과 모세의 연속성을 강조한 점은 그들이 시대를 초월해 더 거대한 친교에 속했음을 보여 준다. 이것은 히브리서 12:22-24에 다음과 같이 훌륭하게 묘사되어 있다.

> 그러나 너희가 이른 곳은 시온산과 살아 계신 하나님의 도성인 하늘의 예루살렘과 천만 천사와 하늘에 기록된 장자들의 모임과 교회와 만민의 심판자이신 하나님 및 온전하게 된 의인의 영들과 새 언약의 중보자이신 예수와 및 아벨의 피보다 더 나은 것을 말하는 뿌린 피니라. (히 12:22-24)

아직 재건되지 않은 성전에서 제단을 쌓은 일과 더불어, 여기 예루살렘의 폐허에서 일어나고 있는 일은 똑같은 위대한 이야기의 한 부분이다. 아무리 주변 환경이 불안하다고 하더라도, 이 땅에서 하나님의 백성이 모일 때마다, 그들은 숫자를 셀 수 없을 만큼 완벽한 무리가 모일 날을 기대한다. 그때 그들은 더 이상 성전이 필요 없는 새 예루살렘에서 어린양의 보좌 주위에 모일 것이다.

3) 참된 예배는 일상적인 리듬과 특별한 리듬을 지닌다

참된 예배는 일상생활의 핵심에 있을 뿐만 아니라, 특별한 시기에 초점이 맞추어진 리듬을 지니고 있다. 우리는 어떻게 날마다 드리는 번제가, 예배는 일상생활을 포함한다는 사실을 이스라엘 백성에게 상기시켜 주는지 살펴보았다. 이것은 구약성경뿐만 아니라, 신약성경에서도 나타나는 진리다. 시편은 그와 같은 의식으로 가득 차 있다. 시편 92:2은 아침마다 "주님의 사랑을 알리며, 밤마다 주님의 성실하심"(새번역)을 선포하는 것에 대해서 말한다. 시편 1편은 토라를 끊임없이 묵상하는 삶에 대해서 말한다. 시편 19:1-2은 하늘이 날마다 하나님의 영광을 증언하는 것에 대해서 말한다. 그리고 시편 119:164은 하루에도 일곱 번씩 하나님을 찬양하는 삶에 대해서 말한다. 포로 생활에서 돌아온 이들에게 이와 같은 일상생활의 패턴을 다시 확립하고, 그들의 삶을 살아 있는 희생 제사로 드리는 것은 매우 중요하다. 그리고 오늘날의 교회도 우리가 수행하는 성경 읽기와 기도가 어떤 유형이든지 그 모든 것을 포함해야 하지만 거기에만 국한되지 않는 예배의 삶을 사는 것이 대단히 중요하다.

하지만 매일 드리는 예배가 단순히 반복적인 행위 이상이 되려면, 특별히 다양하고 지난날을 회상하는 방법에 초점을 맞춘 특별한 시간이 반드시 있어야 한다. 여기서 바로 초막절과 같은 큰 절기는 그와 같은 계기를 마련해 준다. 우리는 이미 이 절기가 이스라엘의 위대한 신앙의 핵심 내용과 매우 강력하게 연결되어 있으며, 그것을 생생하게 재연한다는 점을 살펴보았다. 진정한 의미에서는 모든 예배, 모든 삶이 특별하다. 그러나 일과 예배가 하나인 새 예루살렘성에 이르기 전까지는 우리에게 특별한 시기들과 장소들이 필요하다. 만약 내가 결혼기념일을 잊어버릴 수 있다고 말하거나, 아내를 언제나 사랑하므로 아내의 생일을 잊어버릴 수 있다고 말한다면, 당신은 내가 매우 미련한 사람이거나, 결혼 관계가 이미 깨어졌다고 결론지을 것이다.

4) 참된 예배에서 하나님의 임재는 결정적으로 중요하다

넷째, 하나님이 그분 자신을 계시하시는 장소로서 성전과 그 구조가 지닌 예비적이고 일시적인 특성 사이에는 중요한 연관성이 있다. 여기서 비록 **"주님의 성전 기초는 아직 놓지 않았지만"**(6절, 새번역), 희생 제사는 시작되었다. 우리가 쉽게 간과할 수 있는 점 하나는 우리가 '성전' 또는 '하나님의 집'으로 여기는 교회 건물에 정서적 애착을 지니고 있다는 사실이다. 그와 같은 건물이 보이면, 우리는 그것이 성전과 직접 연결된다고 이해한다. 성전은 그리스도의 몸이라고 한 신약성경의 표현을 이미 살펴보았다. 먼저, 성전은 그리스도의 몸으로, 하나님 영광을 표현한다. 그다음 성전은 성령님이 거하시는 그분의 백성이다. 하나님 백성의 마음속에 하나님이 임재하신다는 점을 강조한다는 사실에서, 우리는 성전의 핵심적인 중요성과 그것이 우리에게 매우 중요한 의미를 가진다는 점을 깨달아야 한다. (이 점에 대해서는 학개서의 해설에서 더 자세하게 다룰 것이다.)

여기서 두 개의 중요한 원리들이 제시된다. 첫째, 성전 재건보다 먼저 제단이 놓였다. 순종하며 규정에 따른 예배가 확립된 것은 성전이 우상을 숭배하는 신전이어서는 안 된다고 그들이 결심했다는 점을 보여 준다. 바로 그런 이유로 야웨의 영광이 성전에서 떠났기 때문이다.[22] 두 번째 원리는 주님의 집을 재건하는 것은 그분의 영광이 그분의 백성과 함께 거하기 위해서 다시 돌아왔다는 사실을 밝혀 준다. 이것은 하나님이 그들 가운데 계신다는 사실을 그들이 진지하게 여기고 있다는 일종의 표지다. 바울은 우리에게 그 교훈을 강조한다. 곧 신앙 공동체가 함께 모일 때 예언의 은사 사용에 대해서 말하면서, 바울은 그와 같은 상황에서 믿지 아니하는 자들이 "엎드리어 하나님께 경배하며 하나님이 참으로 너희 가운데 계신다 전파하리라"(고전 14:25)라고 주장한다. 이처럼 우선해야 할 일을 우선하게 될 때, 하나님을 위

---

22 겔 10장.

한 건물은 분명히 그다음에 따를 것이다. 이 점에 대해서는 다음 단락에서 숙고할 것이다.

4장

성전의 기초 작업
3:7-13

진정한 의미에서 이제까지 일어난 일은 고레스가 명령한 주님의 성전 건물을 재건하는 임무와 관련된 준비 작업이었다(1:3). 많은 가문의 우두머리들이 자원해 예물을 드렸다(2:68-69). 이제 우리는 성전의 기초를 놓기 위한 실제 작업이 시작되는 장면에 이른다. 그 일에 관련된 사람들의 감정에는 다양한 요소들이 섞여 있다. 몇몇 주석가들이 범한 오류에 빠지지 않고, 이 단락과 성전의 기초를 놓는 작업에 관해 언급하는 학개 2:15-18 사이에 있는 모순점을 발견하려면, 지금 여기서 어떤 일이 일어나고 있는지 자세히 살펴보는 것이 중요하다. 우리는 이미 성전의 기초가 놓이기에 앞서 제단이 세워진 일의 중요한 함의에 대해서 살펴보았다. 그리고 이 단락의 세부 내용을 검토하기에 앞서, "여호와의 성전 기초를 놓을 때에"(6절을 반영한 10절)라는 저자의 표현이 무엇을 의미하는지 살펴보아야 한다. 이곳과 학개 2:18에서 사용된 히브리어 동사는 **야사드**(yāsad)다. 이 단어는 분명히 맨 처음으로 기초를 놓은 것을 의미할 수도 있다.[1] 하지만 또한 건축 과정에서 다양한 단계를 의

---

1 왕상 5:17의 경우처럼.

미할 수도 있다. 앞으로 살펴보겠지만, 20년 뒤에 학개가 와서, 중단된 재건 공사를 다시 시작하라고 강권할 것이다. 따라서 그 두 단락 사이에 모순점은 전혀 없다. 오히려 성전 재건 프로젝트가 오랜 기간이 소요되는 작업이라는 사실을 암시한다.[2]

하지만 기초에 대한 강조는 어떤 단어의 범주에 대한 기술적인 요점보다 더 큰 의미가 있다. 건축물의 기초는 오랜 기간 안정성을 유지하는 데 핵심적 역할을 한다. 히브리서의 저자는 튼튼한 기초를 가진 새 예루살렘성을 기대하며 바랐던 아브라함의 믿음에 대해서 말한다.[3] 이 기초는 하나님 자신이 설계하고 세우신 도성의 결과물이다. 그리고 신약성경의 성전은 사도들과 선지자들이 놓은 기초 위에 세워진다.[4] 여기서 그 기초는 땅속에 놓인 커다란 돌들 이상을 의미한다. 그것은 바로 토라이며, 영적인 기초를 형성하는 것으로 이전의 절들에서 언급된 순종을 의미한다. 이 단락 전체에 대해서 해설하기에 앞서, 이 이야기를 세 단계에 걸쳐서 살펴볼 것이다.

1. 솔로몬 성전 건축의 반향 및 기억(3:7)

에스라기의 저자는 이전에 기록된 성경들을 매우 깊이 있게 알고 있다는 사실과 이 일이 하나님의 지속적인 목적들과 연결해 주는 반향(echoes)을 일으키는 능력을 지니고 있음을 이미 보여 주었다. 특별히 두 측면을 언급할 필요가 있다. 첫째, 이 구절은 성전 건축을 위해서 솔로몬이 준비했던 사항을 떠올리게 해 준다. 역대하 2:10-16에서 욥바로부터 나무를 운송한 방법과 그 값을 밀과 포도주와 기름으로 치렀다는 이야기를 읽을 수 있다. 어떤

---

2   더 자세한 논의를 알려면, 다음 논문과 연구서를 보라. A. Gelston, 'The Foundations of the Second Temple', *Vetus Testamentum* 16 (1966), pp. 232-235; Andersen.
3   히 11:10.
4   엡 2:20.

이들이 주장하듯이, 이 구절의 언급은 이전의 설명을 모델로 한, 지어낸 이야기라는 뜻이 아니다. 오히려 예전에 일어난 사건과 유사한 성격은 이 일에 대한 저자의 의식(consciousness)을 보여 준다. 하나님이 하나님의 백성 가운데 거하시기를 바라는 그들의 열망을 실질적으로 드러내는 것이다. 이 이야기에서 새로운 요소는 고레스의 재가(authorization)다. 이것은 그들이 더는 독립국가가 아니라, 오히려 페니키아와 마찬가지로 페르시아 제국에 속한 한 지방이라는 점을 상기시켜 준다. 여기에는 비현실적인 꿈같은 요소가 전혀 없다. 이것이 바로 페르시아 제국의 지배 아래 놓인 현실의 삶이다.

하지만 그것이 그림 전체는 아니다. 이사야 60:13은 다음과 같이 다른 반향을 들려준다.

레바논의 영광 곧 잣나무와 소나무와 황양목이
함께 네게 이르러 내 거룩한 곳을 아름답게 할 것이며
내가 나의 발 둘 곳을 영화롭게 할 것이라.

솔로몬의 목소리를 반향하며 성전 재건을 예견하는 이 절은 특별히 중요하다. 하지만 이 절은 그 이상을 내다본다. 우리는 그것을 "레바논의 영광"(사 35:2)에 대한 이사야서의 다른 언급들에서 알 수 있다. 해당 표현은 바로 새 하늘과 새 땅을 기대한다. 따라서 얼핏 보기에 보잘것없는 회복은 거대한 이야기 안에서 의미심장한 연결 고리이며, 또한 하나님이 그분의 계획을 성취하고 계신다는 보증이다. 학개 2:6-9에서 비슷한 강조점을 발견할 것이다.

따라서 여기서 있는 그대로의 현실과 즐거운 기대감이 서로 섞여 있음을 간파할 수 있다. 그것은 언제나 하나님을 위한 건물이 지닌 특성이다. 우리는 건물을 짓기 위해서 자금을 사용하고, 나라의 허가를 받는다. 하지만 우리는 그것이 하나님의 일이며, 그 최종 결과는 우리의 상상보다 훨씬 더 영광스럽다는 사실을 인식하게 된다.

2. 성전 재건 과정의 주도(3:8-9)

첫 번째 성전을 짓기 시작한 달도 바로 둘째 달이기 때문에 솔로몬 성전과의 연관성이 또다시 강조된다.[5] 첫 번째 달은 유월절이 차지한다. 8절에서 **"예루살렘에 있는 하나님의 성전에 이른 지"** 라는 표현은 매우 흥미롭다. 어떤 이들은 이 표현이 후대의 어떤 시기를 가리킨다고 주장한다. 에스라기의 저자는 솔로몬 성전과 모형론적인 연관성을 유지하는 데 훨씬 더 많은 관심을 기울이고 있을 뿐만 아니라, 레바논으로부터 목재를 운반하는 데 상당히 오랜 시간이 걸렸을 것이기 때문이다.[6] 그러나 그와 같은 추측은 필요하지 않다. 예루살렘으로 돌아온 전적인 목적은 바로 하나님의 집을 다시 지어서, 주님을 그분의 백성이 살았던 한가운데로 다시 모시려는 것이었다. 우리는 또 다른 의미에서 순종과 희생 제사를 통해 야웨를 이미 만날 수 있었다는 점을 살펴보았다. 그뿐만 아니라, 성전 재건과 관련해 고레스의 허가가 이미 내려졌으며, 많은 준비 작업도 이루어졌다.

여기에서는 지도자들을 비롯한 모든 사람이 해당 프로젝트에 모두 단결해서 수고했다는 점을 강조한다. 또다시 스룹바벨을 통해서 다윗 가문이 대표되며, 예수아를 통해서 제사장 직분이 대표된다. 고귀한 목표는 설정되었다. 일꾼들이 투입되고 공사 감독자들이 임명되었다는 사실 등 계속 세부 사항에 주목한다. 감독자 역할을 하기에 스무 살이라는 나이는 젊어 보일 수도 있다. 그러나 활용할 인원이 상대적으로 적었으며, 또한 오랜 기간이 걸리는 프로젝트에서 젊은이들의 중요성을 기억해야만 한다.[7] 특별히 오늘날 진취적인 기독교 사역에서도 그와 같은 점은 사실이다. 그리고 레위인에 대

---

5   왕상 6:1.
6   예를 들면, Williamson (WBC), p. 47을 보라.
7   민 8:24은 스물다섯 살과 그 이상의 연령에 대해서 말한다. 그리고 민 4:3, 23 및 30은 서른 살에서 쉰 살까지를 언급한다. 분명히 각각의 상황이 가능한 노동 인력을 결정했을 것이다.

한 강조는 역대상 23:24을 반영한다. 거기서 다윗은 첫 번째 성전을 짓는 준비 작업을 위해 레위인들을 편성해서 투입했다.[8] 건축 공사에서 감독자의 중요성이 강조된다. 여기서 감독자의 이름들이 언급되며, 감독자들의 임명에 관심을 기울이고, '감독'이라는 단어가 반복적으로 사용된다는 점 등은 그 선발이 성급하게 임의로 이루어지지 않았음을 밝혀 준다. 절기들에 대한 언급과 마찬가지로, 모든 준비 사항에 세심한 관심을 기울인다. 그것은 언제나 하나님을 위한 집이 지닐 특징이다. 또한 뒤따르는 더 중요한 사항들을 위한 필수적인 배경이 된다. 이와 비슷하게 연합에 대한 강조("한마음 한뜻으로", 9절, 새번역)는 시편 133편에서 형제가 연합하여 동거한다는 점을 반영한다.[9]

3. 찬양과 과거에 대한 동경(3:10-13)

이 부분은 이제까지의 예비 자료를 마무리하며, 미래를 암시해 주는 주목할 만한 단락이다. 솔로몬이 성전을 봉헌했을 때, 대단히 성대한 의식이 거행되었다.[10] 그리고 나중에 히스기야가 성전을 정결하게 했을 때도 비슷하게 의식이 거행되었다.[11] 여전히 재건 사역은 초기 단계였다. 단지 성전의 기초만 놓였지만, 하나님을 찬양할 때다. 다윗과 솔로몬을 반향하는 요소들은 계속 포로 시대 이전과 그 이후 시대의 연속성을 강조한다.[12] "이스라엘 왕 다윗의 규례대로"(10절)라는 표현은 "하나님의 사람 모세의 율법에 기록한 대로"(3:2)

---

8 2:40에서 헤나닷의 자손은 언급되지 않는다. 하지만 그들은 느 3:18, 24; 10:9의 목록에서는 나타난다. 이것은 2장과 같은 목록에서 사람들이 선별적으로 언급되었다는 사실에 대한 또 다른 암시다.
9 시 133:1에 나오는 "연합하여 동거함"은 "한마음 한뜻"과 똑같은 표현이 아니라는 점을 주목할 필요가 있다. 또 해당 절에서 히브리어 접속사 '감'(gam, 또한)이 사용되었다는 건, 서로 공유한 목적을 설명하는 것이지, 단순히 사람들 사이가 가깝다는 뜻이 아니라는 점을 보여 준다. 그래서 어울려서 함께 사는 모습은 하나님 임재의 복을 가져다준다.
10 왕상 8장; 대하 5-7장.
11 대하 29:25-30.
12 대하 5:12; 7:6을 보라.

와 평행을 이룬다. 또한 그 표현은 그 당시 일어나고 있는 사건을 과거의 위대한 인물들과 연결해 준다. 예복을 입고 나팔을 분 것은 모든 일이 잘 충실하게 실행되기를 바라는 열망을 반영한다.

그러나 여기서 무엇을 찬양하는지가 강조점이다. 우리는 찬양과 과거에 대한 동경, 두 요소를 모두 살펴볼 작정이다. 여기서 깊숙이 흐르고 있던 경배와 찬양의 정서가 이제 표면으로 솟구쳐 오른다. 두 단어가 이 순간을 요약해 주는데, 이 두 가지 단어는 서로 연관성이 있지만, 똑같지 않다. 그들은 **찬양하며** 노래했다. '찬양하다'로 번역된 히브리어 동사는 **할렐**(bālal)인데, 시편 전체를 반영해 주며, 위대한 환호의 찬가인 시편 150편에서 절정을 이룬다. 또한 하나님의 존재와 그분이 행하신 일에 대한 반응을 나타낸다. 이 단어는 언약을 신실하게 지키시는 하나님께 진정으로 반응하는 것이다. **감사**는 하나님이 은혜로 그들을 보존해 주시고 안전하게 돌아오게 하셨으며, 또한 성전을 재건하는 일을 하게 하셨다는 인식과 훨씬 더 구체적으로 관련된다. 여기서 그들은 후렴에서 화답하며 찬양하는데, 시편에서 자주 나타나는 방식이다.[13]

"어지시다"(11절, 새번역)라는 단어는 영어에서처럼 단순히 시인한다는 뜻의 모호한 용어가 아니다. 그 단어는 창세기 1장을 관통하며, 창조주가 자신이 만드신 것을 보고 기뻐하신 것에 대해서 말한다. 피조 세계는 창조주의 완전함을 반영한다. 그리고 선한 것은 그것이 만들어진 목적을 성취한다.

"사랑하[시다]"(love, 새번역)와 '한결같은 사랑'(steadfast love, ESV)으로 번역된 히브리어 명사 **헤세드**(ḥesed)는 특히 언약에 나타난 하나님의 사랑을 의미한다. 이 단어의 중심에는 하나님과 인간으로부터 믿음의 반응을 불러일으키는 하나님의 신실하심이 있다. 인간의 반응이 부족하고 변덕스러운데도, 하나님의 사랑은 한결같이 신실하다는 특징이 있다. 그와 같은 사랑은

13　시 100:4-5; 106:1; 107:1; 118:1 및 136:1. 이 시들에서 후렴이 반복된다.

여기서 이스라엘 백성과 성전 재건의 움직임으로 입증된다. 이 점은 여기서 "이스라엘을"(새번역)이라는 표현으로 강조된다. 이제 이스라엘 백성은 적어도 남은 자(a remnant)로서 언약의 땅으로 돌아왔다. 그렇다면 이 짧은 찬송은 이제까지 명백하게 드러나지 않았지만, 본문 안에 내재되어 있던 그들의 감정을 공개적으로 표현한다.

이 찬양은 매우 열정적이다. 히브리어 명사 **테루아**(*tĕrû'â*, 11절)는 전쟁에서 외치는 승리의 **함성**일 수 있다. 또한 이 단어는 다윗이 언약궤를 시온으로 가져올 때, 지른 환호의 소리와 관련 있다.[14] 여기서 성전 건물은 야웨가 그분의 도성, 예루살렘으로 돌아오는 것을 나타낸다. 아마도 이 특별한 단어를 사용함으로써 이미 언급한 바와 같이 새로운 출애굽 사건을 이끄신 전사(戰士) 야웨의 승리에 주목하는 듯이 보인다.

그러나 이 주목할 만한 장면에서 오직 찬양만 울려 퍼지는 것은 아니다. 첫 번째 성전을 보았던 나이 든 사람들 가운데서 터져 나오는 울음이 찬양의 합창에 뒤섞였다. 왜 나이 든 이들이 울었는지는 전적으로 분명하지 않다. 그것은 상당 부분 우리가 전반적인 찬양의 한 부분으로 나오는 눈물을 슬픔의 눈물이 아니라, 오히려 기쁨의 눈물로 이해할 수 있을지와 연결되어 있다.[15] 그들이 찬양의 정서(情緖) 대신에 실망을 나타냈다면, 이전에 존재했던 성전에 관한 향수에 젖었을 개연성이 있다. 이것은 장차 학개 선지자가 비판하게 될 패배주의 정신의 시작이다.[16] 또한 재건 사역의 진행 과정에서 지속적인 문제로 드러난다.

그 장면은 현실적 측면에서 흥미롭다. "소리가 멀리 들리므로 즐거이 부르는 소리와 통곡하는 소리를 백성들이 분간하지 못하였더라"(13절). 이것은 그

---

14 시 47:5을 보라.
15 [12절의 맨 앞에 나오는] **와우**(*waw*) 접속사는 '그러나'의 의미로 이해하는 편이 더 낫다. '그렇지만'으로 번역한다면, 찬양과 울음이 대조되는 점을 강조하게 된다.
16 학 2:3.

소리가 매우 크고 시끄러웠다는 점을 강조한다. 왜 이 세부 내용이 포함되어 있는지는 분명하지 않다. 아마도 이 구절은 저자의 사실적 표현과는 별개로 심지어 '**한 사람처럼 모인**'(3:1, NIV) 공동체조차 이미 정서적 긴장감에 휩싸여 있었다는 사실을 보여 준다.

4. 성전 재건과 관련된 그 밖의 사항

우리는 6:13-15에 가서야 비로소 다시 성전 재건에 관한 이야기로 돌아간다. 거기서 우리는 그 프로젝트가 완성되는 것을 본다. 그러므로 여기서 이스라엘의 삶에서 차지하는 성전의 중요성에 대해서 간략하게 논평하고, 그것을 오늘날의 상황에 적용하도록 숙고해 보는 편이 유익하다. 포로 생활에서 돌아온 이들에게 성전은 야웨가 그분의 땅으로 돌아오셨다는 사실에 관한 눈에 보이는 표지였다. 이 사실의 중요성에 대해서 다음 세 가지를 말할 수 있다.

1) 성전은 하나님이 자기 백성 가운데 거하신다는, 눈으로 보이는 표지다
이것은 성전의 재건이 필수적이라는 점을 의미했다. 그것이 아니라면, 하나님의 임재가 선택 가능한 추가 사항이라고 표명하는 것이나 다름없기 때문이다. (이 점에 대해서 학개서에서 더 자세하게 다룰 작정이다.) 그러나 여기에 정반대되는 위험성도 존재한다. 곧 그들에게 성전이 증거하는 실재보다 성전 건물의 외관이 더 중요할 수도 있다. 성전은 그들의 기쁨과 한데 섞인 채 역사속의 오래된 성전에 대한 향수를 반영한다. 이제까지 모든 일은 잘 진행되었고, 또한 제사 제도도 세심하게 다시 도입되었다. 그렇지만 성전 재건 사역은 앞으로 완성되어야 했다.

그들이 불렀던 찬양(11절)은 그들이 하나님께 진정으로 예배드리는 데 몰두했음을 보여 주었다. 그렇지만 모두가 알고 있듯이, 찬양의 노래를 부르고 우리가 노래하는 것을 말로 표현하기는 상대적으로 쉽지만, 이 진리들을 우리의 삶에서 구체적으로 실행하는 데는 그다지 열심을 보이지 않는다. 그들이 이와 같은 찬양의 말을 얼마나 진지하게 여기는지는 곧 시험을 받을 것이고, 성전 재건은 우선순위에서 밀려난다. 이것은 예배와 순종도 우선순위에서 밀려난다는 뜻이다. 옛날의 장막과 마찬가지로, 하나님에 대한 찬양은 모든 시대와 모든 장소에서 특별히 성전에 초점이 맞추어져 있었다. 따라서 하나님의 백성이 그 땅의 모든 지역과 디아스포라의 삶에서 귀향했을 때, 성전은 그들에게 핵심적으로 중요한 사항이었다.

2) 성전은 지난날의 하나님의 전능한 행위와 강력하게 연결해 준다

특별히 다윗 왕조가 더는 왕위에 오르지 않는 상황에서 성전은 그 어느 때보다도 더 필요했다. 포로 생활을 하던 곳에서는 성전을 전혀 세울 수 없었다. 하지만 그 시기에도 영적인 실재는 여전히 존재했다. 에스겔과 다니엘과 같은 인물에게서 이와 같은 사례들을 명백하게 본다. 성전은 출애굽 시대부터 지금에 이르기까지 하나님의 신실하심을 기억나게 해 준다. 우리는 이미 과거와의 많은 연결 사항들을 살펴보았다. 그리고 눈에 보이는 이 표지는 오랜 세대의 신앙이 눈으로 보이도록 구체화해 준다.

오늘날 우리는 지난날 하나님의 신실하심과 하나님이 그분의 백성 가운데 임재하시며 강력하게 역사하신다는 사실을 생생하게 기억할 필요가 있다. 하지만 우리에게 그것은 건물이 아니라, 하나님의 말씀과 모든 세기에 걸친 그분의 온갖 축복에 대한 기록이다.

3) 성전은 그 이야기가 아직 끝나지 않았음을 상기시킨다

옛 성막의 경우와 마찬가지로, 성전이 지닌 일시적인 특성이 있다. 그 두 가지는 모두 히브리서의 저자가 "이 장막은 현시대를 상징합니다"(히 9:9, 새번역)로 묘사하는 시대에 속한다. 또한 히브리서 저자는 하늘의 성전에 대해서 말한다. 그 성전은 이미 존재하며 지상의 성전에 대한 모형이다.[17] 또한 이것은 출애굽기 25:9, 40에서도 강조된다. 이 절들에서 하나님은 모세에게 시내산에서 계시한 모형을 따라서 성막을 만들라고 지시하셨다. 이와 비슷하게, 역대상에서 다윗도 야웨께서 계시해 주신 성전의 세부 모습에 대해서 말한다. 이처럼 지상 성전은 과거를 반영해 줄 뿐만 아니라, 미래를 가리켜 준다. 성전은 하나님이 인간을 맨 처음 만나시는 사건과 그들과 함께 거하시는 거처 사이에 놓여 있다.[18] 이것은 성전이 가장 진지하게 여겨져야 하는 동시에 결코 그 자체가 목적이 될 수는 없다는 뜻이다.

요한이 본 계시록의 환상에서 새 예루살렘 도성에 성전이 없다는[19] 사실은 에스겔이 회복된 성전에 대해서 보았던 환상과 모순되지 않는다.[20] 오히려 그것은 새 하늘과 새 땅에서 하나님이 자기 백성 가운데 임재하신다는 똑같은 실재에 대한 서로 다른 환상이다. 이 점은 하나님의 장막이 사람들과 함께 있는 요한계시록 21:3에서도 강조된다. 장막과 성전의 목적은 모두 하나님이 그분의 백성 가운데 사실 수 있다는 것이다. 그리고 에스라 3장의 취지는 포로 생활에서 돌아온 이들이 적어도 이 순간은 이 사실을 인정하며, 또한 이것이 일어날 상황을 만들기 위해서 애쓰고 있다는 점이다.

5. 입장 취하기

에스라기의 처음 세 장은 몇몇 중요한 사실들을 세워 줄 뿐만 아니라, 이 책

---

17 히. 8:2; 9:24.
18 창 3장; 계 21:3. 다음 논문에서 흥미로운 장(章)을 참조하라. Crispin Fletcher-Louis, 'God's Image, His Cosmic Temple and the High Priest', in T. Desmond Alexander and Simon Gathercole (eds.), *Heaven on Earth: The Temple in Biblical Theology* (Carlisle: Paternoster, 2004), pp. 81-99. 해당 부분에서 그는 성막과 성전이 피조 세계를 비추어 주는 거울의 이미지라고 주장한다.
19 계 21:22.
20 겔 40-44장.

의 나머지 부분을 해석하는 데 기준을 제공한다. 이 책 이야기의 다음 단계로 나아가기 위해서는 세 가지 사항을 살펴보는 것이 유용하다.

첫째, 공동체적으로 거대하게 시도하고자 하는 의식이다. 분명히 남은 자의 전체 숫자는 상대적으로 매우 적다. 그러나 이 남은 자는 포로기 이전의 이스라엘과 연속성을 지닌다. 이 남은 자로부터 메시아가 올 것이다. 그의 삶, 죽음 및 부활은 셀 수 없이 거대한 무리의 운명을 구할 것이다. 그리고 결국 아브라함의 후손이 별들과 같이 되리라는 오래전의 약속을 성취할 것이다. 이 책 전체에서 공동체 정체성에 대한 의식은 중요하게 남아 있다. 하지만 적대자들의 반대에 직면해서 초기의 열정이 약해질 때, 우리는 그 의식이 위협받는 것을 본다. 그러나 나중에 공동체는 그 점에 대해서 회개한다. 어떤 이들은 이 시기에 지도자 직분이 이전 시기보다 덜 중요했다고 주장한다. 하지만 그런 주장은 학개와 스가랴의 예언 사역뿐만 아니라, 나아가 스룹바벨과 예수아, 나중에는 에스라의 중요성을 무시하는 것이다.[21]

두 번째 사항은 예루살렘 성읍을 재건하기에 앞서 제단과 성전에 대해서 강조했다는 것이다. 따라서 무엇에 우선순위가 있는지는 명백하다. 곧 그들의 생활 방식의 한가운데 희생 제사와 회개가 있어야 한다. 우상숭배와 불신앙은 그들을 추방으로 이끌었다. 이것들은 절대로 반복해서는 안 된다. 심지어 에스라가 돌아와서 그들에게 토라를 설명해 주기 이전에도, 모세가 명령한 것을 지켜야 한다는 점을 강력하게 강조한다. 그래서 하나님은 선지자들과 율법 선생을 보내 주셔서, 그 일이 강력한 영적 기초 위에 세워질 수 있게 하신다.

세 번째는 하나님의 섭리와 어떤 의미심장한 일이 일어나고 있다는 의식에 대한 강조다.[22] 심지어 이방인 군주의 정책들을 통해서 상황이 바뀌고 효력이 나타남으로써, 하나님의 계획들이 성취되고 있다. 재건축 프로그램에서

---

21 Dillard and Longman, pp. 210-211을 보라.
22 1장에 대한 해설을 보라.

겉으로 보기에 죽은 나무에 새겨진 이름들의 목록이 제시되고, 첫 번째 돌들이 놓인다. 5장에 이르면, 하나님의 돌보심은 멀어진 것처럼 보이고, 또 열정으로 시작된 일은 멈추어 선 것처럼 보인다. 바로 그때, 이 점은 매우 중요해진다.

5장

몰려드는 독수리들

4:1-24

젊은이들뿐만 아니라, 젊은이들과 폭넓게 일해 본 사람들은 대단한 열정과 초기의 기대가 종종 급속히 식고, 처음의 감동이 약해진다는 점을 잘 알 것이다. 여기서도 마찬가지다. 포로 생활에서 돌아온 이들이 **그들 주변의 백성을 두려워했다**는 언급(3:3)과 3:12, 13이 부정적인 어조일 가능성을 제외하고, 3장의 마지막에 이르기까지 모든 것은 전진, 순종 및 즐거움이었다. 그러나 이제 성전 재건 사역은 20년 동안 멈추어 선다. 우리는 이 본문에서 왜 이런 일이 일어나는지 파악할 수 있다. 4장을 자세하게 살펴보기에 앞서, 두 가지 중요한 예비적인 사항을 살펴보자.

1. 4장의 구조

어떤 이들은 이 장(章)이 역사적인 사실보다 오히려 문학적인 고려 사항에 더 치중한 구조로 이루어졌다고 주장한다. 왜냐하면 주요 부분(6-23절)은 성전이 아니라, 예루살렘 성벽을 다루고 있기 때문이다.[1] 그렇지만 지금부터 느헤미야기의 맨 마지막 부분까지 우리는 예루살렘 성전과 도성의 재건 사역

두 가지를 모두 방해하는 지속적인 움직임이 있었던 상황을 보기 때문에 이런 주장은 불필요하다. 여기 4장에서 적대자들이 페르시아 왕궁으로 보낸 고발 서신 하나가 그 이후에 이어지는 이야기를 설명하는 데 도움을 주는 사례로 등장한다. 그리고 앞으로 살펴보겠지만, 특히 포괄적이며 악의적이었던 이 서신은 포로 생활에서 돌아온 이스라엘 백성이 직면했던 반대의 특성을 예증한다.

4장의 구조는 다음과 같다.

1-5절: 반대의 시작
6-23절: 반대의 특성
24절: 반대의 결과

2. 반대의 불가피성

이 세상에서 하나님의 일은 전혀 쉽지 않으며, 중단되었다가 다시 진행되기도 한다. 1-3장에서 일어나는 사건들이 지닌 중요성은 하나님이 그분의 계획을 계속 진행하시며, 옛날에 맺은 언약들을 성취하고 계심을 알려 주는 표징이다. 반대는 맹렬해지고 지속된다. 그리고 사람들은 그런 적대적 상황을 처리할 준비가 되어 있어야 한다. 우리는 이 반대의 치명적인 특성을 인식할 필요가 있다. 그렇지 않으면, 하나님의 일에 대한 이런 저항을 한정적이고 사소하게 여기는 함정에 빠질 것이다. (모든 주석가가 이 함정을 피하지는 못했다.) 우리는 그 반대의 다면적인 특성과 대적자들의 간교함도 역시 살펴보려 한다.

---

1 Williamson (WBC), pp. 56-60을 보라.

3. 반대의 시작(4:1-5)

의미심장하게도 이 드라마에서 등장하는 새로운 배우들은 **대적**으로 묘사된다. 이것은 곧바로 독자들에게 당면한 진정한 이슈들에 주의를 기울이게 한다. 아마도 그 대적들은 **그들 주변에 살고 있던 사람들**(4절 및 3:3), 더 정확하게 말하자면 "그 땅 백성"과 똑같은 사람들일 것이다. 그 사람들은 자신들이 에살핫돈이 그 지역으로 이주시킨 사람들의 후손이라는 주장밖에 더 자세한 설명이 없다. 열왕기하 17:24-41은 사마리아가 함락되고 나서, 포로로 끌려간 사람들을 대신하기 위해서 바빌로니아와 다른 지역으로부터 이방 사람들을 이주시켰다는 점에 대해서 말한다.[2] 그렇지만 이것은 앗시리아가 계속 추진했던 정책으로 보인다. 우리의 목적에 더 중요한 점은, 어떻게 이 반대가 시작되었고, 어떻게 이런 반대가 언제나 하나님의 일을 망가뜨리려고 시도하는지 들여다보고 이해하는 것이다. 여기서는 서로 다른 세 전략이 사용된다.

1) 우리는 모두 이 일에 함께해야 한다

첫 번째 종류의 반대는 우호적인 태도처럼 보인다. 하지만 포로 생활에서 돌아온 이들은 이 반대를 다소 무례하고 종교적 이유로 거부했다. 대적들은 먼저 도와주겠다고 제안했다. 하지만 스룹바벨과 다른 지도자들은 그 제안을 즉석에서 거부한다(3절). 여기서 실질적으로 무슨 일이 일어나고 있는지 반드시 질문해야만 한다. 우리는 사소하고 부차적인 이슈들이 아니라, 오히려 복음의 핵심을 다루어야 한다. 그것은 하나님은 어떤 분이시며, 또 어떻게

---

2   에살핫돈의 통치 시기에 기록된 문헌은 사람들을 동쪽에서 시돈으로 이주시켰다고 말한다. 주전 673년과 671년에 일어난 이집트와의 전쟁에서도 그는 비슷한 이주 정책을 실행했던 것 같다(*ANET*, pp. 291 이하를 보라). 또한 사 7:8을 보라. 이 구절은 시리아와 에브라임 사이에 전쟁이 일어난 지 65년 뒤에 벌어진, 에살핫돈이 이집트를 침공한 사건을 보여 준다.

그분께 예배드려야 하는지와 연결되어 있다. 이것은 성경의 기본적인 진리들에 동의하고, 부차적인 사항들에 서로 다른 견해들을 갖는 것과 관련된 문제가 아니다. 여기서 그들이 제안하는 것은 사실상 일종의 다원적(多元的) 신앙에 기초한 협력 행위다.

또다시 해답은 열왕기하 17장에 들어 있다. 앗시리아의 사르곤왕이 바빌로니아와 다른 지역들에서 온 이주민을 사마리아 지역에 정착하도록 만들었다. 그들에 대해서 다음과 같이 기록되어 있다. "그들이 처음으로 거기 거주할 때에 여호와를 경외하지 아니하므로 여호와께서 사자들을 그들 가운데에 보내시매 몇 사람을 죽인지라"(25절). 그 이후에 앗시리아 왕은 포로 생활을 하던 제사장들 가운데 한 명을 벧엘로 보내서, 어떻게 야웨를 예배해야 하는지 가르치도록 지시한다. 하지만 이것은 효과가 없었다는 사실이 33절을 통해서 밝혀진다. "그들이 여호와도 경외하고…자기의 신들도 섬겼더라"라고 밝혀 준다. 그들이 드린 예배의 전적인 피상성은 "여호와께서 이스라엘이라 이름을 주신 야곱의 자손에게 명령하신 율례와 법도와 율법과 계명을 준행하지"(34절) 못했다는 성경의 기록을 통해서 입증된다. 기본적으로 그들은 느밧의 아들 여로보암의 혼합주의로 되돌아가며,[3] 우상숭배 행위를 반복하고 있다. 그것은 무엇보다도 그 땅의 주민을 대폭으로 감소시켰다. 따라서 그들의 후손이 어떤 주장을 하든지 간에, 그들은 하나님을 경배하지 않고, 오히려 지역의 다양한 우상들을 섬겼다.

이제 포로 생활에서 돌아온 사람들은 하나님이 또다시 그분의 도성에 임재하시기를 바라며 성전을 재건하고자 한다. 그러므로 그 땅의 백성과 함께 '예배하는' 행위는 주님의 영광이 성전을 떠나게 만든 원인이었던 우상숭배의 관습을 다시 들여오는 셈이다.[4]

그래서 이 제안을 거부한 것은 그들의 마음이 좁거나 미숙했기 때문이

---

3   왕상 12-14장을 보라.
4   겔 10장을 보라.

아니다. 오히려 하나님을 예배하는 행위는 우리에게 적합한 방법이 아니라, 규정된 방법대로 해야 한다는 확신에 기초한 결정이다. 의심할 여지없이 거기에는 불완전한 인간이 포함되어 있기 때문에, 어떤 이들의 정치적인 동기들이 작용했을 테지만, 그렇다고 해서 그 거부가 정치적이다는 뜻은 아니다.[5] 또한 하나님의 일을 하는 데 협력이 필요하며, 그것을 위해서 참여자들이 모든 세부적 사항에 동의해야 한다는 의미도 아니다. 모든 것을 최소한의 공통점으로 축소하려고 시도하기보다는 복음에 대한 신실함을 공유해야 한다. 그리고 하나님의 집을 짓는 일은 하나님의 성전에 살아 있는 돌들로서 추가되며, 오직 사도들과 선지자들의 기초 위에서 실행되어야 한다. 모호하고 감상적인 종교심을 지지해서 하나님의 일을 불분명하게 하는 시도에는 그것이 무엇이든지 본문과 같은 반응을 보여야 한다. 복음 사역은 오직 그리스도의 이름으로 또한 그분의 영광을 위해서만 실행될 수 있다.

2) 지속적인 낙심

대적자들의 설득과 아첨은 실패로 돌아갔다. 그러나 그들은 포로에서 돌아온 이들이 계속해서 낙심하게 만드는 정책을 취한다.[6] 이것은 다소 모호한 표현으로 묘사되어 있다. 그러나 다음 단락에서 그들이 직면한 반대에 관한 구체적인 사례가 제시된다. 이 모든 일의 전반적인 효과는 성전을 재건하는 이들의 의지를 약하게 하려는 것이다. 한편으로, 그들은 조롱과 협박을 일삼고, 다른 한편으로는 관리들을 뇌물로 매수해서 성전을 짓지 못하도록 방해한다. 성전 재건과 관련해서 눈에 보이는 현실적 증거가 얼마나 미약한지는 앞에서 이미 살펴보았다. 그 당시는 단지 기초만 놓았을 뿐이다. 우리는 이

---

5 Blenkinsopp, p. 106의 견해는 이와 같다.
6 4-5절에서 사용되는 히브리어 단어들은 분사들로, 방해가 지속적이고 장기간 이루어졌음을 암시한다. 곧, '낙심하게 하는'(*mĕbahălîm*); '고용하는' '뇌물을 주는'(*sōkĕrîm*)과 같은 단어가 사용되었다.

외부적 압박은 내면적으로 점점 더 증대되는 주저함 및 패배주의와 연결된다는 점을 학개서로부터 배운다.

여기서 본질적으로 이스라엘의 고유성이 위험에 처한다. 이스라엘은 거룩한 백성이 되며, 또 모든 나라의 빛이 되도록 부름받았다. 이것은 토라의 효력을 무력하게 만들고, 또한 그 표준에 부합하지 않은 모든 것에 대한 저항을 의미한다. 그런 싸움은 모든 세대에서 이루어져야 하며, 적어도 혼합주의에 기초한 다양한 믿음과 성경에 대한 무지가 만연한 세상에서 더욱 그래야 한다.

4. 반대의 특성(4:6-23)

만약 그와 같은 반대에 포함된 악의에 대해서 의심한다면, 이 긴 막간극은 그 공격이 얼마나 불쾌하고 치명적인 특성을 띠고 있는지 밝혀 준다. 우리는 여기서 어떤 "미래의 장면으로 건너뛴다."[7] 그 장면은 이 반대가 아하수에로의 통치기로부터 아닥사스다의 통치기에 이르기까지 지속되었음을 보여 주며, 페르시아 궁정으로 하나의 서한을 보낸 사례를 알려 준다.

1) 배경

그 고발은 크세르크세스(아하수에로)의 통치 시기에 제기되었고, 해당 서신은 아닥사스다의 통치기에 작성되었다. 크세르크세스(주전 486-465년)는 에스더기에서 일어난 사건들의 중심에 있는 왕이자 다리우스의 후계자다(5절). 8절에서 고발의 이유는 제시되지 않는다. 그 고발로부터 아무 일도 일어나지 않은 것 같다.[8] 그렇지만 뒤따르는 통치기, 곧 아닥사스다의 통치기(주전 464-

---

[7] McConville이 표현한 구절이다. p. 25.
[8] 몇몇 주석가들은 이것을 이집트에서 일으킨 페르시아에 대한 반역과 연결한다. 유다 백성이 그 반역에 동조했다는 것이다. 또는 그렇다고 주장한다. Clines, p. 76 and Williamson (WBC), p. 60.

423년)에 그 고발은 더 구체적이며 더 강력한 효력을 발휘한다. 그리고 (6절의 **고발**이 서신의 형태였을 것으로 추정한다면) 이 서신은 두 번째로 보낸 것이다. 그러나 우리에게 그 텍스트는 제시되지 않았다. 그 서신은 고대 근동의 국제적인 공용어였던 아람어로 작성되었다. 그리고 사실상 (7:12-26처럼) 그 다음 단락인 4:8에서 6:18은 아람어로 기록되었다.⁹

뒤따르는 세 번째 서신은 사람들의 명단과 더불어 소개된다(11-16절). 이것은 그 서신을 격조 높게 하며 또한 인상적으로 만들어 준다. 이것은 아마도 왜 6절의 끝에 그 서신의 텍스트가 아니라, 관리들과 그들이 담당하는 지역의 명단이 **뒤따르는**지에 대한 이유를 알려 줄 것이다. 그러나 우리는 반대의 본질과 거기에 사용된 책략을 드러내 주는 이 서신이 강조하는 핵심 내용에 관심을 기울이고자 한다.

2) 자신의 중요성을 과장하고 대적자들을 과소평가하기

르훔과 그의 조력자들은 자신들이 얼마나 중요한 인물인지 강조하는 한편 자신들이 압도적인 절대다수를 대변하고 있다고 주장하면서, 아닥사스다를 감동시키려고 기를 쓰고 있다. 권력 조직체가 순전히 수(數)의 힘을 내세우며, 허세와 상황에 대한 과시를 통해서 위력을 보이며 협박을 시도하는 것이다. (1-5절의 경우와 달리) 이번에 그들은 포로 생활에서 돌아온 이들의 수장들을 세밀히 조사하며, 그들을 길들이기 위해 법을 사용하려고 시도한다. 그뿐만 아니라, 그들은 자신들을 "**강 건너편**"(11절, 'Trans-Euphrates')에 있는 신하들이라고 묘사한다. 자신들이 강 건너편의 모든 지역을 대표해서 말하고 있다는 것이다. 그 명칭은 원래 지역을 가리키며, 유프라테스강 서쪽 지역의 땅을 포함한다. 그 땅은 유다와 사마리아 지역을 포함할 뿐만 아니라, 멀리 지중해 연안까지 이른다. 또한 페르시아 제국의 지역 중 하나였다. 그들은

---

9 단 2:4에서 7장의 끝부분까지도 비슷한 변화가 일어난다. 곧 그 부분도 아람어로 기록되었다.

포로 생활에서 돌아온 이들이 비록 위험 요소를 지니고 있기는 하지만, 자신들의 일치된 견해에서 이탈한 매우 작은 무리이며, 궁극적으로 하찮은 이들로 보았다.

그것은 오늘날도 마찬가지다. 대중매체는 '근본주의자'와 같은 저의가 있는 용어들을 사용하면서 늘 교회를 비웃는다. 또 대중매체는 복음의 가치들을 지지하는 모든 사람을 소수의 광신적인 무리라고 비난하며 모욕한다. 그와 같은 압박과 허위 주장에 맞서기 위해서 하나님과 눈에 보이지 않는 실재에 대한 견고한 믿음이 필요하다.

3) 역사 다시 쓰기

이것은 두 가지 방법으로 실행되었다. 곧 하나님 백성의 대적자들에 대해서 회칠하는 것과 그 백성과 그들의 역사에 대해서 거짓 보고를 하는 것이다. 그 문서는 부정적인 의도를 감춘 견해, 사실들의 조작 및 명백한 과장을 교묘하게 결합한 것이다. 또한 아닥사스다가 중요하게 여기는 점에 호소하며, 그가 두려워하는 점을 적절히 이용하도록 쓰였다.

맨 먼저 하나님의 원수들이 자신들을 회칠하는 것을 살펴보자. [10절에서] **'위대하고 존귀한 아슈르바니팔'**(아람어로 '오스납발')이라는 놀랄 만한 표현이 사용된다. 아슈르바니팔은 주전 669년에서 627년까지 통치했던 앗시리아의 왕이다. 고소자들의 조상이 강제 이주하게 된 구체적인 계기는 알려지지 않았다. 그러나 아슈르바니팔은 바빌론과 엘람 지역에서 일어난 반란을 진압했다고 알려졌다. 그때 그가 그곳 백성을 뿌리째 뽑아내서, 서쪽으로 보냈을 가능성이 있다. 그러나 중요한 것은 **'존귀한'**이라는 형용사다. 아슈르바니팔은 강력한 앗시리아의 왕들 가운데 맨 마지막 왕이었다. 그가 죽은 지 15년이 지난 뒤 니느웨가 함락되었다. 그리고 그와 더불어 앗시리아 제국은 멸망했다.[10] 더욱이 강제 이주의 공포를 얼버무리고 넘어가면서, 그 사건을 마치 단순히 행정적으로 사소한 일처럼 말하는 사실은 더욱 주목할 만한 흥미로운 일이다.

둘째, 이 서신은 포로 생활에서 돌아온 이들의 역사와 의도를 그릇되게 보고한다. 이것은 12-16절의 핵심 내용이며, 몇 가지 형태를 취하고 있다. 그런데 첫 번째 의문점은 "**당신에게서 우리에게로 올라온 유다 사람들**"(12절)이 과연 누구인지 해결하는 것이다. 이 표현은 그들이 금방 돌아왔음을 반드시 암시하지는 않는다. '**당신에게서**'는 단순히 페르시아로부터를 의미할 수도 있다. 따라서 해당 이슈는 NIV에서 '**성벽을 재건하고 기초를 보수한다**' (restoring the walls and repairing the foundations)라는 번역이 무엇을 의미하는지에 달려 있다. 분명히 성벽 재건은 전혀 종결되지 않았다. 그리고 우리는 이 그룹이 정확하게 누구인지 말할 수 있는 세부적인 증거를 지니고 있지 않다. 그들은 주전 458년에 에스라 자신과 함께 돌아왔던 사람들이거나, 아마도 그 이후에 돌아온 그룹일 가능성도 있다. 어쨌든 이미 살펴보았듯이, 이런 종류의 적대감은 포로 귀환과 성전을 재건하는 기간 내내 나타난 특징이었다.

고소자들은 예루살렘 성읍이 "**이 패역하고 악한 성읍**"이라는 전반적인 비난으로부터 시작한다. 이것은 실질적인 증거를 제시하기보다 어떤 분위기를 조성하기 위해서 사용된 모호하고 일반적인 진술이다. 그 고소자들은 그들 자신의 위신, 광범위한 페르시아 제국의 특성과 건축 중단에 대한 왕의 의구심을 결합하는 표현에 기대를 건다.

맨 먼저 그들은 아무런 증거도 없이 그 공동체가 세금을 바치지 않을 것이라고 주장한다(13절). 세 종류의 세입(稅入)을 언급함으로써, 이 주장이 사실인 것처럼 꾸몄다. 세금(taxes)은 화폐로 바치는 것이며, 조공(tribute)은 공물의 일종이고, 관세(duty)는 일종의 통행세일 것이다. 그들은 이것이 "**왕들에게 손해가 되리이다**"라고 주장하면서, 아닥사스다를 모욕한다고 묘사한다.

---

10 아슈르바니팔은 잔혹한 폭군이었다. 그는 선임자들의 군사정책을 계승했으며, 주전 663년에 테베를 약탈했다(나 3:8-10에서 해당 사건이 언급된다).

그다음 그들은 비굴한 자세로 아첨하며 충성심을 드러낸다(14절). 이 행위를 페르시아 왕에 대한 진정한 관심으로 이해하기는 어렵다. 오히려 그들은 자신들의 이익을 기대하며, 그와 같은 극단적인 충성심이 보상받기를 바란다. 그래서 그들은 이전의 반역에 대한 증거를 찾기 위해서 제국의 공문서 보관소에서 서류를 살펴보라고 왕에게 간청한다. 아마도 "조상들의 사기"는 단순히 아닥사스다의 바로 이전 전임자들의 시대만을 가리키지 않고, 바빌로니아와 앗시리아 시대까지 거슬러 올라갈 것이다. (오래된 시대인 아슈르바니팔의 언급이 그와 같은 사례다.) 시드기야의 반역과 히스기야의 저항과 같은 사례들이 그런 기록들에 기록되어 있을 것이다. 그들은 전체 사항을 매우 과장해서 제시했다. 작은 지역에서의 반란이 제국 전체에 위협을 가져온다는 생각은 우스꽝스럽다.

4) 맹목적인 법의 사용

과장되었든지 그렇지 않든지 간에, 그들의 고소는 받아들여졌다. 아마도 그들이 아닥사스다왕 자신의 안전과 자존감에 호소했기 때문일 것이다. 왕은 조서를 내려서 반응한다(17-23절). 그 조서는 고소자들이 요청하는 것을 허락한다. 심지어 다윗과 솔로몬의 위대한 시기도 그들에게 반기를 드는 저항으로 사용되었다.[11] 결국 아닥사스다왕은 법을 사용해서, 예루살렘의 재건 사역을 멈추게 한다. 그렇지만 이후의 단계에서 이것을 취소할 선택 가능성을 열어 놓는다(21절). 그는 그 반대자들에게 재건 사역을 파괴하는 권한을 부여하지 않고, 단순히 중단시킨다. 그렇게 하지 않았으면 그들은 의심의 여

---

11 몇몇 주석가들은 심지어 다윗과 솔로몬 시대에도 '**강 건너편 모든 땅을 [장악하여]**'라는 표현은 일종의 과장된 표현으로 받아들이며, 그것을 선전으로 이해한다. 그렇지만 최근의 연구는 이스라엘을 포함해서 '작은 제국'이 주전 12세기에서 10세기 사이에 나타난 특성이었다고 입증해 준다. K. A. Kitchen, 'The Controlling Role of External Evidence in Assessing the Historical Status of the Israelite United Monarchy', in V. Philips Long, D. W. Baker and G. J. Wenham (eds.), *Windows into Old Testament History* (Grand Rapids: Eerdmans, 2002), pp. 111-130을 보라.

지없이 신속하게 성전을 강제로 파괴했을 것이다.

5. 반대의 결과(4:24)

이 절은 5절에서 시작된 이야기를 취하며, '좌절된' 시기를 드러낸다. 다리우스왕 제이 년에 그 자물쇠가 열리기까지, 사실상 20년 동안 성전 재건 공사가 중단되었음을 밝힌다. '**중단되었다**'는 매우 침울하게 만드는 표현이다. 많은 사람은 이것을 일시적인 정지라기보다 마지막을 알리는 커튼이라고 느꼈을 게 틀림없다. 그렇지만 "**예루살렘에서 하나님의 성전**"이라고 기록된 성전에 대한 묘사는 그 자체의 이야기를 이어 간다. 그것은 1장에서 묘사된 모든 함의를 내포하고 있으며, 하나님의 계획은 중단될 수 없음을 상기시켜 준다.

6. 총괄적인 언급

우리가 에스라 4장에서 대하는 이야기는 어떻게 하나님의 일에 대한 반대가 일어나며, 또한 그것이 얼핏 보기에 승리를 거두는 듯이 보이는 장면을 묘사해 주는 가장 의미심장한 성경의 그림들 가운데 하나다. 이 점에 담긴 지속적 중요성을 살펴보는 것은 유익이 된다.

1) 하나님의 일은 언제나 반대에 직면한다
이 장(章)은 고린도전서 16:9에서 "나에게 큰 문이 활짝 열려서, 일을 많이 할 수 있는 기회가 왔습니다. 그러나 방해를 하는 사람도 많이 있습니다"(새번역)라는 바울의 말을 예증해 준다. 여기서 '그러나'라는 접속사는 의미심장하다. 사실상 하나님의 일은 반대를 불러일으킨다는 뜻이다. 물론 우리 자신의 완고함과 잘못된 인도로 반대가 일어나기도 한다. 하지만 고린도전서 16장이나 에스라기에서 일어나고 있는 일은 그와 같은 사례가 아니다. 이것은 하나님의 일 그 자체에 대한 반대이고, 그분의 계획들을 좌절시키려는 시도다. 우리의 주님은 제자들에게 고난이 오는 것에 대해서 다음과 같이 경고하신다. "사람들이 내 이름으로 말미암아 이 모든 일을 너희에게 하리니 이는 나를 보내신 이를 알지 못함이라"(요 15:21). 사도행전 전체를 통해서 성장의 시기는 박해의 시기와 동시에 진행된다.

이것은 현실에 대한 직시와 인내를 요구한다. 하나님을 위해서 집을 짓는 일은 전혀 쉽지 않다. 그 과정에서 중단되지 않은 채 일이 진행되면 기뻐하고, 종종 우리의 헌신을 가로막는 방해가 찾아오기도 한다. 여기서 언급되는 방해는 단순한 시련 이상의 의미를 지닌다. 이것은 결국 하나님이 예루살렘으로 돌아오셔서, 그분의 백성 가운데 거하시지 못하도록 하는 시도다.

2) 반대는 다양한 형태를 취한다

그와 같은 반대가 어떤 형태를 취할지 알지 못하기 때문에 우리는 경계해야 할 필요가 있다. 여기서 우리는 아첨, 거짓말, 뇌물, 법적 호소와 무력 사용 같은 것을 대한다. 이와 같은 다양한 방법뿐만 아니라, 그것의 누적 효과도 치명적이다. 여기서는 사람들의 맥이 빠지게 하는 소모전과 같은 인상을 받는다. 그것은 잔인한 공격이라기보다, 오히려 지쳐서 나가떨어지게 만드는 지속적인 반대다. 그와 같은 반대는 결심을 약하게 만들고, 학개서 1장에서 암시되는 무관심 상태를 초래한다. 조지 애덤 스미스(George Adam Smith)는 영혼을 파괴하는 이런 무관심에 대해서 다음과 같이 놀랍게 논평한다. "하나님과 인류의 위대한 목적들은 사탄의 맹렬한 공격에 의해서가 아니라, 오히려 헤아릴 수 없이 많은 느리고 파괴적이며 빙산과 같이 무관심한 이름 없는 대중에 의해서 좌절된다."[12] 그의 이 논평은 생생한 언어로—(그리고 우리는 "사탄의 맹렬한 공격"을 만날 것이다)—지루하고 소모적인 일의 결과를 강력하

---

12 G. Adam Smith, *The Book of the Twelve Prophets*, vol. 11 (Aberdeen University Press, 1928), p. 52.

게 전달해 준다. 이런 무감각하고 지속적인 무관심은 쇠약하게 만드는 특성이 있을 뿐만 아니라 지속적인 격려를 얻지 못하게 만든다. 믿음의 삶을 사는 모든 사람은 그와 같은 시기(時期)를 안다. 따라서 길고 지루한 일은 짧지만 강력한 싸움보다 훨씬 더 견디기 어렵다는 사실을 냉철하게 자각하고, 끝까지 인내할 필요가 있다.

3) 반대의 출처를 인식할 필요가 있다

하나의 중요한 단서가 6절에서 나타난다. "**그들이 고발했다**"는 구절은 얼핏 보이는 것보다 더 사악하다. 여기서 '고발'로 번역된 단어는 히브리어 **시트나**(śitnâ)다. 이 단어는 대적자 사탄을 암시하는 한 형태다. 여기서 우리는 창세기 3:15에서 맨 처음으로 예고된 위대한 싸움의 또 다른 사례를 만난다. 이 구절에서 야웨는 뱀과 하나님의 백성 사이에 적대감이 사라지지 않을 것을 예고하신다. 이것은 에베소서 6:11에서 "마귀의 간계"로 불린다. 에스더기에서 사탄이 하만의 악의와 크세르크세스의 과대망상증을 이용해, 유다 백성 전체를 말살하려고 시도하는 것처럼, 여기서도 사탄은 고발과 낙심을 사용해서 하나님의 집을 짓는 일을 방해한다. 따라서 우리는 우리의 대적이 누구인지 반드시 알아야 한다.

4) 큰 그림의 한 부분으로 반대를 이해하라

바로 앞에서의 주해는 반대가 지닌 특성, 곧 궁극적으로 사탄에게 속하는 특성을 강조했다. 그리고 이 점은 얼핏 하나님이 침묵하시고 부재하시는 듯한 상황에 의해서 가중(加重)된다. 이제 성전 재건 사역은 **중단되었다**. 이것은 바로 사탄이 매우 좋아하는 상황이다. 만약 사탄이 우리가 막다른 골목에 놓여 있다고 믿도록 우리에게 올무를 씌울 수 있다면, 우리는 낙심하고 집 짓는 일을 멈출 것이다. 그와 같은 상황들에서 우리는 하나님이 이전에 하신 약속을 끝까지 확신할 필요가 있다. 무엇보다도 3:11에서 언급되는 "**주**

님은 어지시다", "언제나 한결같이 이스라엘을 사랑하신다"(새번역)라는 찬양 위에 굳게 서 있어야 한다. 모든 우여곡절에도 불구하고, 하나님은 자신이 약속하신 정확한 순간에 약속하신 일을 정확하게 실행하신다. 희망이 거의 사라진 듯이 보이는 순간에 직면하더라도, 우리는 하나님에 대한 신뢰를 새롭게 할 필요가 있다. 하나님은 그와 같은 절망의 상황에서도 우리를 건져내는 방법을 알고 계신다.

6장

하나님의 일은 중단되지 않는다
5:1-17

4장은 우울하고 비관적인 분위기에서 막을 내렸다. 그 이야기는 시작되자마자 갑자기 끝난다. 그러나 하나님은 완전한 타당성과 무한한 지략으로 우리의 비관주의를 불시에 해결해 주신다. 3장에서 성전 재건 사역이 시작된 이후로 16년이 지나간 시점에서 이제 무관심과 무기력이 지배하고 있다. 이 같은 경우, 사람들을 일깨워 또다시 효율적인 삶을 살고 하나님을 위해서 일하기 시작하려면 어떤 강력한 새로운 자극이 필요하다. 여기서 일어나는 일이 바로 그런 일이다.

1. 하나님의 살아 있는 말씀(5:1-2)

성전 재건을 다시 시작하기에 앞서 또한 지도자들이 다시 조직되기에 앞서, 하나님은 두 선지자를 통해서 말씀하신다. 1장에서 주어진 최초의 자극은 예레미야서에 기록된 말씀으로부터 왔다. 이제 학개와 스가랴가 활기를 가져오는 하나님의 말씀과 더불어 나타난다. 이 두 선지자 사이의 차이점들은 잘 알려져 있지만, 이는 과장되어서는 안 된다.[1] 그들은 모두 자기들에게 주어진 메시지를 전달한다. 그리고 그들은 저마다 감당해야 할 중요한 역할을 지니고 있다.

그들이 특별히 무엇을 말해야 했는지 살펴보아야 한다. 학개서에 대해서는 나중에 자세하게 다룰 것이다. 하지만 학개는 분명히 4장에서 묘사되는 반대가 빚어낸 무기력과 무감각에 대해서 말하고 있다. 그는 하나님의 일이 잘못 정의된 어떤 미래가 아니라, 오히려 오직 현재에만 실행될 수 있다는 점을 간파하지 못하는 다음과 같은 기본자세를 폭로한다. "이 백성이 말하기를 '여호와의 전을 건축할 시기가 이르지 아니하였다' 하느니라"(학 1:2). 또한 그는 개인적인 안락과 사적인 생활에 대한 열정은 조금도 줄어들지 않은 반면에, 하나님의 집에 대한 열정이 없는 자세를 이렇게 혹평한다. "이 성전이 황폐하였거늘 너희가 이때에 판벽한 집에 거주하는 것이 옳으냐"(학 1:4). 그러면서 이렇게 구체적으로 수고할 것을 촉구한다. "너희는 산에 올라가서 나무를 가져다가 성전을 건축하라"(학 1:8). 학개는 비록 실질적으로 외부적인 반대가 있다 해도, 내적인 의지를 확고하게 다져야 하며, 그러면 그와 같은 반대에 맞설 수 있다는 사실을 깨닫는다.

스가랴는 "내가 예루살렘을 위하며 시온을 위하여 크게 질투하며"(슥 1:14)라는 말을 통해 시온에 대한 야웨의 맹세를 강조한다. 또한 그는 하나님이 그분의 도성에 사신다는 점을 이렇게 강조한다. "시온의 딸아, 노래하고 기뻐하라. 이는 내가 와서 네 가운데에 머물 것임이라"(슥 2:10). 그 말씀이 이때 사실이 되려면 성전은 반드시 재건되어야 한다. 진정으로 그때는 "작은 일의 날"이었다(슥 4:10). 에스라 5장에서 보여 주는 실질적인 상황은 하나님의 영광을 드러내라는 요구를 가장 우선순위에 놓은 것처럼 보인다. 하지만 성전 재건을 통해서 그들은 주님의 길을 예비하고 있었을 뿐 아니라, 하나님의 나라가 최종적으로 임할 수 있도록 필수적인 연결을 제시한다.

---

1 "학개는 단순하게 말한다. 그는 야웨의 말씀을 전할 때마다 '나'라는 칭호를 사용한다. 반면에 스가랴가 전하는 말은 도전적이고 불가사의하며, 종종 환상으로 제시된다." Kidner, p. 53.

그와 같은 설교는 효력을 나타냈다. 관리들과 종교 지도자들은 다시 일하기 시작한다. 하나님이 하시는 일과 인간의 책임과 관련해서는 두 구절을 주목할 필요가 있다. 첫 번째는 "**자기들이 받들어 섬기는 이스라엘의 하나님**"이다(1절, 새번역). 이것은 그 일이 하나님의 일이므로, 궁극적으로 좌절될 수 없다는 사실을 상기시켜 준다. 두 번째는 "**하나님의 선지자들이 함께 있어 그들을 돕더니**"라는 구절이다(2절). 그 도움이 무엇인지는 여기서 구체적으로 언급되지 않는다. 하지만 분명히 그 도움은 권면을 포함하며, 하나님의 말씀을 전달하고 일반적인 도덕적 지원을 해 줄 것이다. 성령의 검은 강력한 힘으로 그 효력을 발휘하고 있다.

여기서는 하나님의 집에서 권면하는 말씀이 지닌 지극히 중요한 위치를 말한다. 그와 같은 강조점은 여기서 맨 처음으로 등장하는 것도 아니다. 사무엘상 3장에서 하나님은 사무엘을 세우셔서, 끔찍할 정도로 타락한 이스라엘 공동체에 하나님의 말씀을 전달하신다.[2] 역대하 34장에서 발견된 율법책은 요시야의 대개혁에 자극과 지속적인 힘을 제공한다.

지금도 그렇다. 하나님의 말씀이 그분의 일을 시작하게 하고, 그 일에 계속해서 영감을 불어넣지 않으면, 어떤 영속적인 하나님의 일도 실행될 수 없다. 우리는 제2차 세계대전 이후에 하나님의 말씀을 강해하는 사역이 성장하고, 그것과 나란히 복음주의 신학계가 싹트기 시작한 점에 하나님께 감사할 수 있다. 이것은 매 세대 배워야 할 필요가 있다. 왜냐하면 이런 말씀 사역이 없다면, 우리는 4장에서 묘사되는 반대에 직면해서 의기소침한 채 무기력하게 있을 것이기 때문이다.

---

2   삿 17-21장을 보라.

2. 공식적인 반응(5:3-6)

5:1과 2의 분위기는 4장과 매우 다르다. 그래서 우리는 외부적으로 아무것도 변하지 않았다는 사실을 쉽게 잊어버릴 수도 있다. 반대는 계속되었고, 대적자들은 그들의 생각을 바꾸지 않았다. 그러나 하나님의 살아 있는 말씀으로 이스라엘 백성의 마음이 변화되었다. 아마도 그 땅의 관리들은 악의(惡意)를 지녔다기보다는 신경이 곤두선 상황이었을 것이다. 비록 그들이 성전 재건 사역이 계속해서 진행되고 있다는 정보를 대적자들로부터 들었을 테지만 말이다. 많은 지역에서 반역이 일어났기 때문에, 다리우스의 통치 첫해와 두 번째 해는 불안정한 시기였다. 그와 같은 상황에서 지방의 통치자들이 신경이 곤두서 있었다는 점은 이해할 만하다. 닷드내 위에는 상관(上官)이 있었던 것 같다.[3] 그래서 그는 충성스럽고 유능해 보이기를 매우 갈망했을 것이다.

이것은 절대로 형식적인 조사가 아니었다. 그들은 건축자들이 공식적인 허가를 받았는지 알고자 했으며, 심지어 그들의 명단을 요구했다. 여기서 곤란한 상황이 전개될 여지가 충분히 있다. 그렇지만 이 경우는 4장에서 묘사되는 재건 사역의 시작과 상당히 다르다. 왜냐하면, 하나님의 눈이 유다 장로들을 지켜주셨기 때문이다. 이것은 하나님이 그 일이 완성되도록 이끄신다는 사실을 의미한다. 하나님이 돌보신다는 점은 다음 장에서 제시되는 다리우스의 조서에서 명백하게 밝혀진다. 하나님의 침묵은 하나님이 활동하시지 않는다는 뜻이 아니다.

3. 의미심장한 서신(5:7-17)

이 서신의 어조와 분위기는 4장에서 제시되는 것과 상당히 다르다. 이 서신

---

[3] 닷드내는 강 건너편 총독이었다. 하지만 그는 바빌로니아의 우샨티(Ushanti)의 지휘 아래 있었다. 예를 들면, Clines, pp. 84-85을 보라.

은 겉치레의 미사여구 없이 유다의 인근 지역 통치자들의 반응을 제시한다. 어떤 이들은 "지극히 크신 하나님의 성전"(8절)이라는 표현에서 난점을 찾아낸다. 하지만 그것은 단순히 유다의 주신(主神)을 의미할 가능성이 있다. 아마도 그 이방인 고관들은 유다 지도자들이 유일신을 믿는다는 사실을 알지 못했을 것이다.[4] 그 서신의 설명은, 목재는 대체로 지진으로부터 건물을 보호하는 데 도움을 준다는 언급과 같이 사실적인 필치로 간략하게 묘사된다. 그뿐만 아니라, 그들은 유다 지도자들의 대답을 논평 없이 제시한다. 해당 내러티브는 닷드내와 스달보스내가 재건 프로젝트에 다소 동조적인지 혹은 단순히 외교적 수사인지에 대해서 어떤 힌트도 주지 않는다. 하지만 그것은 전혀 문제가 되지 않는다. 하나님의 눈이 그 일을 지켜보고 있어, 여러 난점이 제거되었기 때문이다.

11-16절에 묘사된 유다 지도자들의 대답은 매우 흥미롭다. 그 대답은 몇 가지 의미심장한 관점들을 지니고 있다. 그리고 11-12절은 몇 가지 중요한 신학적 비중이 담긴 그들의 역사를 간결하게 요약해 준다. 이제 그 내용을 살펴보고자 한다.

1) 창조주이신 하나님

우리는 이미 "하늘의 하나님 여호와"(느 1:2)라는 표현을 대했다. 하지만 여기서 '세상'이 덧붙여진 표현이 나온다. 이 표현은 시편의 다음과 같은 표현을 연상시킨다. "나의 도움은 천지를 지으신 여호와에게서로다"(시 121:2). 이와 비슷하게, 솔로몬 성전에 대한 언급은 그의 위대한 기도를 연상시켜 준다. 그 기도에서 솔로몬은 심지어 "하늘들의 하늘이라도 주를 용납하지 못[한다]"고 말한다. 그러면서 그는 하나님이 그 성전을 호의를 갖고 바라보시기를 간청한다.[5] 이 하나님은 우주의 주인이시며, 어떤 장소에 갇혀 있지 않으신다.

---

4 Clines는 그 표현이 '하나님의 위대한 집'을 의미할 수도 있다고 주장한다(Clines, p. 86).
5 왕상 8:27, 29.

따라서 성전 건물은 창조주의 위대한 실재와 연결되어 있다. 창조주는 거기서 은혜로 자기 자신을 계시해 주신다.

2) 역사의 주인이신 하나님

그러나 만약 하나님이 그토록 위대한 분이라면, 왜 하나님은 그분의 성전과 도성이 파괴되도록 허용하셨는가? 여기서 우리는 하나님이 그분의 백성을 그들의 반역에 대한 형벌로서 느부갓네살에게 넘겨주셨다는 추방의 신학을 대한다.[6] 또다시 우리는 상당히 많이 요약된 구약 신학을 대하게 된다. 아모스도 이스라엘 백성에게 그들이 지닌 언약의 신분이 그들을 심판으로부터 보호해 주지 않고, 오히려 그들은 더욱더 혹독하게 심판받는다고 책망했다.[7] 이와 비슷하게 예레미야도 성전에서 행한 설교로 겉으로만 하나님을 신뢰하는 태도에 대해서 경고한다.[8] 이제 추방은 일어났으며, 하나님이 선지자들을 통해서 들려주신 말씀들은 성취되었다.

더욱이 하나님은 고레스를 사용해, 포로들을 약속의 땅으로 돌아가게 하셨으며, 성전 재건의 권한을 부여하도록 하셨다. 우리는 이미 1장의 해설에서 성전 그릇들과 세스바살이 누구인지에 대해서 논의했다. 그러나 또다시 첫 번째 성전과의 연속성에 대한 의식이 강조된다는 점은 주목할 만하다. 여기서 우리는 하나님이 역사의 주인이시라는 확신을 가질 수 있다. 그것은 현실적인 측면에서 좋은 의미와 연결되어 있다. 곧 고레스의 핵심 역할은 지금 등장하는 왕, 다리우스에게 강조된다.

3) 세부적 사항에 관한 하나님의 관심

다리우스에게 보낸 서신의 처음 부분은 하나님이 피조 세계와 역사 과정을

---

[6] 또한 단 1:2.
[7] 암 3:1-2.
[8] 렘 7장.

주도하신다는 확신을 보여 준다. 따라서 세스바살의 이름과 그릇들에 관한 관심은 큰 그림을 보완해 준다. 그리고 해당 부분은 이 과정이 매우 세부적으로 실행된다고 밝혀 준다. 그뿐만 아니라, 바빌로니아 왕실의 공문서 보관소에서 고레스의 조서를 찾아보라는 요청으로(17절) 이 사실이 더욱 강조된다.

4. 더 광범위한 그림

우리는 이제 에스라기 자체의 이야기뿐만 아니라, 하나님의 계획에 대한 전체 과정의 더 광범위한 그림에서 그것이 어디에 적합한지와 관련해서 5장을 살펴보고자 한다.

1) 이 장은 자물쇠를 열어 준다

여기 기록된 사건들은 어떻게 몇몇 측면에서 의미심장한 사건들이 이야기를 앞으로 끌고 나가는지 얼핏 보여 준다. 영적 측면에서 학개와 스가랴의 설교는 성전 재건을 다시 시작하게 하는 데 필요한 헌신과 사기를 회복해 준다. 정치적 측면에서 닷드내와 스달보스내가 보여 주는 외관상의 호의 또는 적어도 중립성은 훨씬 더 커다란 희망적인 환경을 제공했다. 외교적 측면에서 유다 지도자들의 말은 정중함과 기지(機智)의 본보기였다. 이 모든 요소는 중요한 역할을 했다. 하나님은 이 모든 요소를 다양한 방법으로 활용해, 그분의 계획을 이루게 하신다. 우리는 하나님이 매우 다양하게 일하시며, 모든 부류의 대행자들과 방법들을 사용하신다는 사실을 기억할 필요가 있다. 그래서 하나님의 모든 중요한 일은 언제나 그렇게 일어난다. 그러한 일들은 성경과 하나님의 말씀으로 감동한 이들로부터 비롯되며, 이 세상에서 실제적인 것을 빚어낸다.

2) 이 장은 하나님이 배후에서 일하신다는 점을 암시한다

선지자들의 말은 하나님이 일하신다는 사실을 알려 주는 표지였다. 그리고 스가랴 3장에서도 이것을 얼핏 보여 주는 흥미로운 장면이 있다. 이 부분에서 스가랴 선지자는 우리에게 대제사장 여호수아를 보여 준다. 여호수아는 주님의 천사 앞에 서 있고, 또한 그의 오른쪽에 그를 고소하는 사탄이 서 있다. 앞에서 살펴보았듯이, 에스라 4장에서 사마리아 사람들이 반대하던 배후에 사탄의 반대가 있었다. 하지만 스가랴서에서 하나님이 개입하며 사탄을 책망하신다. 그리고 가장 의미심장한 점은 "예루살렘을 택한 여호와"(슥 3:2)라는 표현이다. 이것은 사탄의 어떤 반대도, 관리들의 적대감이나 인간의 무기력도 성전 재건과 예루살렘 성읍 복구를 방해할 수 없다는 뜻이다. 이와 같은 요인들은 하나님의 목적이 성취되는 것을 방해할 수 없다. 그래서 만물이 새롭게 되면, 모든 시대의 모든 신자로 이루어진 하나님의 성전이 어린 양 앞에 모습을 드러낼 것이다. 에스라 4-6장을 읽을 때, 우리는 그 배후에 하나님의 모든 계획이 감추어져 있음을 알 수 있다. 심지어 외관상 가망성이 없어 보이는 이와 같은 시기에도 하나님의 영원한 뜻이 실행되고 있다는 사실을 간파할 수 있다. 또한 에스더기도 그와 같은 방법으로 읽을 수 있다. 페르시아 관리들의 모든 음모와 하나님이 사용하시는 사람들의 불완전함도 하나님의 계획이 성취되는 것을 막을 수 없다는 사실을 파악할 수 있다.

3) 이 장은 더 큰 맥락에서 사건들을 분별하게 해 준다

우리는 이미 11절부터 중대한 신학적인 진리들을 다룬다는 사실을 살펴보았다. 그 진리들은 어떻게 성전 재건이 하나님의 전반적인 계획의 한 부분인지 보여 준다. 그들의 역사에서 눈에 띄는 몇 가지 사실들에 대한 요약이 입증해 주듯이, 하늘과 땅을 지으신 하나님은 그분의 백성을 전적으로 돌보신다. 에스라기 전체를 통해서 이렇게 더디게 진행되는 회복이 하나님의 일이며, 전체 연결선에서 필수 연결 고리라는 사실을 잊어서는 결코 안 된다.

4) 이 장은 믿음의 필요성을 입증해 준다

여기서 보낸 서신은 약 20년 전에 보낸 것일 가능성이 있다. 이번에 나타나는 차이점은 스룹바벨과 예수아가 용기를 갖고 재건 공사가 좌절될 위험이나 그것보다 더 악한 경우를 감수한다는 점이다. 옳은 일을 하는 것이 쉬운 경우는 단 한 번도 없다. 믿음과 인간의 행위가 하나님의 섭리와 양립할 수 없는 것이 아니다. 사실상 하나님은 인간의 믿음과 행위를 사용하셔서, 사람들이 그분의 계획을 실행하도록 이끄신다. 이 시점에는 단지 성전의 기초만 놓였다. 그리고 그 일이 완성될 전망은 매우 암울하다. 그러나 성전을 완공하기 위해 일을 다시 시작하는 위험을 감수하고 하나님이 그들이 한 일을 존중해 주시리라고 믿는다.

5) 하나님의 말씀을 선포해야 할 필요성

하나님은 처음에 닷드내와 스달보스내의 정치적인 조처와 다리우스의 반응을 통해 이 교착 상태를 해결하시지 않았다. 오히려 주검에 생명력을 불어넣는 하나님의 말씀을 선포함으로써 문제를 해결하셨다. 말씀 선포가 없었다면, 다른 모든 것은 궁극적으로 실패의 요인이 되었을 것이다. 하나님이 학개와 스가랴를 보내신 것은 최소한 다음 세 가지의 매우 중대한 의미를 지닌다.

첫째, 이것은 현재의 계획을 모세를 통해서 전달된 하나님의 말씀과 연결해 준다. 그 말씀은 광야에서 장막을 세우도록 이끌었다. 출애굽기 25:9에는 "내가 너에게 보여 주는 모양과 똑같은 모양으로 성막과 거기에서 쓸 모든 기구를 만들어라"라고 기록되어 있다. 곧 하나님은 말씀을 통해서 자기 백성 가운데 살 장소와 조건을 지시하셨다. 또한 하나님은 선지자들을 일으키셔서, 이스라엘 백성이 원래 모세에게 주어진 말씀으로 돌아오게 하신다. 그래서 그들이 그들 가운데 거하시는 하나님과 참된 언약을 새로이 맺게 하신다. 하나님의 계획들의 바로 이 연속성은 에스더기의 위대한 주제들 가운데 하나다.

둘째, 선지자들을 통해서 전달된 말씀이다. 그 말씀은 오래전에 모세를 통해서 전달된 말씀과 연속성을 이루며, 또한 그것에 충실하게 부합된다. 그들을 통해서 전달된 말씀은 권위를 지닌다. 왜냐하면, 그들은 "**하나님의 이름으로**" 전했으므로(1절), 그 말씀은 무시될 수 없기 때문이다. 우리가 학개서의 해설에서 살펴보겠지만, 학개 선지자는 학개서 전체에서 이전의 성경을 반영하며, 그 말씀을 그가 처한 배경에 일관되게 제시한다.

셋째, 그 메시지는 모든 시기에 타당하다. 초기의 성막, 다양한 형태의 지상의 성전, 또한 모든 시대의 하나님 백성으로 이루어진 살아 있는 성전은 "썩어질 씨로 된 것이 아니요, 썩지 아니할 씨로 된 것이니 살아 있고 항상 있는 하나님의 말씀으로 되었느니라"(벧전 1:23). 따라서 선지자의 메시지는 우리가 하나님의 성전으로 세워져 가는데 필수적인 한 부분이다. 우리는 선지자들이 "**그들을 도왔다**"(2절, 새번역)라는 표현에 대해서 살펴보았다. 그리고 우리가 하나님을 위해서 집을 짓고자 할 때, 이 동일한 선지자들은 하나님이 우리에게 전달하시는 도움의 한 부분이다. 이 장(章)은 하나님의 집이 지루하고 비생산적이라고 느끼는 이들에게 온갖 장벽을 무너뜨리는 하나님의 살아 있는 말씀의 권능에 대해서 새로운 확신을 심어 준다.

7장

다리우스왕과 가장 높으신 왕

6:1-22

6:1과 6:22을 비교해 볼 때, 이 장의 역동성이 가장 잘 파악된다. 이 장은 모든 사건을 완벽하게 통제하고 있는 것처럼 보이는 다리우스왕의 조치로부터 시작된다. 얼핏 보면 그렇게 보이는 게 사실이다. 하지만 "**다리오왕이 조서를 내려**"(1절)라는 표현은 주님께서 앗시리아 왕의 마음을 돌이켰다(22절)는 언급과 서로 균형을 이룬다. 또다시 여기서도 에스라기의 핵심에 놓인, 하나님의 섭리와 인간의 책임이 상호작용하는 특징을 발견한다. 그리고 여기서 우리는 이 책 전반부의 마지막에 이르는데, 스룹바벨과 예수아의 시대는 막을 내린다.

    이 장의 신학은 조서의 공식 언어와 경배와 찬양의 언어가 서로 결합한 표현 양식에 반영되어 있다. 이 장에 녹아 있는 진정성 있는 분위기는 중요하다. 이 장은 구체적인 사람들과 사건들에 대한 실제 역사다. 그렇지만 또한 하나님의 계획들이 성취되며, 하나님의 일에서 중요한 하나의 단계가 완성된다는 의식이 드러나 있다. 여기서 우리는 두 왕이 그 일에 관여하는 것을 본다. 페르시아의 왕은 외적인 무대를 제시한다. 그리고 하늘의 왕은 모든 무대의 배후에서 일하신다. 이 장은 대략 세 부분으로 나뉜다. 다리우스왕이 성전 재건을 재가한 부분(1-12절), 성전 재건이 완성되는 부분(13-18절), 이스라엘 백성이 유월절을 지키는 부분이다(19-22절).

1. 새로운 조서와 이전의 조서(6:1-12)

이제 사건들은 매우 신속하게 진행된다. 다리우스는 관리들에게 고레스의 최초 조서가 포함된 두루마리 문서를 찾으라고 지시한다. 그 두루마리가 이전 메대(Media)의 수도였던 악메다(에크바타나)에서 발견되었다는 언급은 이 사건의 진정성을 더해 준다. 또한 우리는 고레스가 바빌로니아를 정복하고 나서, 첫해 여름을 그곳에 머물렀다는 사실을 안다.[1] 바로 그해에 고레스는 그 조서를 내렸다. 아마도 이어지는 조서의 내용은 어떤 방대한 문서에서 발췌했을 것이다. 그 문서는 성전과 그것에 속한 도구들 이외에도 다른 사항들에도 관심을 기울였을 것이다. 6장의 전반부는 다음 두 부분으로 나뉜다.

1) 왕의 과거 조치(6:1-5)

여기서 또다시 두 가지 정책이 실행되고 있음을 본다. 고레스가 특별히 유다 사람들에게만 호의를 베푼 것은 아니다. 오히려 그 정책들은 단순히 모든 종교에 대한 개방 정책(glasnost)의 한 부분이다.[2] 이 절들에는 우리가 에스라기의 특징으로 파악한 방법으로 묘사된 암시들로 가득하다. 곧 하나님이 일하고 계시다는 것이다. 이것은 일어나고 있는 사건의 중요성을 머릿속에 떠올리게 하는 또 다른 요소다.

첫 번째 암시는 "**제사 드리는 처소**"(3절)라는 표현이다. 몇몇 주석가들은 오히려 이 표현을 무의미하다고 이해한다.[3] 하지만 그것은 3장을 반영하며,

---

[1] E. J. Bickerman, 'The Edict of Cyrus in Ezra 1', *JBL* 65 (1946), pp. 249-275.
[2] Cyrus Cylinder는 수메르와 아카드 신들의 형상들이 그들의 신전으로 되돌아왔다고 말한다. Cyrus Cylinder lines 33-36, *ANET*, p. 316.

나아가 전반적인 언약 관계를 연상시킨다. 그 관계에 기초해서 재건 계획이 실행되는 것이다. 사실상 3장에서 성전의 기초가 놓이기 이전에 제단이 설치되었고, 놓이자마자 희생 제사를 드렸다. 이처럼 우선순위가 지켜져야 한다. 그리고 고레스는 그의 조서에서 그 자신이 알고 있는 것보다 더 지혜롭게 말한다.

그다음 그의 조서는 성전의 외형적인 규모를 명시한다. 또다시 고레스는 자신의 지시에 정확하게 복종할 것을 분명히 한다. 몇몇 학자들은 그가 성전 건물에 대해서 알지 못했으며, 성전의 크기에 관심도 없었을 거라고 이의를 제기했다. 하지만 그것은 비현실적이다. 고레스는 자신이 전혀 알지 못하는 성전에 대해서 모호한 지침을 내리지 않았을 것이다. 의심의 여지없이 그는 (또는 분명히 그의 보좌관들은) 유다 지도자들과 세부 사항을 논의했을 것이다. 국고(8절)에서 지급하라는 명령은 예배 제도의 재도입과 재확립을 페르시아 왕실이 지원한다는 점을 강조한다. 아마도 지원은 왕실 자체의 세입보다 지방의 세입에서 이루어졌을 것이다.

느부갓네살이 바빌로니아로 가져간 그릇들에 대한 언급은 강제 추방을 초래했던 하나님의 형벌과 하나님이 그것을 되돌리신다는 사실을 떠오르게 한다. 여기서 5절은 사건들의 전체 과정에서 하나님의 섭리가 작용한다는 특성을 강조하는 다니엘 1:1-2을 반영한다. 나아가 "각기 제자리에"(5절)라는 세부적 표현은 3장에서 강조된 세부적 사항에 대한 복종의 중요성을 강조한다.

2) 다리우스 왕의 조서(6:6-12)

키드너가 지적하듯이,[4] 여기서 일어나고 있는 일은 일어날 수 있는 최선의 시나리오다. 페르시아 왕이 그 일을 지원해 줄 뿐 아니라 재정도 공급해 준다.

---

3   예를 들면, Clines, p. 91.
4   Kidner, p. 57.

그러나 방해는 전혀 없다. 여기서 우리는 다리우스가 닷드내와 스달보스내와 그 지역의 다른 관리들에게 보낸 조서의 발췌본을 읽을 수 있다. 한편으로, 다리우스의 지시 사항은 부정적인(막지 말라) 동시에 긍정적이다(필요한 모든 것을 제공해 주어라). 또다시 다리우스의 언급 안에는 그가 유다 지도자들의 의견을 세밀하게 들었다는 증거가 명백하게 나타난다. 희생 제사에 사용될 가축에 대한 세부 내용이 그 사례다.[5] 또한 다리우스는 자기 자신과 그의 가족을 위해서 기도해 달라고 요청한다. 심지어 더욱더 주목할 만한 점은, 그가 성전을 하나님이 거하는 장소로 이해한다는 것이다. 곧 그는 하나님이 어떤 형상(an image)이 아니라, 하나님의 본성에 대한 본질적인 계시인 그분의 이름으로 그곳에 거하신다고 이해한다.

다리우스의 명령을 변조하는 것에 대해서 아무런 논평 없이 잔혹한 형벌이 기록되어 있다. 우리는 이것을 다니엘을 모함했던 이들의 멸망을 다룬 사건들과 비교할 필요가 있다. 그 사건에서 그들은 사자들의 먹이가 되었다.[6] 종종 이 세상에서 하나님의 심판은 법 제도의 적용과 다른 국가들이 그들의 방침을 취하도록 허용함으로써 나타난다.

다리우스의 조서는 **신속히** 실행하라는 명령으로 마무리된다. 학개 선지자도 비슷하게 말한다는 점은 흥미롭다. 그것은 다리우스왕의 조서의 배후에 유일무이한 왕이신 하나님의 계획들이 있음을 상기시켜 주는 또 다른 사항이다. 한편 '신속히'라는 단어는 다음 단락의 시작 부분(13절)에서도 다시 등장한다. 그 단어는 그 단락에서 핵심 기조를 이룬다.

2. 성전 완공(6:13-18)

이 단락은 닷드내와 스달보스내가 온전히 지원해 주었다는 언급과 더불어

---

5 출 29:38-41; 레 2:1; 민 28:1-15을 보라.
6 단 6:24.

시작된다. 이번에는 공권력이 도움을 주었으며 건설적인 역할을 했다. (우리는 이미 정반대의 사례도 보았다.) 그와 같은 상황은 하나님의 선물로 받아들이고, 그분의 일을 진척시키는 데 사용해야 할 필요가 있다. 그리고 여기서도 하나님의 은혜로운 섭리는 성전 재건의 프로젝트를 완성하도록 이끌어 주는 역할을 한다.

더 흥미로운 점은 이 단락이 신학적으로 강력하게 뒷받침된다는 사실이다. 이것은 단지 호의적인 상황을 활용하는 수준이 아니라, 오히려 어떻게 하나님이 일하셨는지 입증해 준다. 그리고 단순히 그때뿐 아니라 하나님은 참으로 모든 시대에서 일하신다. 하나님은 다리우스왕과 관리들의 마음을 감동시키셨다. 하지만 또한 하나님은 훨씬 더 심오한 차원에서 일하고 계신다. 우리는 다음 네 가지를 살펴볼 필요가 있다.

1) 학개와 스가랴의 권면(6:14)

또다시 이것은 새로운 수고의 주요한 동인으로 확인된다. 학개 1:12은 성전 재건의 전반적인 추진력은 영적(spiritual)이라는 취지에서 다음과 같이 말한다. 그들이 "모든 백성이 그들의 하나님 여호와의 목소리와 선지자 학개의 말을 들었으니 이는 그들의 하나님 여호와께서 그를 보내셨음이라. 백성이 다 여호와를 경외하매." 학개도 분명히 정치적인 술수를 잘 알고 있었을 것이다. 하지만 주님의 말씀과 그분을 경외하는 것과 비교할 때, 궁극적으로 그런 상황은 중요하지 않았다. 또한 스가랴도 하나님의 일은 하나님의 방법으로 행해야 할 필요가 있다는 사실을 다음과 같이 강조했다. "힘으로 되지 아니하며 능력으로 되지 아니하고 오직 나의 영으로 되느니라"(슥 4:6).

더욱이 우리는 왕들의 말과 선지자들의 말 사이에서 또다시 연관성을 발견한다. 1장에서 어떻게 예레미야의 말과 고레스의 말이 모두 하나님의 계획이 성취되는 주된 요소로 사용되었는지 살펴보았다. 이것은 두 사람의 말이 모두 영감을 받았다는 뜻이 아니다. 오히려 고레스 자신은 전혀 알지 못했지만, 그의 말이 예레미야를 통해서 하신 하나님의 말씀을 성취하는 데 사용되었다는 뜻이다. 많은 이들은 여기서 아닥사스다(14절)의 언급이 삽입되었다고 여긴다. 왜냐하면, 성전은 주전 516년에 완공되었지만, 아닥사스다는 다음 세기에 속한 인물이기 때문이다.[7] 하지만 그 견해는 핵심에서 벗어난다. 바로 아닥사스다의 통치 시기에 예루살렘 성벽 재건이 완성되었기 때문이다. 따라서 이전의 왕들과 더불어, 그는 하나님이 사용하신 또 다른 도구의 인간이다. 또한 에스라에게 임무를 부여한 이도 바로 그 왕이다(7:11). 그리고 에스라의 사명은 성전의 물리적인 구조가 아니라, 그것이 지닌 영적인 중요성이라는 의미에서 성전을 재건하는 일이었다.

여기서 선지자들의 말을 이 세 명의 왕과 연결하는 것은 또 다른 중요성을 지닌다. 과연 선지자들은 '미리 말하는 이들'(foreteller)인가, 아니면 '공표하는 이들'(forthteller)인가에 대한 이전의 논쟁은 종종 계속 공방을 이어 가고 있다. 자유주의 신학자들은 언제나 선지자들을 그들 자신의 시대에 말하는 이들로 이해하려는 경향이 있다. 그 신학자들은 이른바 미래에 대해 희미하게 감지한 것을 사건이 일어난 다음에 기록했거나, 단순히 다소 영감받은 추측으로 이해했다. 그래서 여기서 선지자의 말은 단순히 사람들에게 성전 재건의 임무를 곧바로 착수하라는 촉구로 읽을 수 있다는 점이다. 하지만 이런 시각은 해당 사례를 지나치게 좁게 받아들인다. 물론 선지자들은 자기 자신의 시대에 말을 하며, 영적 및 사회적인 상황을 예리하게 드러낸다. 하지만 그들의 말이 자기 자신의 시대뿐만 아니라, 모든 시대에도 타당성을 지닌 이유는 그들이 영원의 관점에서 말하기 때문이다. 왜냐하면 그들의 궁극적인 비전은 주님의 날에 대한 것이므로, 그들은 역사의 전체 기간에 말하는 셈이다. (따라서 여기서 아닥사스다도 언급된다.) 또한 그들은 모든 상황에 대해 권위 있는 말씀을 전한다.[8] 따라서 그들의 말은 하나님이 오늘날 우리에

---

7 예를 들면, Clines, p. 95; Fersham, p. 92.
8 분명히 학개와 스가랴는 그들의 책에 기록되지 않은 많은 것들에 관해서도 말했을 것이다. 이와

게 들려주시는 말씀의 한 부분이다. 왜냐하면 우리도 우리 시대에 하나님의 집을 세우는 일에 관련되어 있기 때문이다.

그 말씀은 여기서 특별히 성전 건축이 끝난 것은 **"다리오왕 제육 년 아달 월 삼 일"**(15절)이라는 사실과 연결되어 있다. 이스라엘의 한 해에서 맨 마지막 달인 아달월은 아마도 이월 말과 삼월 중순까지, 유월절 바로 직전까지 일 것이다. 그리고 다리우스왕 육 년은 주전 515년이다. 하나님의 때는 정확하며, 그것에 대한 기록도 정확하다.[9]

2) 성대한 봉헌식(6:16)

이 봉헌식은 성전 재건이 완료된 후 뒤따른다. 여기서 성전 봉헌에 대해서 자세하게 묘사되지는 않지만, 아마도 솔로몬이 실시한 본보기를 따랐을 것이다.[10] 여기에는 몇 가지 주목할 만한 사항들이 있다. 이것은 **이스라엘 자손**, 곧 하나님의 백성 전체가 기념하는 봉헌식이다. 그와 비슷한 관점으로, 이 의식은 솔로몬 시대의 성대한 봉헌식을 회고하게 하며, 하나님의 보좌 앞에 모이는 셀 수 없이 많은 거대한 무리를 내다보게 해 준다. 연속성에 대한 이 강조점은 전체 그림에서 중요한 한 부분이다.

'**봉헌식을 하다**'와 '**기뻐하다**'라는 단어들은 의미심장하다. 이것은 형식적이며 기계적인 행위가 결코 아니다. 여기서 우리는 시편의 분위기를 느낄 수 있다. 사람들은 하나님과 그분이 하시는 일 안에서 기쁨을 발견한다. 그러나 이 기쁨이 단순히 감정이 아니라는 사실은 희생 제물을 드렸다는 점에서 입증된다.[11] 숫염소 열두 마리는 또다시 이스라엘 전체를 위하여 속죄 제물을

비슷하게 그 책들에 기록된 말씀 가운데 어떤 것은 그들이 입으로 전달한 사역에 포함되지 않았을 것이다. 특별히 스가랴서의 후반부가 그렇다.

9 주석가들 가운데 많은 이들은 에스드라1서 7:5에 근거해서 그날은 제삼일이 아니라 스물셋째 날이라고 지적한다. 이것은 성전 재건이 완성되고 나서 곧바로 유월절이 뒤따랐음을 암시해 줄 가능성이 있다.

10 왕상 8장; 대하 7장.

11 몇몇 주석가들은 이 봉헌식을 다소 인색하게 여긴다. 그들은 이것을 대단히 성대하게 거행한 솔

드렸다는 사실을 강조한다. (그 절차는 민 7장에 묘사되어 있다.) 하나님과 맺은 언약은 여전히 유효하며, 그 규정들은 지켜져야 한다.

3) 모세의 책(6:18)

이 책은 학개 및 스가랴의 권면과 잘 어울리는 평행을 이룬다. 이미 지적했듯이, 그 선지자들은 이스라엘 백성에게 모세의 말을 상기시켰으며, 또한 언약의 기본 규정들에 신실해야 한다는 사실을 떠올렸다. 여기서 이스라엘 나라의 틀을 세우는 데 필수적인 하나님의 말씀과 그 역할이 또다시 강조된다. 어떤 주석가들은 이 절의 내용에 오류가 있다고 주장했다. 왜냐하면 제사장을 **분반**(groups)으로 또한 레위 사람을 **순차**(divisions)대로 나눈 사람은 모세가 아니라 다윗이기 때문이라는 주장이다.[12] 하지만 모세가 제사장들과 레위인들을 기본적으로 구별했고, 다윗은 그 구별을 세분한 것이다.[13] 모세의 권위는 여기서 일어나고 있는 모든 일의 배후에 놓여 있다. 이것은 또한 "이스라엘의 하나님 여호와께서 주신 모세의 율법에 익숙한 학자"(7:6) 에스라가 돌아온다는 사실을 가리킨다.

3. 유월절을 지킴(6:19-22)

이 책에서 이 단락이 유월절을 즐겁게 기념하는 것으로 마무리된다는 사실은 매우 적절하다. 유월절은 이스라엘 국가의 삶 한가운데 놓여 있는 절기로, 언약에 기초한 하나님의 자비를 계속해서 상기시켜 준다. 또한 화자는 다리우스와 관련해 아람어로 기록하고 나서, 다시 히브리어를 사용해서 기

로몬의 성전 봉헌식과 비교한다. 하지만 레 1장의 정신에 기초해서, 만약 그들이 수송아지 대신에 산비둘기나 집비둘기 새끼를 바쳤다면, 그들은 자신들이 할 수 있는 한계 안에서 하나님에게 드린 것이다.

12 예를 들면, Williamson (WBC), p. 84.
13 민 18장; 대상 23-26장을 보라.

록한다.[14] 여기서 세 가지 사항이 강조된다.

1) 정규적 형태의 예배로의 복귀

이때는 늦은 4월로, 무교절을 지키고 난 다음의 시기일 것이다. 우리는 여기서 유월절을 맨 처음으로 기념한 사실뿐만 아니라, 즐거워하며 새로운 출발을 한 출애굽기 12장의 사건과 생생하게 연결되는 모습을 본다. 그리고 히스기야와 요시야가 유월절을 성대하게 기념하며 다시 성전을 봉헌하는 설명을 반영해 준다.[15] 하지만 한 가지 차이점이 있다. 역대하 30:3에서 성결 예식을 치른 제사장들의 숫자가 충분하지 않았다는 비난이 제기된다. 하지만 여기서는 제사장들이 맨 먼저 언급되며, 또한 그들이 성결 예식을 치렀다는 사실이 강조된다. 비록 역대하 30:17은 가장(家長)이 미처 성결 예식을 치르지 못했을 때라고 분명하게 밝혀 주지만, 역대지의 해당 본문에서는 레위인들이 유월절 양을 잡는 책임을 떠맡았다. 아마도 여기서는 새로운 상황이었기 때문에, 레위인들은 이 위대한 절기를 다시 확립하는 데 앞장섰을 것이다.

곧바로 무교절이 뒤따른다.[16] 신명기 16:3은 "고난의 떡"에 대해서 말한다. 그 빵은 이스라엘 백성이 이집트를 황급히 떠난 사실을 상기시켜 주었다. 1장에서 살펴보았듯이, 이것은 새로운 출애굽 사건이었다. 그래서 기쁨의 감정이 매우 두드러지게 나타나며, 또한 백성들은 하나님께 감사의 마음을 표현한다. 여기서 정규적인 예배 유형이 회복되었다. 또한 이스라엘 백성은 지난날에 대해서 감사를 표현할 뿐만 아니라, 살아 계신 하나님이 지금 하시는 일에 마음이 열려 있다. 이것은 진정으로 장차 하늘에서의 예배를 기대하게 한다.

---

14 에스라기에서 아람어 부분과 관련해서, 이 책 113쪽과 162쪽의 각주 2를 보라.
15 대하 30장 및 35장.
16 출 12:15-20; 레 23:6-8; 민 28:17을 보라.

2) 외부자들을 환영함

어떤 이들은 에스라기와 느헤미야기가 협소한 배타주의와 국가주의를 지녔다고 거의 의무적으로 비웃는다. 하지만 그 견해는 6:21에 비추어 볼 때 잘못된 시각이다. 여기서 유월절에 참여하는 데 오직 두 가지 사항만 요구된다. 첫째, "자기 땅에 사는 이방 사람의 더러운 것으로부터" 자신을 구별하는 것이었다. 이 배경에서 이런 구별은 특별히 이방의 신들을 숭배하는 삶으로부터 돌이키는 것일 뿐만 아니라, 또한 아마도 할례를 받는 의식을 의미할 개연성이 매우 높다. 출애굽기 12:44, 48은 특별히 할례를, 유월절 참여와 연결한다. 둘째, 그와 같은 사람들은 주님을 찾는 사람들이어야 했다. '찾다'(히. 다라쉬, $dāra\check{s}$)라는 동사는 구약성경에서 자주 나타나는 단어다. 그것은 단지 의식적인 예배 활동이 아니라, 마음, 생각 및 의지가 진정으로 참여하는 것을 포함한다. 아모스서는 거짓된 대상(곧 벧엘의 우상숭배)을 찾는 것과 하나님을 진정으로 찾는 것을 서로 구별한다. 하나님을 찾으면 살 것이다.[17] 이사야는 이스라엘 백성에게 "너희는 여호와를 만날 만한 때에 찾으라"(55:6)라고 권면한다. 거기에는 주님의 임재에 대한 깊은 열망이 있다. 데살로니가 교인들처럼, 그것은 옛 생활 방식을 버리고 새로운 생활 방식을 기쁨으로 받아들이는 태도다. 바울은 최근에 세워진 교회가 "우상을 버리고 하나님께로 돌아와서 살아 계시고 참되신 하나님을 섬기는"(살전 1:9-10) 방식을 칭찬한다. 그러므로 이것은 협소하고 배타적인 신앙 공동체가 결코 아니다. 늘 그렇듯이, 키드너는 그것에 대해서 다음과 같이 간명하고 적절하게 묘사해 준다. "라합과 룻의 사례와 마찬가지로, 개종자들에게 문은 활짝 열려 있었다."[18]

---

[17] 암 5:4, 6.
[18] Kidner, p. 60.

3) 한 줄이 그어짐

놀랍게도 여호와께서 **앗시리아 왕**의 마음을 돌려서, 이 일을 이루셨다고 언급된다(22절). 어떤 필사자가 오류를 범했다는 증거는 전혀 없다. 그래서 왜 앗시리아 왕을 언급했는지 설명하기 위해서 반드시 다른 데서 해답을 찾아야 한다. 어떤 학자들은 고대 근동에서 새 왕조와 심지어 새로 점령하는 권력도 기존 왕들의 명단에 편입되었다고 주장한다. 펜셤(Fensham)은[19] 앗시리아 사람들로부터 셀레우코스 왕조까지 이르는 바빌로니아 한 왕의 계보를 언급한다. 그렇지만 여기서는 어떤 명부의 한 부분이 언급되는 것이 아니다. 그러므로 다른 설명을 찾아야 할 필요가 있다.

키드너와[20] 윌리엄슨(Williamson)은[21] 올바른 방향으로 나아간다. 곧 그들은 요한계시록에서 언급되는 바빌로니아의 사례와 마찬가지로,[22] 여기서 앗시리아는 전통적인 박해자의 역할로 이해된다는 주장이다. 그러면서 그들은 느헤미야 9:32을 가리킨다. 이 구절에서 앗시리아 왕들은 수 세기 동안 이어진 고난의 원조로 이해되고 있다. 나는 이 점을 조금 더 자세하게 탐구하고자 한다. 그리고 여기서 맨 처음 이스라엘 백성을 포로로 끌고 간 앗시리아 왕에 대한 언급이 포로 생활에서 어떻게 의미심장한 한 획을 긋는지 살펴보고자 한다.

우리는 추방 사건을 예루살렘의 멸망, 성전의 파괴와 바빌로니아로 유다 백성이 강제 추방된 것으로 자주 생각한다. 사실상 틀린 생각은 아니다. 하지만 열왕기하 25장에 묘사된 사건에 대한 설명을 읽을 때, 그 내러티브의 간결한 특성과 신학적인 명백한 논평이 없다는 사실에 놀라게 된다. 이와 대조적으로, 열왕기하 17장에는 사마리아가 함락되고, 북이스라엘 지파들이

---

19 Fensham, p. 96.
20 Kidner, p. 60.
21 Williamson (WBC), p. 85.
22 계 14:8; 18:2.

앗시리아로 강제로 끌려간 사건이 기록되어 있다. 거기에는 신학적인 논평을 다루는 긴 단락이 나온다.²³ 의미심장하게도 거기서 남유다 왕국도 토라를 지키지 않았다고 언급한다.²⁴ 그리고 이 단락은 두 왕국이 모두 그들이 추방된 사건에 책임이 있다는 사실을 암시한다. 열왕기의 저자는 히스기야와 요시야의 대규모 개혁 정책으로 말미암아 추방이 미루어졌다는 사실을 잘 알고 있다. 하지만 또한 므낫세의 배교(apostasy)에 대해서도 알고 있다. 열왕기하 17:16-17에 묘사된 죄악이 므낫세의 통치 기간의 특성이라는 관점은 흥미롭다.

이사야 10:5은 앗시리아가 하나님의 "진노의 막대기"라고 말한다. 앗시리아는 북왕국 이스라엘의 종말을 불러온다. 우리는 히스기야가 그의 아버지 아하스와 달리 주님을 의지했을 때, 앗시리아 군대가 굴욕을 당했다는 사실을 알고 있다.²⁵ 하지만 안타깝게도 골칫거리인 앗시리아 군대를 물리치고 나서, 히스기야는 아첨에 굴복하고 바빌로니아의 감언이설에 넘어가고 말았다.²⁶ 그러나 이스라엘 백성의 추방은 앗시리아에 의해서 시작되었고, 이제 그 긴 과정은 막을 내린다.

여기서 '**마음을 돌이켰다**'라는 표현은 1:1에서 고레스의 마음을 '**감동시키셨다**'는 표현을 연상시킨다. 의심의 여지없이 이 단락은 하나님의 손길이 역사의 배후에 놓여 있다는 구절과 더불어 마무리된다. 여기서 우리는 잠언 21:1이 강력하게 실증되는 사례를 본다. 곧 "왕의 마음이 여호와의 손에 있음이 마치 봇물과 같아서 그가 임의로 인도하시느니라."

이제 에스라기의 내러티브는 에스라 자신이 도착하기까지 거의 60년을 건너뛴다. 우리는 잠시 멈추어서, 이제까지의 여정을 재검토해 볼 필요가 있

---

23   왕하 17:7-40.
24   왕하 17:19.
25   왕하 18-19장.
26   왕하 20장; 사 39장.

다. 에스라기의 전반부 몇 장이 지닌 몇몇 특성을 살펴보기에 앞서, 에스라 6장과 7장 사이의 몇십 년을 광범위한 배경에서 잠깐 살펴볼 만한 가치가 있다. 6장의 끝부분은 주전 516년 무렵의 일이다. 그리고 7장의 시작 부분에서 에스라가 예루살렘에 도착하는 때는 아마도 주전 458년 무렵의 일이다.[27] 크세르크세스의 통치 기간(주전 485-465년)에 일어났던 사건들을 다루는 4:6-24에 대해서는 이미 논의했다. 하지만 이 기간에 대해서는 성경의 다른 두 가지 증거가 있다.

에스더기는 페르시아 제국의 수도 수사에서 일어나는 사건들에 대해서 말한다. 그 사건은 유다 백성 전체에 헤아릴 수 없는 결과들을 일으킨다. 만약 하만의 계획이 성공했다면, 고국으로 돌아오게 될 백성을 포함해서 유다 민족 전체가 말살되었을 것이다. 후대에 헤롯왕이 아기 예수를 죽이려고 시도했을 때, 우리는 분명히 이 사건을 메시아가 태어나는 것을 방해하려는 사탄의 시도로 이해해야 한다. 에스더기는 이스라엘의 하나님이 또한 하늘의 하나님이라는 그분의 우주적인 본질을 생생하게 예증한다. 이처럼 하나님은 그분의 백성을 향한 은혜로운 계획을 분명히 갖고 계신다. 심지어 예루살렘으로 돌아오지 않은 그분의 백성에 대해서도 말이다.

에스라가 예루살렘으로 돌아오기 직전에 말라기 선지자도 활동했을 가능성이 있다. 만약 이것이 사실이라면, 혼종 결혼(mixed marriages), 제사장의 타락과 재정의 부정 사용 등에 대해서 읽을 때, 에스라의 설교와 느헤미야가 추진하는 개혁의 필요성을 더 분명하게 감지하게 된다. 모든 새로운 세대에게 하나님의 말씀이 선포되고 적용될 필요가 있다. 왜냐하면 개혁에 대한 열정은 곧 식어 버리기 때문이다. 세례 요한이 나타나기 이전의 마지막 선지자인 말라기는 오실 메시아를 선포한다. 그는 사람들이 모세를 기억하게 하고, 또한 장차 올 엘리야에 대해서 말한다.[28] 이 시기에 에스라는 침묵

27　연대기가 포함된 자세한 논의에 대해서 서론 18-22쪽을 보라.
28　말 4:4-5.

하지만, 위대한 사건들이 일어나고 있고, 또한 하나님은 그분의 계획을 실행해 나가신다.

4. 에스라 1-6장에 대한 요약

여기서는 상호 보완적인 네 강조점을 살펴보려 한다. 그 강조점들은 이 장들의 특징을 드러내며, 또한 그 장들에 독특한 묘미를 부여한다. 나는 이 강조점들을 서로 결합함으로써 에스라기가 지닌 매력을 파악할 수 있다고 생각한다.

1) 하나님의 섭리와 인간의 책임

이것은 에스라기를 강조하는 신학적인 기본 원리이며, 또한 기초적인 강조점이다. 이 원리와 균형을 이루는 것으로서 내가 곧 언급할 다른 진리들은 어떤 의미에서 특별한 사례들이다. 하나님의 섭리는 시작 부분에서 하나님이 "고레스의 마음을 감동시키[셨던]"(1:1) 때와 마찬가지로 또다시 마지막 부분에서 "왕의 마음을…돌[이키신 일]"(6:22)이 인상적으로 드러난다. 이 일은 인간의 행위가 진척되도록 허용해 주며, 마침내 성전 재건을 완성하게 한다.

 하나님의 섭리는 인간의 행위 방식으로는 보이지 않는다. 우리는 2장에서 포로 생활에서 돌아온 이들에 대해서 세심하고 정확하게 기록한 것, 성전 재건을 위한 최초의 시도, 20년 동안의 작업 중단, 정치적인 음모와 그것의 성공 등을 본다. 외적으로 볼 때, 그 정도가 일어나고 있는 일의 전부다. 하지만 하나님의 섭리와 그분의 사역은 무대 뒤에서 선지자들의 말을 통해서 구체화한다. 이 책의 시작 부분에서 예레미야를 통해서 전달된 하나님의 말씀은 변화를 일으키는 주된 힘이다(1:1). 학개와 스가랴가 등장해서 오랫동안 방치된 작업에 새로운 활력을 불어넣는다(5:1-2; 6:14). 그것의 배후에는 전부 모세의 율법이 있다(3:2; 6:18). 선지자의 말은 하나님이 일하신다는 사실을 알려 주는 강력한 표지다.

2) 연속성과 변화

이것은 하나님의 일이므로, 이 두 측면은 모두 하나님의 일에 대한 특징을 드러내 준다. 하나님의 불변하는 계획들은 항상 변화하는 상황 안에서 실행된다. 연속성은 다양한 방법으로 드러난다. 이것은 완전히 새로운(*de novo*) 어떤 성전을 짓는 것이 아니라, 솔로몬 성전을 재건하는 일이다. 희생 제사의 규정들이 면밀하게 실행된다. 그리고 모세와 다윗과의 연속성이 강조된다. 2장에서 포로 생활에서 돌아온 이들은 그들의 조상과 그 조상의 영토와 밀접하게 연결된다. 이 모든 것은 지금 일어나고 있는 일이 이스라엘 자체를 다시 세우는 일이라고 강조해 준다. 이 새로운 출애굽 사건은 새로운 정착으로 이끌며, 신앙 공동체의 삶을 회복시키며, 또한 예배 제도를 정식으로 다시 확립한다. 더욱이 "이스라엘 전체를 위하여"(6:17)라는 표현은 우리를 포로 시기 이전을 넘어서, 모세 자신의 시대와 하나님의 백성 전체에게로 데려다준다.

그러나 이 상황은 또한 새로운 상황이기도 하다. 이제 더는 다윗 가문의 왕이나 왕국도 없다. 이것은 페르시아 왕실뿐만 아니라, 지방의 총독들과도 계속해서 협상하도록 이끈다. 새로 등장한 선지자들은 오래된 옛날의 메시지를 당면한 구체적인 임무에 적용할 뿐만 아니라, 또한 장차 더 영광스러운 성취가 일어난다는 사실을 가르쳐 준다. 성전의 기초를 놓았을 때 찬양했던 위대한 시편 136편은 창조와 역사에 대한 훌륭한 요약과 더불어 새로운 의미를 지닌 채 등장한다. 그러므로 새롭게 시작하는 이 시점에 또다시 "하늘의 하나님"(시 136:26)이 찬양을 받는다.

3) 사실과 기억

이 장들에서 언급되는 많은 사항은 곧바로 우리의 관심을 끌어당기지 않는다. 공문서의 명단과 발췌문을 맨 처음 읽을 때는 이상하게 따스한 마음이 들지 않는다. 하지만 이미 앞에서 살펴보았듯이, 이 단락들은 실제 사람들이 살아가는 현실에 그 사건을 뿌리내리게 하며, 부인할 수 없는 진정성을 부여한다.

그러나 단순한 사건들의 연대기보다 훨씬 뜻깊은 요소가 있다. "여기에 우리가 그 사건들에 대해서뿐만 아니라, 그 사건들로부터 배워야 하는 사실이 있다."[29] 우리가 시편의 찬양을 듣고 새로운 출애굽 사건을 보며 모세와 다른 메신저들의 음성이 동시대 선지자들의 음성과 연결되는 것을 들을 때, 오래전에 쓰인 성경들이 울려 퍼지고 있다는 점을 앞에서 언급했다. 막강한 페르시아 제국의 역사를 배경으로, 한 지역에서 일어나는 게 분명한 이 에피소드를 우리는 하나님의 영원한 계획 가운데 있는 의미심장한 순간 가운데 하나로 본다.

4) 작은 캔버스와 큰 그림

에스라 1-6장에 해당하는 주전 538년에서 516년까지는 그리 긴 기간은 아니다. 게다가 매우 감동적인 사건들을 기록하고 있지도 않은 것처럼 보인다. 어떤 학자들은 정결 의식과 인명부에 지나친 관심을 기울이기도 했다. 사실상 그것은 작은 캔버스이며, 거기에 기록된 사건들은 꽤 흥미로워 보이지도 않는다.

그러나 이것은 매우 편협한 견해다. 훨씬 더 중요한 점은 그것이 큰 그림에서 차지하고 있는 위치다. 하나님의 계획들이 전개되고 있는 이 의미심장한 순간에 성경의 위대한 주제들이 여기에 나타난다. 우리는 여기서 포로 생활로부터 신약성경으로 이어 주는 연결선 안에 있는 중요한 연결 고리를 발견한다. 우리는 야웨의 백성이 시온으로 돌아온 것에 대한 예언들이 부분적

---

29 Kidner, p. 19.

으로 성취되는 것을 본다. 무엇보다도 이것은 하나님이 하시는 일에 관한 이야기다. 하나님은 그분의 계획들을 실행하시려고 선지자들뿐만 아니라, 이방의 왕들도 사용하셨다. 1:3과 6:22에서 언급되는 **하나님의 성전**은 수미상관 구조를 형성하며, 1-6장에 특성을 부여한다. 바로 그 시기에 하나님의 집은 재건되었으며, 또다시 새로운 시작이 진행된다.

물리적·영적 측면에서 기초는 이미 놓였고, 우선순위는 다시 확립되었다. **이스라엘 백성**은 다시 약속의 땅으로 돌아왔다. 공동체에서 예배하는 삶이 다시 시작되었다. 하지만 해야 할 일이 많이 남아 있었다. 그것이 에스라기의 나머지 부분에서 다루는 내용이다.

8장

하나님의 사람 에스라의 도착

7:1-10

영문학을 탐구한 사람들은 『트리스트럼 샌디』(*Tristram Shandy*)를 접해 보았을 것이다.[1] 18세기에 로런스 스턴(Laurence Sterne)이 쓴 소설로, 이야기가 질서 없이 끊임없이 전개된다. 이 소설의 가장 주목할 만한 특징 가운데 한 가지는 주인공이 비로소 세 번째 책에 가서야 등장한다는 점이다. 우리는 에스라 7장에서도 비슷한 묘한 감정을 느낀다. 왜냐하면 이 책의 절반이 지나서야 비로소 이 책에 자기 이름을 붙인 에스라라는 인물이 등장하기 때문이다. 5장과 6장의 사건들 이후로 약 60년이 지나갔다.[2] 최초의 선구자들이 성전을 재건하기 위해서 예루살렘으로 돌아온 지 약 80년이 흘렀다.

그러나 분명히 여기서 하나님의 때, "이 일 후에"(1절)가 강조된다. '이 일'은 성전 재건과 봉헌식 및 유월절을 거행한 이후를 가리키며(6:13-22), 포로 귀환의 첫 번째 단계를 완성했다는 뜻이다. '후에'라는 표현은 어떤 시간을

---

[1] 이 책의 원제는 『신사, 트리스트럼 샌디의 생애와 의견』(*The Life and Opinions of Tristram Shandy, Gentleman*)이며, 모두 아홉 권으로 이루어졌다. (London: Word, Dodsley, Beker and De Hondt, 1759-69).
[2] 에스라기와 느헤미야기의 저작 연도와 관련해서 세부 내용에 대해서 서론 22쪽을 보라.

가리키는 것 이상의 의미가 있다. 그것은 의식(celebration)은 일시적일 수 있으며, 포로 귀환의 목적이 성취되기 위해서는 이스라엘 백성의 삶 한가운데 토라를 재정립하는 것이 꼭 필요했다는 뜻이다. 따라서 여기서 에스라는 **"모세의 율법에 익숙한 학자"**(6절)라고 강조된다. 바빌로니아 추방 사건 이전에 토라가 없는 성전은 처참할 뿐이라는 사실이 입증되었다.[3] 그래서 포로 귀환의 그다음 단계는 모세의 율법을 공식적으로 인정하고 가르치는 것이다. 그리고 이 일을 해야 하는 사람이 이제 무대에 등장한다.

1. 탁월한 가계(7:1-5)

이 긴 가계도는 성경의 위대한 인물들 가운데 한 명인 에스라의 중요성을 확립해 준다. 명단의 목록은 세대들에 걸친 하나님의 섭리를 분별하게 해 준다. 하나님은 에스라를 예비하셨으며, 그가 능력을 가장 잘 발휘할 수 있는 올바른 시점을 계획하셨다.[4] 에스라의 제사장 직분이 아론의 혈통으로부터 유래된다고 인정해 주는 것이 이 가계도의 가장 중요한 특징이다. 하지만 바빌로니아로 추방되기 이전에 살았던 제사장들은 종종 이스라엘 백성이 영적인 생활을 유지하는 데 큰 도움을 주지 못했다. 엘리와 그의 아들들 같은 제사장들을 떠올려 볼 때, 그 제도가 얼마나 타락할 수 있는지 깨닫는다. 하지만 더 나은 점을 보여 주는 사례도 있다. 여호사밧은 제사장들을 임명해서, 하나님의 율법을 가르치게 했다.[5] 포로 생활에서 돌아온 이들이 정착했을 때, 옛 질서를 회복하는 것이 절대적으로 필요했다. (말라기는 어떻게 이 일이 실패하는지 보여 준다). 그래서 에스라는 옛 질서를 가장 훌륭하게 나타내야 하는 인물이다. 이제 더 자세히 살펴보겠지만, 에스라는 그 이상의 일을 한다.

---

3 렘 7장을 보라.
4 대상 6:1-15에 더 긴 명단이 나온다. 하지만 두 가계도는 모두 선별적으로 제시된다.
5 대하 17:7-9.

2. 이중의 은사(7:6상)

에스라는 교사이기도 했다. 그는 아론의 계보와 연결되어 있을 뿐만 아니라, 이스라엘 백성을 하나님의 말씀인 모세의 율법으로 돌아가게 한다. 그리고 그는 **학자**[또는 서기관, 히. '쏘페르'(sōper)]였다. 이 단어는 그 자체로 수년 동안의 훈련과 세밀한 연구를 에스라가 거쳤음을 암시한다. 항상 그러했던 것은 아니지만, 어떤 서기관들은 자신들의 책임을 가볍게 여겼다. 예레미야 8:8은 하나님의 율법을 변경하는 "서기관들의 거짓된 붓"에 대해서 말한다. 이것은 여기서 에스라의 모습과 현저하게 대조되는 표현이다. 에스라는 신실하고 부지런한 교사(학자)였다. 더욱이 그는 **율법에 익숙한**('well versed' -NIV; 'skilled'-ESV) 사람이라고 묘사된다. 히브리어 형용사 **마히르**(māhîr)는 다양한 뉘앙스를 지닌다. 시편 45:1에서는 글솜씨가 뛰어나거나 글쓰기에 익숙한 서기관을 묘사할 때 사용된다. 그리고 잠언 22:29에서 이 형용사는 더 광범위한 의미에서 자기 일에 능숙하거나 부지런한 사람을 가리킨다. 여기서는 에스라가 학식이 높은 사람이라는 뜻보다 더 깊은 의미를 암시한다. 그는 토라에 대해서 명확하고 철저하게 파악하는 사람이며, 그것을 가르치는 능력을 지니고 있고, 또한 다른 사람들이 율법을 이해하도록 도와주는 사람이다.

그리고 여기서 토라 자체에 대해서도 의미심장하게 말한다. 이 단락은 다음 세 가지 사실을 시인한다. 첫째, 그것은 **모세의** 율법이다. 에스라의 임무는 이스라엘 공동체의 기본 문서인 위대한 율법 수여자의 말씀을 가르치는 것이다. 에스라는 모세와 관련 있는 자료를 포함해 이후 수 세기에 걸쳐 쌓이고 편집된 전승들의 편찬자로 보이지 않는다. 또한 단순히 그 자료의 개정자로도 보이지 않는다. 느헤미야 8장에서 에스라는 단순히 과거의 권위 있는 기록이 아니라, 현재를 위한 하나님의 살아 있는 음성인 율법을 설명하는 사람으로 보인다.

둘째, 율법은 언약의 기록으로, 야웨, 이스라엘의 하나님의 말씀이다. 이것은 연속성의 주제를 매우 강력하게 강조한다. 이미 살펴보았듯이, 에스라기 전반부에서는 연속성이 강하게 나타난다. 또한 율법은 이스라엘 공동체가 하나님의 백성으로서 주님의 말씀을 듣기 위해서 시내산에서 형성되었다는 사실을 떠올리게 해 준다.

셋째, 토라가 **주어졌다**. 이것은 율법이 모세와 그의 주변에 있던 이들의 관점과 묵상이 아니라는 점을 의미한다. 율법 수여자로서 모세는 권위를 지니고 있다. 그것은 모세가 자기에게 주어진 그대로 주님의 말씀을 충실하게 전달했기 때문이다. 이와 비슷하게 에스라가 말하는 것도 그와 같은 권위를 지닌다. 에스라 역시 자기 시대에 똑같은 메시지를 충실하게 전달하기 때문이다. 오늘날 많은 학자는 에스라기와 느헤미야기를 싫어한다. 그 책들 자체가 대체로 신화적인 영광스러운 과거를 재창조하고자 하는 후대의 열등한 시도로 이해하기 때문이다.[6] 존재했거나 존재하지 않았을 수도 있는 사람들을 포함해서 전혀 일어나지 않았던 사건들에 대해서 감동하기는 어려울 것이다.

3. 하나님의 섭리가 주도함(7:6하-7)

여기에 하나님의 섭리와 인간의 책임이 놀랍게 결합되어 있다. 느헤미야 2:8에서도 비슷한 표현이 나타난다. 해당 구절도 사건들의 배후에 있는 보이지 않는 손과 인간 행위자들의 필요한 역할을 강력하게 드러내 준다. 이 점과 관련해서 아닥사스다의 역할은 이 장의 나머지 부분에서 더 자세하게 나온다. 왕들은 자기들이 정한 전반적인 정책들에 따라 자신들이 결정을 내렸지만, 다른 한편으로는 주님의 계획들을 성취하고 있었다.

---

[6] 이 견해는 L. L. Grabbe가 쓴 *Ezra/Nehemiah* (London: Routledge, 1998)에서 극단적인 형태로 나타난다. 그는 에스라기가 실질적으로 아무런 역사적 중요성도 지니지 않았다고 일축한다.

또한 에스라가 감당해야 하는 역할도 매우 인상적이다. "**왕에게 구하는 것은 다 받는 자**"라는 표현에는 틀림없이 염려와 긴장의 시간이 숨겨져 있다. 그 시간에 에스라는 틀림없이 왕에게 다가가는 최선의 방법과 시기에 대해서 곰곰이 생각했을 것이며, 왕의 대답을 조마조마하는 마음으로 기다렸을 것이다. 여기에 중요한 원리 하나가 있다. 하나님의 섭리에 대한 위대한 가르침이 우리를 수동적인 경건주의자들로 만들게 해서는 결코 안 된다는 점이다. "우리가 기도하면, 하나님이 모든 일을 하실 것이다"라고 말해서는 절대로 안 된다. 이것은 우리가 계속 여기저기서 바쁘게 일해야만 하나님 나라가 온다고 생각하는 행동주의자들의 자세와 마찬가지로 잘못된 태도다. 오히려 우리는 하나님이 문을 여실 때 움직일 준비가 되어 있어야 한다. 에스라가 모세의 율법에 능통한 서기관이라고 앞에서 강조한 사실은 여기서 페르시아 왕실의 관리로서 그의 삶의 다른 측면들과 서로 결합한다. 하나님은 이 임무를 위해서 두 측면에서 에스라를 준비시키셨다. 그래서 문이 열리자마자, 에스라는 그 안으로 들어갈 준비가 되어 있었다.

그러므로 에스라는 수도원에 은둔하는 학자도 아니고, 생각이 얄팍한 행동주의자도 아니다. 그는 하나님의 말씀을 깊이 있게 연구한 학자인 동시에 치밀하게 계획하고 정책을 마련하는 사람이다. 이것은 하나님의 나라를 위해서 일하는 우리 모두에게 훌륭한 본보기다. 하나님의 전반적인 전략뿐만 아니라 우리 삶의 미세한 활동 영역에서 그분의 절대주권에 기초한 일은 정해져 있다. 하지만 우리는 그 결과를 위해서 수고해야 할 필요가 있다. 바울은 이 점을 다음과 같이 강력하게 표현한다. "이를 위하여 나도 내 속에서 능력으로 역사하시는 이의 역사를 따라 힘을 다하여 수고하노라"(골 1:29). 따라서 하나님이 일하실 때, 그분의 백성도 일해야 한다.

많은 이들은 대체로 그것을 일상적인 세부 사항으로 이해하지만, 7절에서 이 점이 강조된다. 에스라는 혼자 오지 않았다. 포로 생활에서 돌아온 이들에 대한 세부적인 설명은 8장에서 제시된다. 하지만 여기서는 에스라와 함께 온 이들의 표본을 대한다. 그들은 다양하게 구성된 이 그룹 가운데 어떤 이들은 저명한 사람들이고, 다른 사람들은 무대의 뒤에서 일하는 사람들일 것이다. 하나님의 일에서 에스라와 같은 많은 은사를 지닌 교사들, 느헤미야처럼 훌륭한 전략을 지닌 지도자들은 필수적으로 중요하다. 하지만 하나님의 백성 가운데 나머지도 그들과 마찬가지로 필수적으로 중요하다. 하나님의 집을 세우는 일은 스포츠를 관람하는 일과 같지 않다. 바울은 에베소서 4장에서 하나님의 모든 백성은 하나님의 일에서 저마다 감당해야 할 몫이 있다고 분명하게 말한다. 모든 사람이 중요하다. 따라서 여기서는 이름들의 목록과 다양한 종류의 일이 자세하게 언급된다.

4. 상서로운 귀환(7:8-9)

여기서 또다시 일상적인 세부 사항은 사건들의 의미심장함을 감지하는 일과 결합되어 있다. 우리는 여기서 그 여행에 시간이 얼마나 걸렸는지 알게 된다. 그 기간은 대략 4개월로서, 4월 초부터 8월 초까지일 것이다. 두 지역 사이의 거리는 대략 1,400킬로미터였다. 그 거리의 상당 부분은 매우 힘든 지역으로, 이곳저곳에 상당한 위험이 도사리고 있었음에 틀림없다. 다섯째 달 초하루는 어떤 시점을 가리키는 것 이상의 의미를 지닌다. 이것은 새로운 출발을 강조한다.

하지만 이 여행이 지닌, 상당히 더 깊은 의미를 가리키는 몇몇 요소들이 있다. 바빌로니아와 예루살렘은 지리적인 의미 이상의 뜻이 담겨 있다. 그 지명들은 이 여행이 지닌 영적인 특성을 알려 준다. 그리고 '올라오다'("첫째 달 초하루에 바벨론에서 길을 떠났고")라는 동사가 사용되는 것은 순례 여행이 성전을 향해서 올라간다는 뜻을 반영할 뿐만 아니라, 이 여행을 두 번째 출애굽 사건으로 이해한다는 사실에 대한 한 증거다. 8장은 이 여행을 시작하기에 앞서 실행했던 금식과 기도에 대해서, 또한 그와 같은 중요한 일에 대한 자연스러운 염려와 불확실성에 대해서 말해 준다. 그리고 그 여행의 결말을 특징짓는 희생 제사에 대해서 말해 준다. 이것은 하나님이 그분의 계획을 실행하시는 과정에서 주요한 한 단계다.

그러나 결정적인 요소는 '**하나님의 은혜로운 손이 그의 위에 있었다**'(NIV를 따름)는 점이다. 하나님의 '손' 또는 '팔'이라는 은유적인 표현은 하나님이 자기 백성을 이집트로부터 구원하실 때 했던 경험에 그 뿌리를 내리고 있다. 출애굽기에는 하나님과 모세가 팔을 폈다는 언급이 많이 있다.[7] 또한 하나님의 손이 하시는 일은 피조 세계에 하나님의 능력이 미치는 것을 가리킨다.[8] 그러므로 여기서 이 표현은 세상의 창조자와 자기 백성의 구원자로서 하나님과 관련이 있는 모든 것과 함께 나타난다. 그 하나님은 또다시 결정적이며 인상적으로 일하고 계신다. 이것은 에스라와 그가 관련된 일의 중요성을 결정적으로 설명해 준다. 우리가 살펴본 대로, 이 프로젝트 전체는 하찮아 보이고 감동적인 것이 없는 듯하다. 그렇지만 더욱더 놀랄 만한 사건들과 마찬가지로 이것 또한 하나님의 일이었다. 그리고 전체 이야기에서 꼭 필요한 한 부분이다.

하나님이 자기 백성에게 하시는 일은 언제나 그러했다. 무서운 대적자들과 완강한 반대가 있었고, 하나님의 백성은 불충분한 자원에 직면해 크게 낙담했다. 하나님의 반격은 종종 약하고 불충분해 보인다. 가장 초기에 에덴 동산이 바벨이 되고, 또한 모든 민족이 모두 경건한 삶에서 후퇴했을 때, 하나님은 그분의 손을 아브라함에게 얹고, 왕들과 나라들이 미친 듯이 날뛰는 세상 한가운데로부터 전혀 다른 종류의 도시로 그를 불러내는 것으로 대응하셨다. 그 도시는 하나님이 설계하고 세우신 도시였다. 로마 황제, 헤롯 가문과 권력 기구 전체가 적대적이거나 전혀 관심을 보이지 않았을 때, 하나님은 가축의 구유에 넌 아기 예수를 보내는 것으로 반응하셨다. 이와 같은 방

---

7   출 4:17; 6:1; 7:19; 13:3.
8   사 19:25; 45:11; 시 92:4; 138:8의 예를 보라.

법으로 하나님은 권력자들을 그 보좌에서 끌어내리셨다. 우리의 일이 아무리 보잘것없는 것처럼 보일지라도, 주님의 손이 그것을 떠받치면, 그 일은 번영할 뿐만 아니라, 영원히 지속된다.

5. 훌륭하고 다재다능한 인물(7:10)

에스라는 경험과 활동을 통해서 예루살렘에서 하나님 일의 새로운 단계를 이끌어 가기 위한 최상의 자격 요건을 갖추었다. 10절은 그의 은사들과 노력에 대해서 요약해 준다. 여기서 우리는 단순히 에스라에 관한 훌륭하고 간단한 초상화가 아니라, 오히려 모범적인 개혁자에 대한 스냅 사진을 본다. 이것을 전도서 12:9-12에서 묘사되는 교사에 대한 자세한 초상화와 비교할 수 있다. 전도서의 교사는 연구하며 가르치는 사람의 수고와 부지런함에 대해서 비슷하게 강조한다. 우리는 이 절에서 에스라의 세 측면의 활동에 대해서 읽는다. 그 세 측면은 모두 꼭 필요하며, 그는 그것을 아낌없이 수행했다. 결국 이런 자질은 그를 이때를 위한 하나님의 사람으로 명백하게 드러내 준다.

1) 율법을 배우는 학생

그는 율법을 부지런히 연구해야만, 유능한 교사가 된다는 사실을 깨달았다. 모든 효과적인 교육은 텍스트를 변함없이 자세하고 끈기 있게 연구하는 태도에서 온다. 이 경우에 토라 전체와 세부 내용을 읽고 파악하는 것이다. 에스라는 피상적으로 연구하며 진부한 것에 관해서 그럴듯하게 말을 늘어놓는 사람이 아니었다. 오히려 그는 말씀의 보화를 깊이 탐구하며, 그것의 심오한 의미를 묵상했다.

여기에 성경 교사와 설교자를 위한 하나의 중요한 원리가 나온다. 효과적인 설교의 핵심은 무엇보다도 어떻게 성경을 다루는지에 대해서 이해하는 것이다. 곧 성경의 다양한 장르, 강조점, 또한 성경의 심오한 통일성을 이해하는 것이다. 그러므로 효과적인 교수법을 위한 지름길은 없다. 오직 끊임없이 세밀하게 연구에 정진해야 한다. 오늘날 우리는 성경 연구에 그 어느 때보다 쉽게 접근할 수 있다. 스터디 바이블도 많이 있으며, 훌륭하게 만들어진 참고서와 안내서도 많이 있다. 또한 시청각 자료도 넘쳐난다. 하지만 성경의 내용을 잘 모르는 사람이 너무 많다. 쉽고 간단하게 배우는 방법보다 진지하게 연구하는 방식은 점점 더 매력을 잃어 간다. 하지만 성경의 진지한 연구자와 그와 같은 연구로부터 도움을 받는 이들의 삶에는 열매가 가득할 것이다.

2) 연구한 것을 실천한 사람

에스라는 하나님의 말씀을 듣고 연구했을 뿐만 아니라, 말씀의 가르침을 실천한 이들의 숭고한 전통에 서 있다. 바로 이것이 언약 공동체의 기초였다. 신명기에는 토라의 가르침을 준수하고, 그것을 자녀에게 전해 주라는 권면이 많이 있다.[9] 여호수아는 율법을 지켜 행할 때, 주님께서 요구하는 참된 길을 계속해서 갈 수 있었다.[10] 선지자들은 율법의 가르침에 순종하고 실천하는 것을 게을리한 삶을 책망한다.[11] 에스라는 단순한 이론가가 아니었다. 말씀 연구는 단순히 지적인 훈련이 결코 아니다.

하나님 말씀을 연구하는 이들에게는 항상 다음과 같은 위험성이 있다. 그들은 우리가 프랑스의 부르봉왕조나 천체물리학에 관심을 기울이는 것처럼 똑같은 방법으로 말씀 연구의 지적인 측면에 관심을 기울일 수 있다. 그 연구가 우리의 태도와 행위를 구체적으로 형성해 주지 않은 채 말이다. 때때로 학계에서 이런 태도는 연구의 전문적인 측면들이 지닌 함의들을 숙고하지 않은 채, 단지 지적인 측면들에만 점점 더 집중하게 한다. 대학교의 많은 학과에서 성경 연구는 한편으로 고대 역사와 고고학에 부속된 것으로 보고,

---

9 예. 신 5:32; 6:3; 8:1; 12:28; 16:12; 28:1; 32:46.
10 수 1:7-8.
11 예를 들면, 특별히 렘 3:13; 9:13; 17:23; 40:3; 42:21; 44:23을 보라.

다른 한편으로는 철학이나 문학 이론에 속하는 한 측면으로 본다. 그와 같은 연구 자체가 잘못된 것은 아니다. 그러나 그리스도인 학자에게는 반드시 경건한 삶과 경건한 교훈의 더 큰 목적들에 종속되어야 한다.

3) 교사

이것은 앞에서 다룬 다른 두 측면의 당연한 결과다. 연구 자체가 목적이 될 수도 있다. 따라서 말씀 연구와 준수에서 멈춘다면, 열매를 맺지 못할 수 있다. 때때로 복음의 순수성을 지키고자 하는 올바른 열망은 그 복음을 전달하고자 하는 간절함을 잃어버린 채, 어떤 게토로 물러나는 부정적인 결과를 빚어낼 수 있다. 따라서 바울은 디모데후서에서 성경이 하나님의 영감으로 기록되었다고 말할 뿐만 아니라[12] 자기에게서 들은 말씀을 다른 충성스러운 교사들에게 전달하라고 디모데에게 당부한다. 그리고 나서,[13] "너는 말씀을 전파하라 때를 얻든지 못 얻든지 항상 힘쓰라 범사에 오래 참음과 가르침으로 경책하며 경계하며 권하라"라고 권면한다(딤후 4:2). 이 권면을 제대로 이행하지 않았을 때의 비참한 결과는 여호수아기의 맨 마지막 부분에서 볼 수 있다. 모세는 여호수아를 훈련했다. 또한 여호수아도 자기보다 오래 살았던 장로들을 훈련했던 것 같다.[14] 하지만 이 장로들은 그다음 세대를 훈련하는 데 실패했다. 그 결과는 사사기에서 나타나는 혼란스러운 무질서였다.

에스라가 가르친 것은 **"율례와 규례"**였다. 이것은 토라 전체를 간략하게 표현한 것이다. 율례와 규례는 뉘앙스 차이가 있는데, '율례'(decrees) 또는 '규정'[(히. '호크'(ḥōq)]은 시민법과 예배 의식법뿐만 아니라, 하나님이 피조 세계에 부여한 질서와[15] 관련된 하나님 말씀에 관한 규정들을 가리킨다.

---

12 딤후 3:16.
13 딤후 2:2.
14 수 24:31.
15 예를 들면, 물(욥 26:10; 38:10) 및 천체(욥 38:33; 렘 31:35-36).

반면에 히브리어 명사 '미쉬파트'(*mišpāṭ*)를 번역한 '법규'(laws) 또는 '규례'(ordinances)는 이스라엘 백성의 행위 규정에 대한 명령이다. 이 율례와 규례는 모두 하나님 말씀의 신성한 측면과 인간적인 측면을 나타낸다. 곧 그것이 하나님으로부터 주어졌다는 점과 권위 및 말씀을 행위로 옮겨야 할 필요성을 가리킨다. 느헤미야 8장은 에스라가 어떻게 다른 이들과 함께 수문(水門) 앞 광장에 모여서 율법을 가르쳤는지 보여 준다. 만약 에스라기와 느헤미야기를 함께 살펴본다면, 그 장(章)은 이 두 책의 절정에 해당한다. 에스라는 지혜로운 율법 교사였다. 그는 자기의 창고로부터 옛 보물뿐만 아니라 또한 새로운 보물을 내놓는다.[16]

모세의 율법을 전달하는 에스라의 위치는 지극히 중요했다. 복음서를 통해서 알 수 있듯이, 서기관과 율법 교사로서 에스라의 모든 후계자가 그의 숭고한 사례를 따른 것은 아니다. 이 점은 마태복음 23장에서 가장 명백하게 드러난다. 거기서 예수님은 다음과 같이 토라의 권위를 세운다. "서기관들과 바리새인들이 모세의 자리에 앉았으니 그러므로 무엇이든지 그들이 말하는 바는 행하고 지키되"(2절). 그러고 나서 예수님은 율법 교사를 책망하신다. "그들이 하는 행위는 본받지 말라. 그들은 말만 하고 행하지 아니하며"(3절). 에스라기에서 가르침과 삶은 전혀 분리되지 않는다.

데릭 키드너는 명료하고 통찰력 있게 다음과 같이 주해한다.

그는 개혁자의 본보기다. 그 자신이 먼저 삶 속에서 실천한 것을 가르쳤으며, 먼저 성경에서 확신한 것을 삶 속에서 실행했기 때문이다. 연구, 실천 및 가르침이 이와 같은 올바른 질서로 신중하게 제시될 때, 이 세 측면이 저마다 최선으로 타당하게 기능할 수 있다. 연구는 비현실성에서 벗어나게 하고, 실천은 불확실성에서 벗어나게 한다. 또한 가르침은 위선과 천박함에서 벗어나게 한다.[17]

---

16 마 13:52.
17 Kidner, p. 62.

키드너의 이 말은 이 절들에 묘사된 에스라의 그림을 간결하게 요약해 주며, 하나님의 말씀을 가르치고 설교하는 모든 이들에게 도전을 준다.

9장

왕의 마음은 하나님의 손안에 있다

7:11-28

이 장(章)의 제목으로 삼은 잠언 21:1의 말씀은 이 단락을 해설하는 데 길을 제공해 준다. 잠언에서 그 이전의 단락들은 왕들의 권위, 그들의 권위 있는 말, 그들의 진노, 다른 사람들을 위해서 길을 열어 줄 수 있는 그들의 능력 및 그들의 판결에 대해서 말했다.[1] 하지만 잠언 21:1은 모든 권위의 참된 원천과 모든 권세의 중심지를 밝혀 준다. 잠언의 주장은 에스라 7장의 이 부분에서 예시된다. 이 책이 후반부로 접어들면서, 우리는 1장에서 고레스의 마음을 움직였던 하나님의 섭리가 여기서도 똑같이 작용하고 있음을 깨닫는다. 고레스의 행위가 그 자신의 정책에 근거했음을 우리는 보았다. 여기서 아닥사스다의 행위도 마찬가지다. 그렇지만 그와 같은 모든 사건의 배후에는 "**내 하나님 여호와의 손**"(9절이 28절에도 반영됨)이 있다.

서로 매우 다른 두 단락이 이 부분을 구성한다. 얼핏 보기에 두 단락은 서로 어색하게 함께 놓인 것처럼 보인다. 그러나 하나님의 섭리와 인간의 책임 사이의 상호작용에 초점을 맞추면, 이 두 측면은 똑같은 동전의 양면이

---

[1] 잠 16:10, 14; 20:2; 16:15; 20:8.

라는 점을 이해한다. 첫 번째 단락(11-26절)은 아닥사스다가 에스라에게 내
준 공식 서신으로, 에스라에게 그의 임무를 수행하라는 권한을 부여한다.[2]
두 번째 단락(27-28절)은 에스라 자신이 하나님께 드리는 감사의 기도다.

1. 왕의 마음(7:11-26)

여기서 우리는 허가가 승인되고, 세부적인 지침이 내려지며, 국가 정책이 제시
되는 관료(officialdom) 세계 안에 있다. 우리를 위해서 성경 안에 보존되어 있
는 이 공식 문서는 분명히 처음에 보이는 인상을 능가하는 중요성을 지닌다.

1) 왕의 서신

이 문서는 정치적·종교적 상황을 떠올리게 해 주는 것으로 시작한다(11-12절).
이것은 후대에 군주의 '칙령'(firman)이라고 불리는 서신으로, 그것을 지니고
가는 사람에게 왕의 이름으로 주어진 임무를 수행하도록 권위를 부여한다.
어떤 학자들은 아닥사스다왕이 희생 제사, 제사장 및 레위인에 관한 분명한
지식을 지니고 있다는 점에 대하여 이의를 제기한다. 하지만 만약 에스라가
아니라면, 다른 어떤 관리가 이 문서의 초안을 작성했을 것이다. '왕 중의 왕'
이라는 칭호는 특별히 페르시아 제국의 군주를 가리키는 표현이다.[3] 또한 그
칭호는 그 서신의 신빙성을 암시해 주는 또 다른 요소이기도 하다. 그러므로
아마도 "**하늘의 하나님의 율법에 완전한 학자**"는 에스라의 공식 호칭이었을
것이다. 그리고 '**하늘의 하나님**'이라는 표현은 고레스의 조서와 평행을 이루
는 또 다른 요소를 암시해 준다(1:2).

---

2 에스라기에 나타나는 이전의 다른 공적 문서(4:8-6:18)와 마찬가지로, 이 서신은 그 당시 국제 공용어인 아람어로 기록되어 있다. 그러나 7:27부터 이 책의 나머지 부분은 히브리어로 기록되어 있다.
3 단 2:37을 보라.

고레스의 정책이 반영되는 것은 13절에서도 계속된다. 그 절에서 이스라엘 백성에게 예루살렘으로 돌아가도록 허용해 주는 새로운 정책이 시행된다. 그리고 왕의 권위를 위해 일곱 자문관이 추가된다(에 1:14에 등장하는 그룹과 비슷한 관리들이다). "**네 손에 있는 네 하나님의 율법**"(14절)이라는 표현은 에스라가 지닌 것이 모세오경이었음을 확인해 준다(7:6에 대한 해설을 보라). 이 율법은 포로 생활에서 돌아온 이들의 생활 규범이 되어야 했다.

그 프로젝트에 재정을 지원하기 위해(15-20절) 왕실 보물 창고와 사람들이 자원해 드린 예물을 선물로 받는다는 언급이 나온다. 그들은 바빌로니아 원주민과 바빌로니아 지역에 살고 있던 이스라엘 사람들이었다. 이것은 다른 신들의 경배 관습에 관대한 페르시아의 정책을 반영한다. 그들은 이런 관습이 제국 전체에 유익을 가져다준다고 믿었다.[4] 그리고 희생 제사와 거룩한 용도의 그릇들과 그 이상의 필요경비를 국고로부터 지원할 것을 보증하는 문제에 대한 세부 내용이 뒤따른다.

21-24절에서 지방 재정의 지원에 대한 지침이 제시된다. 또다시 몇몇 학자들은 막대한 금액이 지원된다는 점에 의문을 제기했다. 하지만 이 문제는 반드시 페르시아 제국의 정책 관점에서 이해해야만 한다. 페르시아 제국의 변방에 있는 유다 지역이 제국에 충성하는 것은 중요한 문제였다. 따라서 고레스와 마찬가지로 아닥사스다는 그 특별한 민족이 믿는 하나님의 호의를 확실하게 입어서, 좋은 관계를 유지하는 데 관심을 기울였다. 이런 정책은 그곳만의 특징이 아니다. 고대 이집트에서도 비슷한 사례를 발견할 수 있다.[5]

마지막으로(25-26절) 에스라는 '강 건너편' 지역에 사는 이스라엘 공동체에 속하는 모든 사람이 토라를 준수하고 그 규율대로 사는 삶을 확립해야 했다. 어떤 이들은 이것을 현실성이 없는 이상주의적 관점으로 이해했다. 그

---

4 이것과 다른 행동을 취하며 이스라엘의 신앙을 억압하려는 두 시도는 모의자들에게 비참한 결과를 초래하는 것으로 끝난다(다니엘 6장과 에스더기).
5 Clines, p. 105. Williamson (WBC), pp. 104-105을 보라.

러나 다음에서 제시되는 신학적인 논평을 보라.

2) 하나님의 통치

독자들은 이 부분에서 '그래서 어쨌다는 것인가?'라고 생각할 수 있다. 어쩌면 이 서신이 진정으로 정확하고, 그 당시의 상황을 반영할 수도 있다고 생각할 것이다. 그러나 하나님으로부터 온 살아 있는 말씀으로서의 타당성이 부족해 보인다. [이 의문점과 관련해서] 맨 먼저 기억해야 할 사항은 다음과 같다. 만약 이 서신이 어떤 고고학자가 발굴한 문서이고 단지 역사적인 관심만 지니고 있다면, 앞에서 언급한 반대 의견은 어느 정도 유효하다고 할 수 있다. 하지만 이 서신은 율법 선생으로서 에스라에 대한 긴 소개(1-10절)와 에스라의 찬양(27-28절) 사이에 놓여 있다. 여기에는 분명히 신학적인 이슈들이 있다. 나는 그 점에 대해서 다음 네 가지 관점을 논평하고자 한다.

자기 백성을 보존하기 위한 하나님의 통치는 이 책에서 이미 중요한 주제였지만 이 부분에서 특별히 강조된다. 그러나 그 통치는 단지 페르시아 왕들이 펼치는 광범위한 정책과 관련된 것만이 아니라, 오히려 성전의 희생 제사, 방대한 금액과 에스라의 공식 호칭과도 같은 세부 사항과도 연결되어 있다. 이는 단순히 전반적으로 호의를 베푸는 것이 아니라, 세부적으로 돌보시는 하나님을 신뢰하라는 권면이다. 이것은 우리의 처지에서 세부 사항에 관심을 가지는 자세가 중요하며, 수박 겉핥기식으로 하나님을 영화롭게 한다는 개념에서 벗어나야 한다는 사실을 상기시켜 준다. 따라서 과장된 세부 사항으로 간단히 처리해서는 안 된다. 많은 이들은 **"은은 백 달란트까지"**(22절)를 대단히 적합하지 않은 분량으로 이해해 왔다. 그러나 고대의 도량형이 오늘날 어느 기준에 정확하게 상응하는지 잘 알고 있다고 성급하게 추론해서는 안 된다. 그러므로 그와 같은 분량이 불가능하다고 주장할 수 없다. 이 문구는 곧 금과 은은 야훼께 속하며, 그분은 자신이 원하기 때문에 또한 자신이 원할 때, 피조 세계의 자원을 사용해 자기 백성을 보호하고 보존하신다는 사실을 강조한다. 이와 똑같은 방법으로 마태복음 2장에서 그 예물의 상징적인 의미가 무엇이든지 간에, 동방에서 온 현자들은 황금과 유향과 몰약을 예물로 가져왔다. 아마도 그것은 이집트로 급하게 피신하는 비용으로 사용되었을 것이다. **자원 예물**에 대한 강조(15-16절)는 특별히 의미심장하다. 사실상 이 부분은 성막을 위한 예물이 자원함으로 하나님을 사랑하는 마음에서 우러나와 바쳐야 한다는 점을 강조하는 출애굽기 25:2을 연상시켜 준다. 앞에서 이미 살펴보았듯이, 이것은 출애굽 사건을 회상하게 하는 새로운 움직임이다. 그리고 하나님의 무한한 관대하심에 대한 반응이 그분의 은혜에 감동해서 진심으로 드리는 자원 예물이라는 사실을 보여 준다. 그러므로 이 장의 '공문서'에서 우리는 하나님 백성의 안전과 형통을 보증해 주는 하나님의 손을 분별한다.

하나님은 그분의 말씀을 보존하려고 통치하신다. 고레스가 그의 정책 결정이 예레미야가 전한 예언의 말을 성취하리라고 상상하지 않았던 것처럼 아닥사스다도 그의 조치가 미래 세대를 위해 하나님의 말씀을 보존하도록 돕고 있다는 사실을 몰랐을 것이다. 그는 자신의 조치를 피지배 민족들에게 그들의 책을 읽고 자신의 법과 관습을 따르도록 허용하는 정책으로 이해했을 게 틀림없다. 하지만 그는 자신도 의식하지 못한 채 다음과 같은 모세의 말을 법적으로 재가한다. "오늘 내가 네게 명하는 이 말씀을 너는 마음에 새기고 네 자녀에게 부지런히 가르치며 집에 앉았을 때에든지 길을 갈 때에든지 누워 있을 때에든지 일어날 때에든지 이 말씀을 강론할 것이며"(신 6:6-7). 남유다 왕국의 많은 왕과 북이스라엘 왕국의 모든 왕이 그 말씀을 가르치는 데 실패했지만, (또한 많은 사례에서 그것을 억압하려고 시도했지만) 이제 이방의 왕이 공식적으로 그 권리를 부여한다는 사실은 아이러니하다. 분명히 23절은 하나님의 말씀에 대한 참된 자세를 보여 주는 본보기 진술이다.

이처럼 수 세기를 거쳐서 하나님은 모든 공격에 맞서서 그분의 말씀을 보존하셨다. 또한 그렇게 하려고 종종 전혀 기대하지 못했던 방법을 사용하셨다. 최근까지 오랜 세월 동안 킹 제임스 영역본 성경은 영국의 공동체 삶에서 기본 틀을 형성하는 한 부분이었다. 이 가운데 상당 부분은 문화적이다. 그러나 성령이 그 말씀을 듣거나 읽는 사람들의 삶 안에서 무슨 일을 하시는지 누가 말할 수 있겠는가? 우리는 종종 커다란 개인적 희생을 감수하면서 성경을 번역해서, 사용할 수 있게 하는 이들을 향해서 하나님에게 더욱더 감사해야 한다. 위클리프와 틴데일과 같은 이름은 하나님의 말씀을 하나님이 우리에게 선물을 주셨다는 사실을 기억나게 한다.

하나님 이름의 영광을 보존하려고 하나님은 모든 것을 통치하신다. 우리가 "**하늘의 하나님**"(12절)이라는 표현과 "**예루살렘에 있는 그들의 하나님**"(16절)과 "**예루살렘 하나님**"(19절)이라는 표현을 서로 비교할 때, 이 사실을 간파할 수 있다. 1장의 해설에서는 고레스가 야웨를 믿지 않지만, 포로 생활에서 돌아온 사람들이 사용하던 호칭으로서 '하늘의'라는 호칭을 사용한 점을 지적했다. 페르시아의 군주들에게 야웨는 단순히 예루살렘 지역을 관장하는 신이었다. 그렇지만 이스라엘 백성의 신앙 한가운데 존재하는 야웨는 어떤 지방의 신이 결코 아니라는 확신이 있다. 곧 "나의 도움은 천지를 지으신 여호와에게서로다"(시 121:2). 그러므로 다양한 신앙에 대한 인증과 관용 정책이 포함된 아닥사스다가 고안한 문서 안에서, 성령은 과연 실상이 무엇인지 우리에게 보여 주신다. 또한 이 일은 야웨가 유일무이한 왕이며 모든 나라가 그분에게 심판받는다고 선포되는 것이 아니라, 이스라엘의 종교가 세상의 슈퍼마켓 안에 있는 많은 종교 가운데 하나로 이해되는 시기에 일어난다. 이것으로부터 네 번째 신학적인 논평이 뒤따른다.

하나님의 통치는 미래를 가리킨다. 몇몇 주석가들은 이 단락이 종말론적인 의미를 지니고 있다는 사실을 인정하지 않는다.[6] 그러나 토라에 의해서 지배되는 어떤 공동체에 대해서 말하면서, 25절은 최후의 왕국을 가리킨다.

---

[6] 예를 들면, Williamson (WBC): "물론 종말론적인 희망은 또 다른 사항이다. 하지만 여기에 그 희망이 들어 있다고 입증해 주는 것은 전혀 없다." p. 104.

이사야 2장과 미가 4장에 따르면, "율법이 시온에서부터 나올 것이요, 여호와의 말씀이 예루살렘에서부터 나올 것임이니라"(사 2:3; 미 4:4). 비슷한 맥락에서 말라기는 "만군의 여호와가 이르노라. 해 뜨는 곳에서부터 해 지는 곳까지의 이방 민족 중에서 내 이름이 크게 될 것이라"(말 1:11)라고 예언하면서, 깨끗한 제물에 대해서 말한다. 이와 같은 종말론적인 관점은 필요하다. 왜냐하면 에스라 자신의 시대에 그것이 실질적으로 타당하다는 점을 부인하지 않으면서, 그 시대가 더 광범위한 움직임의 한 부분이라는 사실을 밝혀 주기 때문이다. 그 움직임은 온 땅이 야웨의 이름을 높이며 절정을 이룰 것이다. 세부 사항은 다소 모호하지만, 그 결과는 명백하다.

> 나는 주님이 어떻게 모든 나라를 이길지,
> 어떻게 땅에 대한 소유권을 주장하실지,
> 어떻게 동쪽과 서쪽, 죄인들과 현명한 이들의
> 필요와 갈망을 만족시킬지 말할 수 없네.
> 하지만 나는 이것을 알고 있네, 모든 육체가 그분의 영광을 보게 되리라는 점을,
> 그분이 뿌린 것을 거두시리라는 점을,
> 또 어느 기쁜 날 그분의 해가 영광스럽게 빛나리라는 사실을,
> 그때 주님은 세상의 구주로 알려질 것이라네.[7]

따라서 아닥사스다왕과 그의 보좌관들의 배후에서 주님의 손이 움직이신다. 우리는 이제 그것에 대해서 다루려 한다.

---

[7] William T. Fullerton (1857-1932), hymn: 'I cannot tell why he whom angels worship'.

2. 여호와의 손(7:27-28)

이제 어조가 바뀐다. 그리고 공적인 것으로부터 개인적인 것으로, 암시적인 신학으로부터 감동적인 찬양으로 이동한다. 이 개인적인 음성은 9장의 끝부분까지 이어진다. 갑자기 찬양이 터져 나오는 것은 성경의 신앙이 지닌 특성 가운데 하나이며, 우리의 신학이 언제나 반드시 예배로 마무리되어야 한다는 사실을 상기시켜 준다. 출애굽기 15장에서 웅대한 규모를 지닌 모세의 위대한 찬양이 나온다. 또한 소규모로 에스겔서에서도 다음과 같은 찬송이 울려 퍼진다. "여호와의 영광이 그의 처소로부터 나오는도다"(겔 3:12). 누가복음 1장과 2장에 위대한 찬양들이 들어 있다. 그 찬양들은 구주의 오심과 빌립보서 2:6-11의 위대한 "그리스도 찬가"를 예고한다. 다른 많은 사례에서도 살아 있는 신앙은 그것을 온전히 표현하려고 계속 찬송의 시로 바뀐다는 사실을 입증해 준다. 더욱이 찬송은 하나님의 구원에 대한 타당한 반응이다. 우리는 우리의 구원에 아무런 기여도 하지 않았다. 우리가 해야 할 모든 것은 찬양이다. 하지만 에스라의 이 찬송에는 감동이 넘쳐흐를 뿐만 아니라, 많은 신학이 내포되어 있다. 하나님의 절대적인 섭리에 대한 의식은 "**여호와의 손**"이라는 표현으로 묘사된다. 그 손에 에스라는 "**내가 힘을 얻[었다]**"고 반응한다. 에스라는 이 짧은 찬송에서 다음 세 가지를 강조한다.

1) 과거에 대한 감사

하나님은 이제 "**우리 조상들의 하나님**"으로 불린다. 왜냐하면 여기서 일어나고 있는 일은 하나님이 땅과 번영에 대해서 족장들에게 하신 약속을 새롭게 이루는 것이기 때문이다. 바빌로니아 추방으로 그 약속은 분명히 깨어졌다. 그리고 여기서 "**주님의 성전을 영화롭게 하려는**"("to bring honour to the house of the Lord"-NIV; "to beautify the house of the Lord"-ESV)이라는 표현은 성전에 대해서 강조한다. 아마도 에스라는 이사야 60:7의 말씀 "내가 내 영광의 집을 영화롭게 하리라"는 말씀을 곰곰이 생각하고 있는 것일까? NIV의 번역인 "내가 내 영광스러운 성전을 장식하리라"(I will adorn my glorious temple)는 더 관용적이지만, 원문을 다소 덜 정확하게 전달한다. 하나님은 신실하신 분이다. 우리가 살펴본 바와 같이, 그 하나님은 왕의 마음을 감동시키셔서, 하나님의 집을 다시 세우도록 이끄셨다. "**우리 조상들의 하나님**"이라는 표현은 여호와께서 자기 백성에게 신실하시다는 사실을 요약적으로 표현해 준다.

2) 현재에 대한 확신

하나님이 지난날에 신실하셨음을 기억하는 것은 현재에 행동을 취하도록 확신과 용기를 준다. 에스라는 지난날의 영광을 기억하고 몹시 슬퍼하는 사람이 아니다. 또한 향수에 취해서, 현재 꼭 필요한 일과 기회들을 소홀히 하는 사람이 아니다. 우리는 왕과 그의 "**보좌관들**"에게 다가갈 때의 두려운 경험을 기억한다. 느헤미야도 이와 같은 경험을 공유했을 것이다.[8] 오직 "**여호와의 손**"으로 말미암아, 사람은 성공을 거둘 수 있다. 하나님의 섭리가 추상적인 교리가 아니라, 하나님을 찬양하게 하는 주요한 이유이며, 믿음을 위한 강력한 산성인 것도 바로 이 때문이다. 하나님은 과거에 갇혀 있지 않으시며, 여전히 그분의 계획들을 이루어 가신다. 또한 믿음을 갖고 자기에게 나아오는 이들에게 상을 베푸신다.

3) 미래 내다보기

에스라는 과거에 단순히 감사하지만 말고, 현재에 확신을 보이지만 말고, 오히려 미래를 위해서 계획을 세워야 한다는 사실을 깨닫는다. 이어지는 장들은 그 일을 추진하기가 얼마나 어려운지 보여 준다. 이것이 바로 신앙생활의

---

8   느 2:1-5.

패턴이다. 신앙생활은 언제나 눈에 보이는 문제들을 넘어서 눈에 보이지 않는 하나님을 바라보아야 한다. 에스라는 여기서 신앙의 진정한 실재를 보여 준다. 여기에는 왕과 그의 보좌관들의 역할을 부인하는 어리석은 우월적 영성이 전혀 없다. 또한 그들의 권력이 절대적이라는 점을 암시하는 움츠리는 태도도 전혀 없다. 에스라는 페르시아 제국이 제시하는 힘과 위험성을 잘 알고 있다. 하지만 그는 하늘과 땅을 지으시고, 자기 백성을 이집트로부터 이끌어 내신 하나님은 그분의 대적들보다 훨씬 더 위대하시며, 그들을 사용하셔서 자기 계획들을 실행하신다는 사실을 알고 있다.

에스라의 믿음과 찬양의 한가운데 언약의 하나님이 있다. 그분의 한결같은 사랑은 영원하다. 사실상 NIV에서 '**호의**'(28절)로 번역된 히브리어 명사는 **헤세드**로 종종 '한결같은 사랑'으로 번역된다. 그 언약은 추방 생활의 시련을 견뎌 냈으며, 미래의 모든 변화무쌍한 상황에서도 존속할 것이다.

에스라의 기도 주제는 다음 찬송시에 잘 표현되어 있다.

우리가 경배하는 하나님은 얼마나 선하신가!
    그분은 우리의 신실하고 변함없는 친구시네.
그분의 사랑은 그분의 능력만큼 위대하며,
    그분의 사랑은 측량할 수도 없고 끝도 없네!

처음이시자 마지막이신 예수님,
    그분의 성령이 우리를 안전하게 집으로 이끄시네.
지난날 주님께서 행하신 모든 일로 주님을 찬양할지라.
    앞으로 일어날 모든 일에 주님을 의지할지라.[9]

---

[9] Joseph Hart (1712-68), hymn: "How good is the God we adore".

10장

또 다른 출애굽 사건
8:1-36

에스라기의 이야기가 이어지면서, 또다시 하나님의 섭리와 인간의 행위가 상호작용한다는 사실을 상기시킨다. 여기서도 또다시 **"하나님의 손"**(22절)이 언급된다. 비록 때때로 매우 부적절하기는 하지만 여기서 인간의 반응도 두드러지게 나타난다. 이제 포로 생활에서 돌아오는 많은 이들에게 그들이 돌아가는 것이 옳으며, 예루살렘으로 돌아가야 할 때가 왔다는 확신 이외에, 다른 장려 정책은 거의 없었을 것이다. 그때 포로 귀환에 동참하려고 모인 사람들의 규모는 대략 5천 명 정도였고, 마침내 그들은 여행을 시작했다. 우리는 다섯 단계에 걸쳐서 이 장을 살펴볼 것이다.

1. 인명부 이상의 의미(8:1-14)

에스라기는 단계마다 여기에 관련된 이들이 실제로 살았던 사람들이라는 사실을 절대로 잊지 않게 한다. (이 점은 2장에서 이미 살펴보았다). 이름이 언급되었든지 그렇지 않든지, 이 위험한 일에 동참한 사람은 모두 살아 있는 사람이었다. 키드너가 주장하듯이, 사실상 이것은 "이름들과 숫자에 대해서 정보를 파악하기 어려운 목록"이다.[1] 하지만 여기에는 그 당시와 우연을 초월하는 의미심장한 함의가 있다. 형식적 측면에서 이 명단은 세 부분으로 이루어진다. 곧 제사장들(2절상), 귀족 가문(2절하-3절상), 일반 가문(3절하-14절)이다. **비느하스**와 **이다말**은 아론과 연결되어 있음을 암시해 준다.[2] **핫두스**는 역대상 3:22에서 왕가의 구성원으로 언급된다. 3절 하반절에서 14절까지 언급되는 이름들 가운데 상당수는 느헤미야 3장에서도 찾을 수 있다. 하지만 몇 가지 중대한 문제점이 제기된다.

첫째, 포로 생활에서 돌아온 이들 가운데 많은 사람은 거의 80년 전에 예루살렘으로 왔던 첫 세대에 속한 이들의 후손이었다. 이 가정들이 자기 자녀에게 율법을 가르치라는 모세의 명령을 얼마나 신실하게 실행했는지 확실하지 않다.[3] 그러나 어떤 이들은 분명히 적어도 에스라의 비전을 간파했을 것이 틀림없다. 은유적으로 표현하자면, 만약 그 땅이 이미 준비되지 않았다면, 이런 일은 일어나지 않았을 것이다. 이것은 언제 열매를 거둘지 확실하지 않다고 하더라도, 세대마다 계속 자녀를 가르쳐야 한다고 권면해 준다. 또한 일반 가정뿐만 아니라 기독교 가정의 가장들이 특별히 자손 대대로 복음을 전달하는 중대한 임무를 소홀히 해서는 안 된다는 경고이기도 하다. 여호수아 24:31은 이스라엘 백성이 "여호수아가 사는 날 동안과 여호수아 뒤에 생존한 장로들"의 때에 어떻게 여호와에게 신실했는지에 대해서 말한다. 그렇지만 사사기 2:11-13에 따르면, 이스라엘 백성은 마음을 돌이켜 바알과 아스다롯을 섬겼다. 분명히 여호수아 이후에 생존했던 장로들은 자신들이 교육받은 것과 달리, 그들의 자녀들에게 율법을 제대로 가르치지 못했다. 이와 비슷하게 바울도 신실한 증인들에게 맡기라고 권면한다(딤후 2:2). 새로운 세대마다 삶을 변화시키는 말씀을 새롭게 들어야 할 필요가 있다.

---

1 Kidner, p. 65.
2 출 6:23-25.
3 신 6장.

포로 생활에서 열두 일반 가문이 돌아왔다는 사실이 지적되었다.[4] 이것은 의미심장하다. 에스라기와 포로기 이후에 쓰인 다른 책들은 이 남은 자들을 하나님의 약속에 대한 진정한 상속자들이자 열두 지파의 특권을 잇는 진정한 후계자로서 보고 싶어 한다. 남은 자들은 하나님의 목적에 대한 전체적인 무게를 짊어지고 있다. 또한 궁극적으로는 메시아가 그들에게 그리고 그들에게서 올 것이다.

2. 레위인은 어디에?(8:15-20)

고국으로 돌아가려고 모인 공동체는 이제 강가에서 또는 '아하와로 흐르는 운하'(NIV를 따름) 곁에서 사흘 동안 머무르며 쉰다.[5] 에스라는 그 시간을 좋은 목적을 위해서 사용했다. 모든 사람을 점검해 보았는데 그는 레위인이 한 명도 없다는 사실을 알았다. 레위인들이 초기의 선구자들과 함께 돌아오기를 주저했던 사실은 이미 2:40에서 언급되었다. 또한 이것은 또다시 레위인들이 부름받아 헌신하는 일의 급진적 특성을 보여 준다. 아마도 레위인들은 재산을 소유할 가능성이 없어서, 그 부름에 응하지 않았을 것이다. 그리고 성전에서 섬기는 엄격한 관례보다 바빌로니아에 거주하는 삶이 훨씬 더 매력적으로 판명되었을 것이다. 레위인에 대한 에스라의 관심은 신앙을 계속해서 후세대에 전달하는 문제와 관련이 있다. 자기 역할을 감당하던 레위인들이 있었겠지만, 그들의 자리를 계속 채우며, 지도력을 연속적으로 제공할 사람들이 필요했다.

이 문제를 다루는 에스라의 방법은 지도자로서 그의 지혜와 능력을 보여 준다. 그가 첫 번째로 부른 아홉 명(16절)은 **지도급 인사들**(leaders)이었

---

[4] 예를 들면, Williamson (WBC), p. 111을 보라.
[5] 아하와강에 대해서는 달리 알려진 바가 없다. 그 강은 유프라테스강일 리는 없지만, 바빌로니아 제국 방어 체계의 일부로 건설되었던 운하 가운데 하나일 가능성이 있다.

다. 아마도 이 호칭은 경력과 유능함이 입증된 사람들을 의미할 것이다. 다른 두 사람은 **학자들**(men of learning)이었다. 아마도 그들은 글을 쓰는 일과 전문적인 다른 지식을 제공했을 것이다. 17절에서 가시뱌는 두 번이나 '그곳'(the place, ESV)이라고 불린다. 아마도 그곳에 성소가 있었음을 암시한다. 이곳 외에는 가시뱌라는 이름은 알려지지 않았다. 그리고 에스라가 "**할 말을 일러 주[었다]**"(told them what to say, 17절)는 사실은 레위인들을 선발하는 일이 얼마나 중요한지 보여 준다.

에스라의 부름에 응답한 레위인들 가운데 지도적인 인물은 세레뱌였다. 그는 이 이야기에서 여러 번 등장한다(24절; 느 8:7; 9:4-5). 그 특별한 가문은 레위의 손자이며 므라리의 아들인 마흘리의 후손이었다.[6] 이 가문은 전통적으로 성막을 운반하는 일과 관련이 있었다.[7] 마침내 서른여덟 명의 레위인들이 그 부름에 응답했다. 사실상 적은 수이며, 또다시 레위인들 사이에서 전반적으로 열정이 부족했다는 점을 보여 준다.[8]

그렇지만 그 어려움이 무엇이든지 간에, 적은 수의 사람들이 반응했다. 에스라는 "**하나님의 선한 손**"이 그 모든 일을 이끌 것(18절)을 전혀 의심하지 않았다. 인간적인 측면에서 사람들을 오라고 설득하는 긴 과정이 있었을 것이다. 많은 사람이 오지 않으면, 낙심하기도 했을 것이다. 그러나 그 배경 뒤에서 하나님의 자비로운 계획들이 작동하고 있었다. 하나님은 사람들을 부르셔서 그분의 뜻을 행하게 하시며, 그 임무를 위해서 그들을 준비시키신다. 에스라기는 우리에게 계속해서 현실과 일상을 초월한 삶을 바라보고, 해가 거듭되면서 하나님의 손이 그분의 계획을 실행해 나가는 장면을 보라고 초대한다.

---

6   출 6:16-19.
7   민 3:33-37; 4:29-33.
8   성전 봉사자들에 대해서 더 자세한 내용을 알려면, 2장과 특별히 2:43-58에 대한 해설을 보라.

3. 하나님에게 간구함(8:21-23)

그 밖의 실질적인 단계들로 나아가기에 앞서, 에스라는 주님을 의지하며 모든 것을 하나님의 손에 맡긴다. 금식은 가장 근본적인 일에 집중하기 위해서 행동의 터전과 거점(據點)을 깨끗하게 하는 행위다. 여기서 금식은 그 자체가 목적이 아니라, 사람들에게 하나님 앞에서 자기 자신을 낮추는 기회를 제공한다. 또한 곧 시작할 여행에서 하나님의 보호를 요청하는 행위이기도 하다. 금식과 겸손은 모두 그들이 하나님을 온전히 의지한다는 표시다. 여기서 이들이 처한 현실이 있는 그대로 언급된다. 특별히 하나님에게 어린아이들과 재물을 지켜 달라고 간구한다. 어린아이들과 재물은 모두 공격과 탈취에 특히 취약한 대상이다. 그들은 모든 준비를 마쳤고 왕의 인증서까지 지녔다. 그래도 여전히 공격에 쉽게 노출되어 있었다.

특별히 두 가지 사항에 대해서 한마디할 필요가 있다. 첫째, NIV에서 "**안전한 여행**"(a safe journey)이라고 번역된 구절이다. 이 히브리어 표현은 문자 그대로 번역하면 '똑바른 길'(a straight way)을 의미한다. 이사야 40:3에서 이 히브리어는 주님의 길을 예비하는 것을 표현하는 데 사용된다. 여기서 또다시 새로운 출애굽 모티브가 암시된다. 그러므로 주님께서 그 계획을 보증해 준다는 것이다.

둘째, 왕에게 호송 부대를 간청하지 않은 에스라의 정직과 그가 그렇게 하지 않은 것은 믿음에 기초한 행위였다는 점을 이야기하고 싶다. 우리는 이것을 절대적 원리로 간주해서는 안 된다. 에스라는 확신에 근거해 이렇게 했다. 그는 그 경우에 호송을 요구하는 행위는 믿음이 없음을 나타낸다고 판단했다. 하지만 나중에 느헤미야는 그와 같은 호송 부대를 받아들이며, 그것을 하나님이 예비하신 것의 한 부분으로 이해한다. 또다시 키드너는 그 차이점을 다음과 같이 예리하게 요약해 준다. "두 가지 모두 신앙의 자세였다. 그리고 저마다 (롬 14:6의 선택 가능성과 마찬가지로) 서로 다른 방법으로 하나님에게 기꺼이 받아들이실 만하게 영광을 돌렸다."[9]

에스라의 신앙의 원천은 또다시 **"우리 하나님의 자비로운 손"**(22절)에 있다. 그리고 23절 **"우리의 기도를 들어주셨다"**(새번역)에서 에스라가 감사하며 안도하는 사실을 알아차릴 수 있다.

성경에서 신앙생활에 관한 이야기들은 어떻게 우리가 행동해야 하는지를 설계도처럼 수록해 놓지 않는다. 오히려 그 이야기들은 믿음의 사람들이 우리와 마찬가지로 똑같은 종류의 이슈들로 씨름하고 있음을 보여 준다. 그들에게도 그 싸움은 쉽고 간단하지 않았다. 여기서 에스라의 더 '영적인 접근 방법'과 느헤미야의 더 '실제적인' 접근 방법을 대조하는 것은 아니다. 그들은 모두 각각의 상황을 직시했다. 그리고 기도하고 숙고하고 나서, 그들은 그 시점에 옳다고 여겨지는 방침을 취했다. 결국 그들은 모두 하나님을 신뢰했다. 무장한 호송대는 예방책이지, 안전을 보증해 주지는 않는다.

4. 여행과 도착(8:24-30)

여기서 또다시 에스라는 모세의 정신으로 행동한다. 그는 열두 명의 제사장들과 열두 명의 레위인들에게 귀중품을 운반하는 책임을 부여한다. 그 조치는 민수기 3장과 4장의 규정들과 일치한다. 또한 에스라도 개인적으로 책임을 떠맡는다. 그는 **"달아서 주었[다]"**(25, 26절). 이 목록은 순서에 따라서 제시된다. 먼저 은과 금이 언급되고, 그다음에 은그릇과 금그릇이 나타난다. 그와 같은 귀중한 물품을 운반하는 일은 큰 책임뿐만 아니라, 상당한 위험이 뒤따른다.

28-30절에서 강조되는 사항은 단순한 육체노동이 아니었다. 그것들은 고대의 유물일 뿐만 아니라, 또한 하나님에게 **거룩하게 드려진** 것들이었다. 따

---

[9] Kidner, p. 66.

라서 그것들을 훔치거나 그릇되게 사용하려는 모든 시도로부터 강력하게 보호되어야 했다. "**예루살렘 우리 하나님의 성전**"(30절)은 이 전체 계획의 목적을 떠올린다. 하나님의 거룩하심은 이어지는 다음 두 장에서 강력한 주제로 제시된다. 하나님에게 바쳐진 사람들뿐만 아니라, 물품도 반드시 그처럼 거룩하게 바쳐져야 한다. 따라서 이 짧은 단락은 우리가 이제까지 이 이야기에서 종종 드러나는 심오하고 중요한 의미로 가득하다.

5. 고국에 도착함(8:31-36)

약 1,500킬로미터에 이르는 이 여행은 세부적인 언급이 거의 없이 종결된다. 왜냐하면 중요한 것은 바로 그 여행의 목적지이기 때문이다.[10] 하지만 31절에 두 가지 힌트가 제시되어 있다. 이것은 더 중대한 의미를 알려 준다. "떠나"(departed, ESV)라는 단어는 문자적으로 "그들의 장막의 말뚝을 뽑는다"라는 뜻이다. 따라서 이것은 이스라엘 백성의 광야 여행과 비교하는 많은 요소 가운데 한 가지다. 또한 '**보호하셨다**'(protected, NIV)보다 '**구원하셨다**'(delivered, ESV)는 번역은 그 의미를 더 강력하게 전달한다. 그리고 구주로서 하나님의 능력이 또다시 강조된다. 이 표현은 반드시 눈으로 확인할 수 있는 많은 위험이 있었으며, 그것으로부터 그들이 구조받았다는 뜻은 아니다. 오히려 하나님이 그들을 보호해 주셔서, 그들에게 그와 같은 위험한 일들이 일어나지 않게 하셨다는 뜻이다.

두 종류의 행동이 그들의 귀환을 특징적으로 드러낸다. 첫째, 그들은 안전하게 도착하자 귀중한 물품을 건네주었다. 또다시 여기서 에스라기 내러티브의 특징이었던 세부 사항과 사려 깊은 체계에 관한 관심이 나타난다. 34절은 모든 일이 질서정연하게 이루어졌다는 점을 보증하기 위해서 주의 깊고

---

10 이 점을 마 2장과 비교할 수 있다. 거기서도 동방에서 온 현자들의 여행은 아무런 언급 없이 끝난다. 모든 관심은 그들의 도착과 그들이 자신들의 왕을 경배하는 데 맞추어져 있다.

세심한 관심을 기울였다고 강조한다.

그러나 이 그릇들은 그 자체에 유효성이 있지 않고, 오히려 하나님에게 진정으로 예배드리는 데 도움을 주는 것들이다. 따라서 35절은 주님께 다양한 희생 제사를 드린 것을 요약해 준다. 그리고 36절에서는 사람들이 자신들에게 부여된 의무를 이행했음을 확인해 준다. 삼인칭으로 바뀌어 이어지는 설명은 전체 단락을 마무리하고자 하는 편집자의 논평임을 암시한다. 번제를 드릴 때는 제물 전체를 불에 태웠는데, 이것은 주님에 대한 온전한 헌신을 상징했다.[11] 일곱이나 열둘의 배수(multiples)에 대한 추측보다 깊은 의미가 있으며, 아마도 이것이 여기서 강조하고자 하는 점일 듯하다. 그 이야기 전체는 관련된 모든 사람의 거룩한 구별을 포함해, 하나님의 신실하심과 그것에 대한 사람들의 반응을 다룬다. 인간에게 부여된 의무 사항들이 이행될 때(36절), 그 프로젝트는 마무리된다. 하지만 강조점의 중심이 어디에 있는지 분명히 알 수 있다. 이 프로젝트는 바로 하나님의 집을 위한 것이었다. 또한 그 목적은 하나님 백성의 한가운데 하나님에 대한 참된 예배를 다시 확립하는 것이었다.

이 장을 다시 살펴보면, 중심에 다음 세 가지 사항이 놓여 있다. 첫째, 그 당시 일어나고 있던 일은 공동체의 특성을 드러낸다. 에스라는 자기 혼자서 그 임무를 수행할 수 없었다. 그릇들을 나르고 금과 은으로 만든 그릇들의 무게를 다는 평범한 일을 할 사람들이 필요했다. 이것은 진정으로 공동체 전체의 수고였다. 그 공동체에 속한 구성원들은 저마다 자기의 역할을 담당해 냈다. 성경에서 종종 보이는 이런 단락들은 그 일을 위해서 중요한 역할을 담당했던 이들에 대한 참된 지도자의 관심을 보여 준다. 예를 들면 사무엘하 23:8-29을 인용할 수 있다. 여기에는 위대한 전사들의 공적만 기록된 것이 아니라, 그 밖에 잘 알려지지 않은 사람들도 존중된다. 또 하나의 비슷

---

11 레 1장을 보라.

한 단락인 로마서 16:1-15에서는 바울이 자신과 함께 복음을 위해 수고했던 이들을 애정으로 언급한다. 다른 사람들을 그와 같이 인정하는 태도는 참된 지도자의 표지 가운데 하나다. 또한 그것은 마침내 의로운 재판장인 주님께서 나타나시기를 사모하는 모든 이들을 영광스럽게 만드실 날을 가리킨다.

둘째, **하나님의 손**(18, 22, 31절)에 대한 강조다. 이것은 그 표현의 신학적인 중요성과 실제적인 현실을 모두 강조한다. 22절에서는 구원 및 심판에서 하나님에 대해 말한다. 또한 주님께서 모든 일을 주관하신다는 사실에 대해 전반적인 신학적 설명으로, 각 사람이 주님께 해명의 의무를 지니고 있음을 알려 준다. 18절과 31절에서는 더 구체적으로 여행의 시작과 끝과 관련된 사건들에 적용되는 하나님의 전반적인 섭리를 다룬다. 이처럼 하나님에 대한 위대한 교리들은 생각의 폭을 넓혀 주고 찬양으로 이끌며 날마다 일상생활 속에서 좋은 결과가 일어나게 한다.

셋째, 이 여행의 목적이 **"우리 하나님의 성전"**(17, 30, 33, 36절)을 세우기 위함이라고 상기시켜 준다. 이것은 에스라기의 위대한 주제였으며, 오직 이 하나의 목적을 위해서 모든 일이 일어나고 있다고 뒷받침해 주었으며, 또한 주님께서 자기 백성 가운데 임재하신다는 사실을 보증해 주었다. 그리고 출애굽 사건이 빈번히 암시된다는 점은 여러 번 언급되었다. **"너희 조상들의 하나님 여호와"**(28절)를 비롯해 **"이스라엘의 하나님께 번제를 드렸[다]"**(35절)고 강조하는 것은 이 연관성과 특별히 왜 성막이 맨 먼저 만들어져야 했는지에 대한 이유를 설명해 준다. "내가 그들 중에 거할 성소를 그들이 나를 위하여 짓되"(출 25:8). 이 모든 것은 에스라의 사명이 하나님의 백성 가운데서 하나님이 하시는 일의 한 부분이었으며, 그들의 계속되는 역사에서 의미심장한 한 시점이었다는 사실을 밝혀 준다.

11장

신실하지 못한 백성과 신실하신 하나님
9:1-15

승리와 재앙을 만나더라도,

이 두 가지 사칭자(詐稱者)들을 똑같이 대하라.[1]

키플링(Kipling)은 이런 시를 썼다. 이 단락에서 에스라는 안전한 여행을 마치고 예루살렘에 도착한다. 그는 작은 승리를 경험하고 나서, 이제 한 가지 중대한 문제점에 부딪힌다.[2] 키플링은 이 두 상황을 '사칭자들'(impostors)로 묘사했는데, 그 사건들이 일어나지 않는다는 뜻이 아니다. 오히려 이 두 상황이 삶의 배경이지, 삶의 주요한 실재가 아니라는 뜻이다. 에스라가 이 새로운 공동체의 한가운데서 일어날 어떤 문제점에 부딪혔을 때, 그는 도취감을 느끼기는커녕 만족을 느낄 시간조차 없었다.

9장과 10장은 함께 에스라기의 마지막 부분을 형성한다. 거기에는 내러티

---

1   Rudyard Kipling, poem: 'If', 1910.
2   9장의 역사적인 시기는 에스라기와 느헤미야기의 연대와 관련되어 있다. 어떤 이들은 에스라가 율법을 낭독한 시점(느 9장)을 에 8장과 9장 사이에 위치시키고자 한다. 더 자세한 내용을 알려면, 17-22쪽을 보라.

브, 에스라의 기도와 마지막 인명부가 섞여 있다. 9:1에서 맨 처음 시작되는 **"이 일 후에"**라는 표현에서는 기대할 수 있는 사건과 실질적으로 일어난 사건이 서로 대조되며 강조된다. 아마도 8:1의 사건들을 가리킬 이 표현은 이미 살펴본 대로, 희망의 징조이자 공동체가 좋은 방법으로 다시 조직되고 활력을 얻었다는 사실을 감지하게 해 준다. 우리는 9장을 다음 두 주제로 광범위하게 나누어서 살펴보고자 한다. 곧 신실하지 않은 공동체와 신실하신 하나님이다.

1. 신실하지 않은 공동체(9:1-5)

"**지도자들**"(1절, 새번역)이 누구였는지는 분명하지 않다. 2절에서 그들이 보고한 죄악의 행위에 적어도 그들 가운데 몇몇이 포함된 것처럼 여겨지기 때문이다. 윌리엄슨은 그들이 (느헤미야 3:6-12에 언급된 이들과 같이) 지역의 관리자들이었다고 제안한다.[3] 어쨌든 그들은 행동의 필요성을 인식했으며 적절한 조치를 취했다. 이 점과 관련해서 몇 가지 이슈들을 언급해야 한다.

1) 무엇이 위험에 처했는가?

지도자들은 "**역겨운 일**"(1절, 새번역)을 보고한다. 그것은 이스라엘 백성과 비(非)이스라엘 백성 사이의 통혼이었다. 어떤 이들은 룻기의 열려 있고 환영하는 분위기와 에스라기의 배타성과 엄격함을 바람직하지 않은 방법으로 서로 비교했다. 그러나 차별이라고 여겨질 만한 것은 무엇이든지 혐오하는 현대인들의 경계심을 아무리 불러일으킨다고 할지라도, 그러한 비교는 피상적 견해일 뿐이다.

첫 번째로 지적해야 할 점은 이방인과의 결혼 그 자체는 절대로 금지되지

---

[3] Williamson (WBC), p. 130.

않았다는 사실이다. 룻기 이외에도, 요셉과 모세의 경우처럼 그와 같은 결혼 사례들이 있었다.[4] 이와 같은 결혼의 배경에는 이방인들에게 언약 공동체의 구성원이 되는 것을 환영하는 개념이 들어 있다. 그것은 아브라함과 그의 후손을 통해서 땅의 모든 족속이 복을 얻는다는, 아브라함에게 주어진 약속으로부터 유래한다.[5] 이 점은 아브라함의 가족뿐만 아니라, 또한 그의 집에 살고 있던 이방인들에게도 할례를 베푼 기록을 담은 창세기 17장에서도 입증된다. 이스라엘 백성이 이집트를 떠날 때, "그 밖에도 다른 여러 민족들이 많이 그들을 따라 나섰[다]"(출 12:38, 새번역). 에스라기는 분명히 인종적인 편견이나 편협한 국가주의가 아니라, 그것보다 더 심오한 가치관이 동기로 작용한다. 이제 그 점에 대해서 다루고자 한다.

2) 언약 위반

이제까지 에스라기에서 (특히 8장에서) 출애굽 사건이 주의 깊게 반영되는 것을 보아 왔다. 그리고 이제 에스라 자신이 여러 측면에서 모세의 역할을 하고 있다. 3장에서는 어떻게 초기 귀환자들이 하나님이 모세를 통해서 제정한 희생 제사들에 관한 규정들을 정확하게 준수하는 데 관심을 기울였는지 살펴보았다. 이제 여기서 경건을 확립하기 위해서 모세오경을 신중하게 반영하는 또 다른 사례가 나타난다. 에스라는 공동체의 중심에서 그 일을 위해서 애쓴다.

이 사실은 맨 먼저 그 **지방 사람들**의 명칭과 연결함으로써 드러난다. 그 명칭은 이스라엘 백성이 맨 처음으로 약속의 땅으로 들어갔을 때, 그곳에 거주하던 사람들을 나타낸다. 출애굽기 34:11-16과 신명기 7:1-6은 특별히 이 나라들이 올무가 되어서, 이스라엘 백성을 우상숭배로 미혹할 것이라고 지적한다. 사실상 가나안 정복 이후에 이스라엘의 역사는 그 사실을 우울하고

---

4 창 41:45; 민 12:1.
5 창 12:3.

명백하게 증언한다. 열왕기상 11장보다 더 소름 끼치는 몇 장이 있다. 그 장들에서 솔로몬의 초기 통치의 상쾌한 봄날과 통치 중간기의 "한여름의 장려함"[6]은 그의 노년기에는 창백한 겨울이 된다. 그래서 열왕기를 기록한 역사가는 "솔로몬의 나이가 많을 때에 그의 여인들이 그의 마음을 돌려 다른 신들을 따르게 하였[다]"(왕상 11:4)라고 말한다. 에스라는 이것이 결코 지엽적인 사소한 문제가 아니라, 포로 생활에서 돌아온 공동체의 중심을 타격하는 사안이라고 자각한다. 또다시 이스라엘은 무엇보다도 바빌로니아로 추방당하게 만들었던 바로 그 행위를 범하고 있었다.

이 땅에 거주하는 주변의 백성들은 인종적인 측면에서 이전의 그룹들과 같지 않을 수 있다. 그러나 영적·도덕적 측면에서 그들은 똑같은 위험성을 나타낸다. 이전에 주어진 말씀은 여전히 유효했고, 사실상 **"거룩한 자손"** (2절)에 위험을 초래할 수도 있다. "거룩한 자손"이라고 번역된 표현은 히브리어 원문에서 '거룩한 씨'로 기록되었다. 그 표현은 놀랍게도 이스라엘 나라 전체뿐만 아니라, 남은 자 신앙 공동체에도 위험을 초래할 수 있다는 점을 상기시켜 준다. 이사야 6:13에는 "거룩한 씨가 이 땅의 그루터기니라"라고 묘사되어 있다. 말라기 2:15에서도 언약에 신실하지 않은 삶과 관련해서 또다시 그 표현이 사용된다. 그리고 바빌로니아로 추방되기 이전의 사례에서도 종종 나타났듯이, 지도자들도 그와 같은 행위에 더 심하게 연루되었다. 그래서 그 잘못된 행위는 더 심각했다.[7]

아마도 여기서 일어나고 있는 일은 사람들에게 성경 규정들을 충실히 지키도록 한 에스라의 요구가 이미 영향력을 행사하고 있었다는 점을 암시해 준다. 그와 같이 하나님의 말씀에 비추어 보는 행위는 언제나 죄를 드러내고 회개하도록 요구한다. 하나님의 이전 언약 문서에 기초해서 에스라는 "거룩한 씨"를 언급하며, 그 언약이 여전히 타당성을 지니고 있다는 점을 보여 주

---

6 Matthew Arnold, poem: 'Thyrsis', 1865.
7 이 책의 12장에서 201-206쪽을 보라.

었다. 성경이 오늘날에도 말한다(Bible speaks today)는 확신은 분명히 이 시리즈의 배후에 놓여 있다. 오늘날 많은 이들은 결혼에 대한 하나님의 창조 질서와 관련해서 느슨하게 행동하며 그것을 무시한다. 이 상황에서 우리는 에스라기의 주장을 주의 깊게 들어야 할 필요가 있다.

오늘날 너무나도 자주 문제가 일어나고 있는 우리 교회 안에서는 이와 같은 성경 구절들에 당혹해한다. 그것은 우리가 하나님의 거룩하심에 대한 참된 분별력을 잃어버려서, 우리 자신의 죄를 진정으로 자각하지 못하기 때문이다. 말라기서는 하나님에 대한 그와 같은 오만한 자세의 비참한 결과를 확인해 준다. 그들이 바치는 '희생 제사들'이 가치가 없으며 제사장들은 하나님의 말씀을 가르치는 일에 전적으로 실패했다는 것이다. 그 모든 것을 요약해 주는 한 단어는 **"배신"**(4절, 새번역)이다. 이것은 하나님을 진지하게 대하기를 거부하는 태도다. 혼인 규정을 어긴 배후에는 더 심각한 실수가 놓여 있다. 곧 하나님과의 언약 관계가 깨어진다는 점이다.

죄에 너무 무관심하므로, 우리는 3절과 5절에서 묘사되는 에스라의 반응을 자신을 낮추는 행위라기보다 오히려 당혹스러운 행위로 여긴다. 하지만 그와 같은 상징적인 행위는 단순한 제스처가 아니라, 하나님에 대한 깊은 경외감을 나타낸다. 그뿐만 아니라, 이 행위는 대표성을 지닌다. 곧 에스라는 백성 전체를 대표해서 이처럼 행동한다. 옷을 찢는 행위는 종종 어떤 사람이 죽었을 때 슬픔을 나타내는 상징적 표현이었다.[8] 에스라는 사람들의 자만과 무감각을 깨뜨리기를 바랐다. 이와 같은 극적인 행위는 그의 이런 의도를 실행하기 위한 방법이었다.

4절은 에스라가 토라를 가르치는 것이 이미 효과를 나타내고 있었다는 사실에 대한 또 다른 암시다. '**모든 사람이 이스라엘의 하나님의 말씀으로 말미암아 떨었다**'(NIV를 따름)라는 구절은 약 200년 전에 "마음이 가난하고

---

8 예를 들면, 창 37:34에서 야곱과 삼하 1:11에서 다윗의 행동.

심령에 통회하며 내 말을 듣고 떠는 자 그 사람은 내가 돌[본다]"(사 66:2)라고 했던 이사야의 말을 떠올리게 한다. 아마도 에스라가 어떤 공적인 장소에 앉아 있어서 사람들은 그를 볼 수 있었을 것이다. 비록 에스라가 개인적으로 죄를 지은 것은 아니었지만, 그는 사람들의 죄악의 행위와 자신을 동일시한다. 또다시 모세처럼, 여기서 에스라는 백성의 중보자로 행동한다.

5절과 6절은 에스라가 돌발적으로 기도한 것이 아니라는 사실을 보여 준다. 오히려 그는 주님께 무슨 말을 할지 묵상하는 내적 행위뿐만 아니라 외적인 행위를 통해서도 준비했다. 여기서 에스라가 취한 특별한 기도 자세는 우리가 따라야 할 필수적인 본보기로서 제시된 것이 아니라, 오히려 그의 겸손한 자세("**무릎을 꿇고**")와 그가 하나님을 전적으로 의지한다("**나의 하나님 여호와를 향하여 손을 들고**")는 사실을 가리킨다. 에스라는 기도를 위한 준비를 하면서 그 기도 자체에 대해서 미리 심사숙고한다. 왜냐하면 이런 준비를 통해서, 하나님의 은혜를 당연하게 여기는 경솔한 자세로 너무 쉽게 행복한 결말을 향해 달려가지 않도록 할 수 있기 때문이다. 너무 자주 즉각적으로 하나님의 호의를 예상하는 우리는 여기서 에스라와 같은 행위를 광신적이라고 여긴다.

2. 하나님의 신실하심(9:6-15)

여기서 우리는 성경에 수록된 위대한 기도들 가운데 하나를 대한다. 먼저 몇 가지 개괄적인 설명을 제시하고 나서, 그것을 상세하게 살펴보고자 한다. 이 기도와 가장 비슷한 기도는 다니엘 9:4-19에 수록된 기도인데, 앞으로 그 기도와 유사한 점들도 살펴볼 것이다. 여기서 나타나는 놀라운 특성은 그 기도가 하나님에게 실질적으로 어떤 간청도 하지 않으면서, 거의 전적으로 죄에 대해서만 고백한다는 점이다. 그것은 에스라가 죄악을 절실하게 의식하고 있기 때문이다.

그 기도는 분명한 구조를 지니고 있을 뿐만 아니라, 진심에서 우러나온다. 이 두 가지 사이에 아무런 모순도 없다. 분명히 이것은 에스라가 그 배경에서 말로 표현했던 기도다. 하지만 에스라기가 편집되는 과정에서, 미래 세대에 미치는 영향을 글로 표현하기 위해서 신중하게 기록되었을 것이다. 어떤 환경에서 정해진 기도를 선호하는 사람도 있고 자발적인 기도를 선호하는 사람도 있다. 하지만 그 두 가지 기도 관행에서 어떤 것도 없앨 필요가 없다. 어떤 체계 안에서 정해진 시간에 기도하는 관습은 영적으로 메마른 시기에 도움을 주는 효과가 있다. 비록 내가 다른 신앙 전통에서 왔지만, 거의 14년 동안 영국성공회 신학대학에서 날마다 정해진 시간에 기도하는 관습은 나 자신의 영적 생활에서 하나의 중요한 요소였다. 그렇지만 정해지지 않은 시간에 드리는 자유로운 기도와 두 가지를 다양하게 결합하는 기도 습관도 신앙생활에서 중요한 위치를 차지한다. 여기서 우리는 에스라가 구약성경의 어휘를 사용한다는 사실을 발견한다. 에스라는 그 어휘로 자기가 처한 경우와 상황에 대해서 말한다. 또한 그 어휘로 전통적 요소와 임의적 요소를 서로 결합한다.

그 기도는 에스라의 특별한 상황에서 비롯되며, 그 상황에 맞추어져 있다. 그렇지만 그 기도는 현재의 위기를 과거의 위기들과 연결하며 미래를 내다보기 때문에, 그 상황을 훨씬 더 초월한다. 여기서 특별한 이슈는 통혼과 관련되어 있었지만, "**가증한 일**"(11절)이라는 언급을 통해 그들의 신실하지 못한 태도에 대한 구체적인 사례임을 밝혀 준다. 사실상 여기서 당면한 전체적인 이슈는 하나님에 대한 불순종—"**우리가 어찌 다시 주의 계명을 거역하고 이 가증한 백성들과 통혼하오리이까**"(14절)—과 남은 자에 대한 전반적인 사상이었다.[9] 그러므로 그 기도는 우리와도 직접적인 연관성을 지니고 있다. 또한 종종 하나님의 말씀을 무시하는 우리의 태도에 주의를 기울일 것을 요구한다.

---

9   스 1장에 대한 해설을 보라.

에스라의 기도 시간—"**저녁 제사를 드릴 때에**"(5절)—은 중요하다. 다니엘 9:21에서 천사 가브리엘이 다니엘의 기도에 대한 응답을 전달하기 위해서 보냄을 받았을 때도 바로 그 시간이었다. 다니엘서의 이 구절에서 주목할 사항은 성전이 아직 재건되지 않았으며, 70년 동안 희생 제물이 드려지지 않았다는 점이다. 하지만 이 희생 제물의 배후에 있는 실재(realities)는 남아 있다. 그것은 앞으로 성취될 '오직 한 번'의 희생 제사를 가리키며, 이전의 모든 희생 제사를 대체할 것이다. 그리고 그 제사로 다니엘과 에스라가 모두 몹시 슬퍼했던 죄가 완전히 용서받을 것이다. 여기서 에스라는 희생 제사의 회복과 성전 재건이 헛되이 돌아갈까 봐 틀림없이 염려했을 것이다. 하지만 이 '저녁 제사'가 가리키는 희생 제사는 여기서 죄에 대한 자백뿐만 아니라, 그것에 대한 온전한 응답을 위해서도 필요했다.

에스라의 기도를 다섯 부분으로 나누어 살펴보자.

1) 죄에 대한 하나님의 심판(9:6-7)

에스라는 백성의 죄를 인정하는 것으로 기도하기 시작한다. 6절 "**내가 부끄럽고 낯이 뜨거워서**"는 그 점을 드러낸다. '나'라는 일인칭 단수 시점은 곧 '우리'라는 일인칭 복수 시점으로 바뀐다. 에스라는 백성의 대언자인 동시에 그들 대신에 죄를 고백하는 사람으로 행동한다. 개인뿐만 아니라 공동체의 책임이 모두 중요하다. 그렇지만 죄는 각 사람이 개별적으로 회개해야 할 필요가 있다. 우리가 개인적으로 죄를 짓지 않았다고 생각할 때, 우리는 종종 일반적이고 공동체 전체와 관련된 죄를 고백하는 일을 매우 자주 무시한다. 그러나 죄는 또한 공동체와도 연결되어 있다. 개인이 죄를 지음으로써 공동체가 죄악을 저지르게 하는 셈이다. 이 점은 역사적으로도 사실이다. 우리는 이전 세대들이 범한 죄악의 결과에서 벗어날 수 없을 뿐만 아니라, 우리 죄의 결과들은 미래 세대에도 부정적인 영향을 미친다.

에스라는 두 가지 강력한 은유를 사용한다. 곧 우리 죄악이 많아 "**감히**

나의 하나님을 향하여 얼굴을 들지 못하오니" 우리 허물이 커서 "하늘에 미침이니이다"(6절). 세대들을 통해서 축적된 죄는 눈에 보이는 걸림돌이 되었다. 그것은 심판과 절망을 불러올 위험성을 지니고 있으며, 하나님은 얼굴을 감추셨다는 것이다. 이 죄는 (북이스라엘 왕국뿐만 아니라 또한 남유다 왕국에도) 강제 추방의 결과를 가져왔다. 따라서 그들의 역사 자체는 일종의 형벌이었다. 여기서 에스라는 강제 추방이 우연한 역사적 사건이 아니라, 죄에 대한 형벌로서 하나님이 초래하신 사건이라는 사실을 분명히 이해하고 있음을 보여 준다.

그러나 여기서 에스라의 말은 죄에 대한 두려움보다 더 깊은 의미가 있다는 점을 드러내 준다. 곧 그의 말은 하나님의 거룩하심에 대한 참된 인식을 드러낸다. 그가 그렇게 불명예스럽게 생각하며 수치스러워하는 이유는 자신이 경배하는 하나님은 죄를 간과하고 관용하실 수 없는 분이기 때문이다. **왕들과 제사장들**(7절)에 대한 언급은 우선적인 책임이 있던 백성의 지도자들이 죄악을 범했다는 사실을 상기시켜 준다. 특별히 이사야도 두 세기 이전에 이 점을 비난했다.[10] 이사야와 마찬가지로, 여기서 에스라도 이스라엘의 거룩하신 분 앞에서 떨고 있다. 에스라의 하나님은 무조건 죄를 용서하는 분이 아니시다.[11] 그분은 죄를 간과하실 수 없으며, 반드시 그것을 벌하신다. 그러므로 여기서 에스라는 자비에 대해서 간구하지 않고, 오히려 잘못을 범한 사실을 그저 적나라하게 고백할 뿐이다.

2) 은혜를 베푸시는 하나님(9:8-9)

에스라가 구하는 것은 '값싼 은혜'가 아니다. 또한 죄를 전적으로 인정했기

10　특별히 사 1장을 보라.
11　"선하신 하나님이 나를 용서해 주실 것이다. 그것이 그분의 일이기 때문이다." 이 유명한 말은 러시아제국의 황후이자 여제 예카테리나와 시인이자 철학자 하인리히 하이네가 말한 것으로 알려졌다.

때문에, 이제 그는 우리의 모든 죄를 감쌀 수 있는 하나님의 은혜에 주의를 기울인다. 우리는 **남은 자**(the remnant) 사상을 이미 접했다. 그 사상은 하나님의 계획들이 마침내 성취된다는 사실을 보증해 준다. 곧 이후에 어느 날 남은 자들로부터 메시아가 나와서, "이스라엘의 위로"(눅 2:25)를 기다리는 남은 자들에게 올 것이다. "**잠시**"(8절)는 실질적으로 약 80년의 기간이다. 첫 번째 그룹이 돌아온 이후로, 하나님은 그분의 섭리로 그들의 활동에 은혜를 베푸셨다. 그리고 "**남겨 두어**"(remnant)라는 단어는 그 숫자가 적다는 의미에서 부정적인 함의를 지니고 있지만, 하나님이 그들을 보존하셨으며, 계속 그렇게 하실 것이라는 의미에서 긍정적인 함의도 지닌다. NIV에서 '**견고한 장소**'(firm place; 개역개정에서는 "박힌 못")라고 번역된 단어는 문자적으로 '텐트용 말뚝'을 의미한다. 그 단어는 이사야 54:2에서도 회복된 시온을 묘사할 때 사용된다. 여기서 그 표현은 하나님이 그분의 백성 한가운데 다시 임재하심을 가리킨다. 주님께서 여전히 일하고 계신다는 의미에서, 그것은 '**우리의 눈을 밝혀 준다**'(NIV의 번역을 따름, 개역개정에서는 "우리 눈을 밝히사"). 정치적 측면에서 그들은 자유롭지 못했다. 그들은 여전히 페르시아 왕들의 지배 아래 놓여 있었다. 하지만 약속의 땅으로 다시 돌아온 사건은 그들을 위한 하나님의 지속적인 계획들 가운데 한 부분이었다.

여기서 또다시 "**우리 하나님의 성전을 세우게 하시며**"(9절)라는 구절을 통해 포로 생활에서 그들이 돌아온 목적이 언급된다. (에스라기의 이전 장들에서 이미 살펴보았지만) 그 프로젝트가 방해받을 수 있는 취약점을 지녔다는 사실은 그 프로젝트 자체가 가장 중요한 문제가 아님을 드러내 준다. 오히려 더 중요한 점은 하나님의 보호라는 현실이었다. 그리고 '**보호의 벽**'(the wall of protection; 개역개정에서는 "울타리")이라는 것은 하나님이 그들을 돌보신다는 강력한 은유의 표현이다. 예루살렘에 대해 "내가 불로 둘러싼 성곽이 되며 그 가운데에서 영광이 되리라"라고 표현한 스가랴 2:5에서도 비슷한 개념이 등장한다. 또다시 성전 재건과 포로 생활에서 돌아온 이들의 고난은 가장 광범위한 맥락에서 살아 계신 하나님의 임재를 강력하게 보여 주는 환경으로 이해할 수 있다. 윌리엄슨은 그 용어가 포도밭의 울타리를 가리키는 데 사용될 수도 있다고 지적한다.[12] 이것은 하나님이 포도나무를 이집트에서 가져다가 약속의 땅에 심으셨다는 또 다른 뉘앙스를 주며,[13] 또한 하나님의 계획의 연속성을 강조한다.

하나님은 은혜를 베푸셔서, 자기 백성이 그분의 신실함과 자비를 경험하게 하신다. 이스라엘 공동체는 그것을 한결같이 경험했었다. 심지어 강제 추방 이후에도 하나님의 그 신실함과 자비는 여전히 밝게 빛나며, 계속 소망을 준다. 하지만 에스라는 현재 상황에 너무 낙심해서, 또다시 하나님 백성의 신실하지 못한 삶에 관심을 기울인다. 하나님이 그분의 말씀을 계속 들려주셨는데도, 그들의 태도는 더욱더 악화되었다.

3) 하나님이 주신 계명(9:10-12)

백성의 그릇된 행위는 이제 성경 말씀으로 표현된다. 그들은 모르고 죄를 지은 것이 아니다. 그들은 선지자들을 통해서 전달하신 하나님의 말씀에 신실하지 않았고 불순종했다. 여기서 에스라는 다니엘 9장에서 사용되는 언어와 비슷하게 표현한다. 예를 들면, 다니엘 9:11은 다음과 같이 기록되어 있다. "하나님의 종 모세의 율법에 기록된 맹세대로 되었사오니 이는 우리가 주께 범죄하였음이니이다." 여기서는 레위기와 신명기를 언급함으로써 전형적인 선지자로서 모세의 권위를 강조한다. 다니엘서와 마찬가지로, 에스라기에서도 성경의 다양한 본문들이 언급된다는 사실은 위대한 율법 수여자이신 하나님 그분 자신뿐만 아니라, 모세를 통해서 하나님이 성경 안에서 말씀하신다는 확신을 드러내 준다. 성경은 모든 상황에 대해서 말하고 있으며, 사실들뿐만 아니라 그 사실들의 내적인 의미에 대해서도 관심을 기울인다.

---

12 Williamson (WBC), p. 136.
13 시 80:8-11.

죄악으로 더럽혀진 땅에 대해서 말하는 기본적인 성경 본문은 성결에 대한 율법 규정을 다루는 레위기 18:25-30 및 20:22-24와 신명기 7:1-6이다. 이 규정은 또한 주변 나라들에 대해서도 언급한다. 열왕기하 21:10-11은 므낫세의 끔찍한 통치에 대해서 비슷하게 말하며, 선지자의 책망이 뒤따른다. 이사야 1:19-20 및 예레미야 7:25-26과 같은 본문들은 선지자들의 권위 있는 가르침과 이스라엘의 고질적인 문제점을 모두 보여 준다. 또한 말라기 2:10-16에서도 동일한 잘못을 지적한다. "그 땅을 자손에게 물려주어 영원한 유산으로 물려주게 되리라"(12절)는 표현에서는 땅의 소산을 즐기라는 옛 선조의 약속과 미래에 대한 전망이 되풀이되어 언급되면서, 부정한 행위로부터 돌이키라는 명령이 강조된다. 오래된 관습들이 되풀이되고 있었고, 성경에 기록된 규정을 준수하는 것만이 이런 부정한 행위의 문제를 바로잡는 유일한 방법이었다. 하나님이 은혜를 베푸시는 분이라는 사실은 결코 하나님의 명령에 대한 불순종에 핑계가 될 수 없다. 그래서 에스라는 새로운 재앙이 찾아올까 봐 매우 두려워한다.

4) 두려움을 불러일으키시는 하나님(9:13-14)

에스라는 하나님이 이스라엘에게 마땅히 받아야 할 만큼 벌하시지 않았다는 사실을 알고 있다. 그들은 약속의 땅에서 추방되었지만, 완전히 멸망하지는 않았다. 주님께서 은혜를 베푸셔서, 그들이 고국으로 돌아오도록 허락하셨다. 출애굽기 32:10을 반영하는 현실로서, 또다시 에스라는 공동체 전체의 멸망을 상상할 수도 있다. 그때와 마찬가지로, 하나님은 다른 사람들을 통해 한 나라를 이루실 수 있다.[14] 에스라가 찬양했던 하나님의 은혜는 하나님에 대한 두려움을 없애 주지도 않고 최소화하지도 않는다. 진정으로 우리가 하

---

14 Kidner는 이렇게 논평한다. "이것은 전혀 과장한 환상이 아니다. 이곳저곳에 흩어져서 살고 있던 다른 이스라엘 사람들이 있었다. 하나님은 그들을 통해서도 그분의 약속을 성취하실 수 있다." Kidner, p. 69.

나님을 두려워할 때, 우리는 그분의 은혜에 감사할 수 있다. 그래서 시편 기자는 이렇게 말한다. "사유하심이 주께 있음은 주를 경외하게 하심이니이다"(시 130:4). 만약 하나님 앞에서 두려워 떨지 않는다면, 우리는 그분의 사랑을 단순히 무력한 자비로 이해하는 것이다. 그런 신앙은 깊이가 없다. 그리고 무기력한 자기만족이 하나님의 임재에 대한 온전한 깨달음을 대체한다.

5) 찬양받기에 마땅하신 하나님(9:15)

에스라는 사실상 하나님에 대한 찬양으로 기도를 마무리한다. 곧 그는 하나님을 의로우신 분이라고 말하며, 공동체의 무가치함에 대해서 다시 언급한다. 모든 참된 찬양의 한가운데에는 하나님의 의로우심이 놓여 있다. 찬양은 하나님의 위대하심뿐만 아니라, 선하심을 상기시켜 주기 때문이다. 그리고 하나님은 하늘에 계시지만 우리는 이 땅 위에 있다는 사실을 유익하게 강조하기 때문이다. 심지어 하나님의 의로우심 때문에 자기 백성을 벌하신다고 하더라도, 하나님은 여전히 찬양받기에 마땅하신 분이다. 에스라는 하나님의 자비를 간청함으로써 이 점을 약화하지 않는다. 오히려 아브라함과 더불어 에스라는 온 땅의 재판관이신 하나님이 정의를 실행하실 것이라고 믿는다.[15]

이 장(章)에는 우리의 위로나 간절한 바람을 만족시키는 내용은 거의 들어 있지 않다. 이 장을 마무리하면서 우리는 다음 세 가지 관점을 살펴볼 수 있다. 첫째, 죄는 부정적인 잠재성을 지닌다. 그래서 죄는 단순히 직접적인 가담자들뿐만 아니라 공동체 전체에 영향을 미친다. 이방인들과의 통혼은 몇몇 개인과 가정에만 영향을 미치고, 다른 이들에게 영향을 미치지 않는 분리된 행위가 아니다. 많은 이들이 그 행위가 잘못되었다고 인정하지 않았거나 적어도 그것을 못 본 체했다면, 여기서 다루어지는 상황은 일어나지 않았을 것이다. 이 점은 오늘날도 마찬가지다. 종종 우리의 개인주의와 상대

15　창 18:25.

주의의 결과로 영적 침체가 관용되며, 비성경적 관행들이 만성화된다.

둘째, 오직 하나님의 말씀을 꾸준히 듣고 순종하는 것만이 그릇된 상황을 바로잡을 수 있다. 우리는 이전의 하나님 백성의 범죄 행위들을 비난했던 옛날의 성경 저자들이 기록한 이전의 말씀을 또다시 주의 깊게 듣고 지켜야 한다.

셋째, 우리는 항상 하나님의 은혜를 확고하게 움켜쥐어야 한다. 사랑의 하나님은 하나님의 백성을 심판의 불길로부터 구하시려고, 이전에 선지자들을 통해서 말씀을 들려주셨다. 그것은 에스라 시대에도 그랬고, 오늘날에도 마찬가지다.

12장

행복하지 않은 결말

10:1-4

우리는 성경의 이야기에 실망하기 쉽다. 우리는 행복한 결말과 정교하게 짜인 해결책을 원한다. 하나님의 백성이 하나님의 말씀을 기억하는 능력이 없다는 사실은 성경에서 자주 등장하는 주제다. 아마도 이것은 더 심각한 문제이고, 프랑스혁명 시기의 프랑스 귀족에 대한 탈레랑(Talleyrand)의 다음과 같은 비판과 비슷하다. "아무것도 알지 못했기 때문에, 그들은 아무것도 잊어버리지 않았다."[1] 분명히 여기 10장에서는 행복한 결말에 관한 이야기를 듣지 못한다. 오히려 실패와 불행에 대한 한 가지 목록을 마주한다. 그 시기는 한겨울인 **"아홉째 달 이십 일"**(9절)이었다. 또한 같은 절에서 큰비가 내렸다는 언급은 그 상황이 불편했다는 사실을 강조한다. 앞으로 살펴보겠지만, 그럼에도 10장은 진정한 소망을 포함하고 있으며, 에스라기 전체와 더불어 미래를 가리킨다.

이 장은 다음과 같이 두 부분으로 이루어진다. 첫째, 이스라엘 백성이 죄를 자백하고, 그것에 대한 조치가 뒤따른다(1-17절). 둘째, 통혼에 연루된 사

---

1 Talleyrand이 Mallet du Pan에게 1796년 1월에 보낸 한 편지에서 이처럼 말했다고 한다. *Mémoires et correspondance de Mallat du Pan*[1851], 11,196.

람들의 명단이다(18-44절). 하지만 더 자세하게 해설하기 위해서 이 장을 네 부분으로 나누어 살펴보고자 한다. 우리는 이야기의 흐름과 그것이 지닌 신학적 함의를 설명할 것이다.

1. 언약으로 말미암은 소망(10:1-8)

이 부분에서 사람들의 감정은 억제되지 않는다. 그 상황의 심각성은 의심의 여지가 없다. **자복하다, 울다 및 엎드리다** 같은 단어들은 전통적인 '종교 규율'처럼 생각되지 않는다. 사실상 우리 중 대부분의 사람은 죄를 매우 심각하게 여기지 않기 때문이다. 하지만 여기서 사람들은 단순히 감정만을 표출하는 것이 아니다. 그리고 이것은 이 장의 주제인 진지하고 심사숙고된 행위로 이끈다.

의심의 여지없이, 이 시점에 에스라는 자신이 바빌로니아에 머무르는 것이 더 나았을지도 모르고, 율법을 가르치고 개혁하려는 자신의 수고가 실패로 돌아갔다고 느꼈을 것이다. 이제 우리는 그렇지 않다는 사실을 본다. 그의 진지함과 열정은 사람들의 조롱을 받기는커녕 사실상 긍정적인 반응을 불러일으켰다. 비록 이 장에서 언급되지는 않지만, 성령은 분명히 사람들의 마음과 삶에서 활동하고 있었다. 이것은 엄격한 개혁자 때문에 마음이 내키지 않았던 공동체에 강요된 가혹한 조치가 전혀 아니라, 진정한 감정이 표출된 행위였다. 곧 '**그들은 크게 통곡했다**'(1절, NIV를 따름). 그리고 그들은 건전한 반응을 보이면서, '**우리가 하나님에게 신실하지 않았다**'(2절, NIV를 따름)고 자백했다. 하나님이 그들에게 자비를 베푸실 것을 기대하기에 앞서, 그들은 먼저 죄를 자백한다.

여기서 스가냐는 공동체의 대변인처럼 행동한다. 그는 "**내 주의 교훈을 따르며**"(3절)라는 표현을 사용한다. 이것은 비록 에스라가 구체적으로 명령하지 않았지만, 그의 말과 행동이 이런 결정을 내리도록 이끌었음을 암시해 준다. 이것은 그 반응이 진실하고 철저했다는 사실을 의미한다. 그리고 이 점은 "**언약을 세우고 율법대로**"(3절)라는 언급으로 강조된다. 여기서 일어나고 있는 일은 사실상 언약 갱신 의식이었다. 그것은 요시야의 위대한 개혁과[2] 나아가 여호수아가 단행했던 언약 갱신을 반영한다.[3] 앞에서 종종 살펴보았듯이, 에스라기에서 일어나고 있는 일은 이전의 성경에서 이미 언급된 상황으로, 동일한 하나님이 일하신다는 사실을 보여 준다. 여기서 에스라의 토라 교육이 긍정적인 영향을 미치고 예리하게 분별력으로 작용했다는 점은 명백하다. 스가냐는 "**이제 일어나십시오. 이 모든 일은 제사장님이 맡아서 하셔야 합니다. 우리가 제사장님을 도와드리겠습니다**"(4절, 새번역)라는 말로 에스라의 지도력을 뒷받침해 주며, 그가 단호한 행위를 취하도록 강권한다.

언약과 언약의 갱신이 지닌 중요성은 아무리 강조해도 지나치지 않는다. 하나님은 결코 죄를 범한 사람을 그냥 묵인하지 않으시지만, 그분은 신실하시므로 회개하는 죄인을 다시 받아주신다. 하나님의 언약은 하나님이 주시는 일방적인 은혜다. 하나님의 은혜에 우리는 아무것도 이바지하지 않는다. 하지만 언약의 은혜를 누리기 위해서는 그것에 대한 긍정적인 반응이 필요하며, 그 반응은 계속되어야 한다. 어떤 사람이 그 언약에 반응하지 않는다면, 그것은 결혼식을 치른 후 배우자에게 "우리는 언젠가 또다시 만날 수 있을 거예요"라고 말하는 것과 같다.

하지만 에스라의 이 강렬한 정서적 반응은 행동으로 옮겨져야 할 필요가 있었다. 그 행동은 두 가지 방법으로 표현된다. 그 방법은 5절과 6절에서 두 개의 동사로 요약된다. 곧 에스라는 성전 앞에서 "**일어나**" 방으로 "**들어[갔다]**." '일어나다'는 필요한 행동을 시작한다는 뜻이다. 그 행동은 지도자들과 백성 전체를 모두 포함한다. 그 밖의 활동은 7-8절에 요약되어 있는데, 공동체가 범한 죄를 공동체 전체가 자백해야 할 필요성을 보여 준다. 그리고 지

---

[2] 대하 34:29-31을 보라.
[3] 수 24:25.

시를 따르지 않는 사람은 공동체로부터 추방되는 강력한 벌을 받을 것이다. 유다 지역은 작았다. 예루살렘은 유다의 어느 지역에서도 사흘이면 도착할 수 있는 거리였다. 여기서 사용된 어휘들은 또다시 이전의 성경을 반영한다. "**적몰하[다]**"(forfeit)라고 번역된 단어는 특별히 여호수아기에서 사용되었다. 여호수아기에서 해당 성읍은 여호와에게 온전히 '바쳐졌다.'[4] 다소 덜 강력한 의미로 그 단어는 제사장들에게 주어진 소유를 의미할 수도 있다.[5]

어떤 경우라고 하더라도, 그 의미는 명백하다. 예루살렘에 나타나지 않는 사람은 공동체로부터 분리될 것이다. 그뿐 아니라 날마다 성전에서 드리는 희생 제사에서 배제되고, 언약 백성의 권리를 상실할 것이다. 비록 이 조치의 배후에 에스라가 있었지만, 그것은 공동체가 내린 결정이기도 했다. 따라서 훨씬 더 큰 힘을 지니고 있다.

하지만 이 조치는 에스라가 [성전 앞에서] 물러나는 행위로 지지를 받는다. 공적인 기도는 사람들이 행동에 나서도록 격려했다. 그러나 이제 우리는 이것이 단순한 제스처가 아니라는 점을 간파할 수 있다. 에스라의 지속적인 기도와 금식은 곧 뒤따라야 할 행동의 필요성을 뒷받침해 주었다. 이처럼 기도와 행동은 반드시 항상 병행되어야 한다. 어떤 응답이 곧바로 올 때, 계속 기도하면서 하나님의 더 깊은 뜻과 인도하심을 지속적으로 구하는 일이 항상 필요하다.[6]

이 단락은 주님과 맺은 언약 관계의 진정한 본질에 초점을 맞추고 있다. 하나님은 손해를 본 계약 파트너이며, 상처받은 연인(the Lover)이다. 값싸고 안이하게 후회한다는 주장은 깨어진 관계를 회복하지 못한다. 따라서 백성

---

4   예를 들면, 수 6:21.
5   예를 들면, 레 27:21.
6   에스라가 기도했던 장소인 "**엘리아십의 아들 여호하난의 방**"은 에스라기와 느헤미야기와 관련된 시기를 알려 주는 요소 가운데 하나다. 서론에서 이 점을 간략하게 다루었다. 이 이슈에 대한 더 세부적인 내용을 알려면, 다음 주석서들을 참조하라. Kidner, Appendix IV, pp. 153-155 또는 Williamson (WBC), pp. 151-154.

을 대신해서 에스라의 마음속에서 우러나오는 진정한 죄의 고백과 백성의 이와 같은 반응을 촉발한 그의 행위만이 하나님과의 진정한 친교를 회복하는 길을 열 수 있었다. 그 언약 관계를 유지하는 유일한 방법은 율법을 따르는 것(3절)이라는 확신이 이 모든 사실을 뒷받침해 준다. 이것은 선한 행위를 주장하는 복음이 아니다. 오히려 은혜로 말씀하시는 주님께서 이 세상에서 우리를 인도하신다. 이것은 새 언약에서도 참이다. "내가 아버지의 계명을 지켜 그의 사랑 안에 거하는 것같이 너희도 내 계명을 지키면 내 사랑 안에 거하리라"(요 15:10). 예수님의 이 말씀은 신약성경의 여러 곳에서 언급되는데, 언약 관계에서 하나님을 사랑한다는 것은 언약 파트너가 그분의 말씀에 순종하는 삶과 밀접하게 얽혀 있다는 사실을 보여 준다.

2. 공동체의 회개(10:9-15)

이것은 생생하면서도 통렬한 작은 장면을 묘사해 준다. 그 장면은 진지한 영적 관심뿐만 아니라, 인간적 요소들에 대한 예리한 의식을 보여 준다. 9절에서는 이것을 "**이 일과 큰비 때문에 떨고 있더니**"라고 훌륭하게 표현했다. 이 표현은 사람들이 비에 젖고 피곤하고 불편해하며 몸을 떨고 있는 모습을 요약해 준다. 또한 사람들은 여전히 하나님의 말씀 앞에서 떨고 있다. 이것은 결코 화기애애한 세미나가 아니라, 격렬한 정서가 마구 교차하는 모임이다.

무대는 마련되었다. 에스라는 간결하게 말하고 사람들은 응답한다. 에스라의 연설은 세 가지 요소를 포함하고 있다. 첫째, 그는 '**여러분은 신실하지 않게 행동했습니다**'(10절, NIV를 따름; 새번역에서는 "여러분은…배신자가 되었습니다")라고 문제점의 본질을 언급한다. 이 특별한 실수의 배후에는 인간 마음의 변덕이라는 오래된 문제점이 놓여 있다. 9:6을 반영하는 것으로서, 에스라는 이방 여인들과의 결혼이 이미 바벨탑처럼 쌓여 있는 이스라엘의 죄에 더욱더 죄를 더하는 것으로 이해한다. 둘째, 그는 죄를 "**자백**"(새번역)하라고,

더 정확하게 문자 그대로 번역하자면 "찬양을 드리라"라고 촉구한다. 또한 그 표현은 아간에게 "하나님께 영광을 돌리라"라고 요구하는 여호수아 7:19에서도 나타난다. 하나님이 의로우시다고 인정하는 것은 죄의 자백에서 필수적인 요소다. 사실상 그것은 하나님을 찬양하며, 그분의 판결을 받아들인다는 자백인 셈이다. 셋째, 에스라는 실질적인 행위를 촉구한다. 이 상황에서 하나님의 뜻을 행한다는 것은 이방인 아내들과 헤어질 뿐만 아니라, 이방인과 모든 종류의 관계를 단절하는 특징을 드러내야 한다. 정확하게 무엇이 위험에 처해 있는지에 대해서는 나중에 다루겠다. 여기서는 원리에 대해서 명백하게 진술했으며, 단호한 행위가 뒤따랐다고 말하는 것만으로 충분하다.

사람들의 반응은 인간의 자연적인 반응과 앞에서 이미 언급한 영적 측면을 모두 보여 준다. 즉각적인 반응은 의심의 여지없이 그 장소에 비가 고여서 불편했다는 반응일 것이다. 또한 성급한 행동은 해결책이 아니라는 점을 지혜롭게 분별했을 것이다. 그렇지만 13절에서 **우리가 이 일로 크게 범죄하였은즉**이라는 표현은 그들이 하나님의 율법 앞에서 유죄라는 사실을 인정한다는 자백이다.

실천과 영성이 서로 적대 관계에 있으면, 그 두 측면이 모두 약해진다. 영적 통찰이 없는 실천은 원칙 없는 실용주의가 되기 쉽다. 그런데 본질상 영지주의(Gnosticism)의 한 형태인 초월적 영성(super-spirituality)은 신체적 욕구와 정상적인 정서를 부인하며, 매력 없는 율법주의로 오도한다. 하지만 여기서 우리는 실천과 관련된 이슈들과 영적 실재(the spiritual realities)에 모두 관심을 기울인다.

이것은 사려 깊고 이치에 맞는 행동 프로그램을 만들어 냈다. 지금과 마찬가지로 그 당시에도, 큰 무리는 중요한 결정들을 내리기에 적합한 공청회가 아니다. 따라서 그들은 대표 위원회로서 **대표**(14절)를 세웠다. 아마도 **각 가문의 우두머리**(family heads, 16절)가 예루살렘에 머물면서, 각각의 마을을 체계적으로 조사하고, 이방 여인들과 결혼한 남자들을 소환했을 것이다. 가능한 한 공정하게 처리하기 위해서 그 상황과 관련해서 해당 지역의 사정을 잘 알고 있던 장로들과 재판관들이 그들과 함께 왔을 것이다. 그러나 또다시 이 모든 행위의 배후에 하나님의 맹렬한 진노에 대한 영적 실재가 존재한다.

하지만 공동체의 결정에 동조하지 않았던 사람들도 있었다. 15절은 그 제안에 동의하지 않았던 네 명을 언급한다. 왜 그들이 반대했는지 정확하게 언급되어 있지 않다. 심지어 "그 일을 반대하고"(15절)가 과연 올바른 번역인지와 관련해서, 상당한 논쟁의 대상이 되어 왔다. 이 점과 관련해서는 두 가지 주요한 해석이 가능하다. 하나는 그 결정에 반대했던 이들은 이혼 요구를 지나치게 엄격하게 이해했다는 해석이다. 다른 하나는 그들은 통혼이 율법 규정에서 벗어난 행위이므로, 즉각적으로 이혼 조치를 실행해야 한다고 이해했다는 해석이다. 여기서 문제는, 이 사람들의 동기가 무엇인지 아무런 정보도 제공되지 않는다는 점이다. 따라서 우리는 그들의 자세를 어떻게 평가해야 할지 말할 수 없다.[7] 이 문제점에 대해서도 조금 뒤에 간략하게 다룰 것이다.

3. 엄밀한 조사(10:16-17)

이제 이 짧은 단락은 어떻게 이 결정이 실행되었는지 간략하게 언급한다. 우리는 두 사항에 대해서 논평할 필요가 있다. 첫째, 이제 에스라는 주도적인 역할을 한다. 페르시아 왕이 그에게 부여한 권한으로 말미암아, 에스라는 그와 같이 행동할 자격을 지니고 있었다.[8] 그러나 여기서 그는 **제사장**이라고 불린다. 이것은 그가 더 높은 권위에 의해서 명령을 받아 행동하고 있음을 알려 준다. 이 점을 7:1-10에서도 끌어낼 수 있다. 이 단락에서는 에스라에게

---

[7] 다음 주석서들에 언어학적이며 문법적인 이슈들이 설명되어 있다. Fensham, p. 141, Williamson (WBC), pp. 156-157.
[8] 7:25-26을 보라.

공적인 권한이 부여되기에 앞서, 그를 제사장이며 학자라고 소개한다. 그러므로 이 부분은 에스라기의 나머지 부분과 일치하는 설명으로 이해해야 한다. 에스라기에서 하나님의 섭리와 인간의 행위는 계속해서 서로 밀접하게 연결되어 있다.

둘째, 그 일은 신속하게 시작되었다. 공적인 모임 이후에 그 위원회는 열흘이 지나서 맨 처음으로 열렸다. 그 일은 3개월에 걸쳐서 세밀하게 실행되었다. 에스라가 바빌로니아를 떠나고 나서 정확하게 1년 만에 그 일이 마무리되었다(7:9). 이 일은 결코 쉽지 않았을 것이다. 겨울이라는 계절이 이 일을 지연시키는 원인이 되었을 수도 있다. 우리는 개별적인 사례들이 어떻게 처리되었는지 전혀 알지 못한다. 어쨌든 그 일은 마무리되었다. 여기서 에스라기의 이야기는 실질적으로 끝난다.

4. 수치스러운 이름들(10:18-44)

여기서 우리는 명단에 대해서 몇 가지 언급하고 나서, 그 배후에 있는 주요한 이슈들을 살펴보고자 한다. 사실상 9장과 10장 전체에 대해서 살펴볼 것이다. 에스라기의 다른 명단들과 마찬가지로, 이 명단은 신중히 배열되었다. 그렇지만 다른 명단들과 달리, 대제사장 자신의 가문이 맨 앞에 제시되며, 제사장들이 맨 먼저 언급된다.

- 대제사장 가문(18-19절)
- 다른 제사장들(20-22절)
- 레위 사람들(24절)
- 노래하는 사람들과 문지기들(24절)
- 일반인(25-43절)

분명히 영적인 지도자들이 올바로 이끌어야 했다는 사실을 강조하려고 그들이 맨 먼저 언급되었을 것이다. 따라서 그들은 더 많이 비난받아야 마땅하다. 비록 오직 19절에서만 제사장들에 관한 맹세와 속죄 제물을 언급하지만, 그 두 가지는 모든 사람을 위한 의식 절차의 일부분으로 이해해야 할 것이다.

대부분 주석가는 2장의 명단과 평행을 이루는 요소를 끌어낸다. 2:3-35의 서른세 가문과 도시 가운데 여기서 아홉 개가 나타난다. 그러나 그 목록이 생략되었다고 주장할 근거는 전혀 없지만, 그 관행이 공동체 전체로 확장되지는 않았을 것이다.

이 본문이 제시하는 다른 강조점 하나가 44절에서 나타난다. "**이상은 모두 이방 여인을 아내로 맞이한 자라. 그중에는 자녀를 낳은 여인도 있었더라.**"

외경 에스드라1서 9:36과 평행을 이루는 점에 근거해서 많은 이들은 그 절을 다음과 같이 읽는다. "이들은 모두 이방 여인들과 결혼했다. 그들은 그 여인들을 자녀들과 함께 내보냈다." 이 독법은 의미가 더 잘 통하며, 3절에서 언급되는 원래의 결정과도 더 자연스럽게 연결된다.[9]

하지만 어떻게 9장과 10장에서 제기되는 이슈들을 해석하고 적용해야 하는지 아주 분명해진 것은 아니다. 다음 몇 가지 사항을 언급할 수 있다. 첫째, 말라기 2:10-16에 따르면, 많은 유다 남자들은 그들의 아내를 버리고 이방 여인들과 결혼했다. 이것은 에스라기의 이 부분에서 언급되지 않는다. 그러나 만약 그와 같은 상황이 이 본문의 배경이었다면, 에스라의 조치를 더욱 잘 이해할 수 있고, 더 기꺼이 받아들일 수 있었을 것이다. 우리는 이 사례가 과연 그런 상황과 관련된 한 요소였는지 알지 못하므로, 이것을 지나치게 확대해석한다면, 오류다.

---

9 Clines는 유익한 논의를 간결하게 제시한다. Clines, pp. 132-133.

또한 그 사례와 관련된 여인들 대부분이 자신들의 친족들이 있는 가족(extended families)으로 돌아갔다는 주장이 제기되었다. 그것은 충분히 타당성이 있어 보이지만, 이 주장도 역시 확신할 수 없다. 이 사안은 신중하고 철저하게 조사되었으므로(16-17절), 이런 강경한 조처를 할 충분한 시간이 있었을 것이다.

이 모든 요소를 검토해서 적용하고자 한다면, 신약성경은 믿지 않는 배우자와 결혼한 사례에서 분명히 이혼을 배제하고 있다.[10] 사실상 베드로전서 3:1-7은 믿지 않는 배우자가 복음에 매력을 느끼도록 신자인 배우자에게 경건하고 순결하며 정숙하게 살라고 권고한다.

그렇지만 이 사항들을 언급할 때 불편한 느낌이 남아 있다. 우리는 키드너처럼 이렇게 생각할 수도 있다. "에스라 9장과 10장에 묘사된 상황은 두 가지의 악 가운데서 차악을 선택한 한 가지 고전적인 사례였다."[11]

D. A. 카슨은 훌륭한 논평을 제시하면서, 그 상황을 두 가지 방법으로 광범위하게 이해할 수 있다고 지적한다.[12] 첫 번째 견해는 여기서 일어나는 일은 사실상 하나님의 진노를 돌리며, 포로 시대 이후 공동체의 정결을 확립하고자 하는 신앙 운동이라고 주장한다. 두 번째 견해는 그 조치가 비인도적이며 냉혹하다고 주장한다. 그 조치는 한편으로 통혼을 금지하는 율법을 존중하기는 하지만, 다른 한편으로 쉽게 이혼하는 것을 금지하는 율법을 존중하지 않으며, 의심할 여지없이 말할 수 없는 슬픔과 고통을 초래했다는 것이다. 카슨은 두 가지 견해 모두 이 본문의 텍스트를 합당하게 해석하는 것일 수 있다고 지적한다. 이 점과 관련해서 몇 가지를 살펴볼 수 있다.

첫 번째는 카슨 자신의 주장으로, 두 가지 견해가 모두 진리를 포함하고

---

10   고전 7:12-13을 보라.
11   Kidner, p. 71.
12   D. A. Carson, *For the Love of God*, vol. 2 (Leicester: IVP, 1999). 1월 10일 날짜 논평에서. (그 책의 본문에는 페이지 숫자가 없다. 해당 본문은 날짜로 찾을 수 있다.)

있다고 인정한다. 에스라와 공동체 지도자들의 행위는 정당화될 수 있으며, 공동체를 파괴할 수도 있는 위협적인 문제를 해결하는 데 커다란 용기를 보여 주었다는 것이다. 하지만 여기서 그 행위는 지나치게 과격했다. 연민이나 걱정으로 마음이 동요되었다고 보여 주는 표징은 전혀 없다. 나아가 그는 이상적이지 않을 뿐만 아니라 총체적인 죄악의 상황에 있었던 기드온, 입다와 삼손의 사례들을 언급한다. 이것은 사실상 앞에서 언급한 키드너의 관점을 발전시킨 중요한 지적이다.

첫 번째 견해로부터 비롯되는 두 번째 견해는 율법주의와 방종의 양극단을 피하는 영속적인 문제다. 하나님의 백성은 언제나 세상, 육신 및 마귀의 미혹을 거부해야 한다. 하지만 그것은 율법주의에 빠지기가 매우 쉽고, 어떤 가르침들이 옳다고 시인하지만, 가혹하고 은혜롭지 못한 방법을 사용할 수도 있다. 그래서 이것은 편협하며 매력적이지 않은 것이 된다. 요한2서 및 요한3서에서 그와 같은 상황이 반영되어 있다. 요한2서는 그리스도인들이 거짓 교사들을 간파하도록 도와주고자 한다. 요한3서는 참된 교사들에게서 떨어져 나가는 것에 관해서 경고한다. 여기서 진정으로 변화된 마음 없이, 율법을 문자 그대로 실천하는 것은 무척 쉽다. 그리고 말라기는 지도자들과 백성이 모두 영적으로 타락했다고 증언해 준다. 우리는 에스라가 이와 같은 조치를 강요한 것이 아니라, 공동체 지도자들의 이름으로 공동체가 결정해서 실행했다는 점을 기억할 필요가 있다.

세 번째는 에스라기를 해설해 오면서 여러 번 언급한 바다. 곧 영적인 활력을 거의 보이지 않고 한여름의 번창은커녕 봄기운도 거의 보이지 않는 삶은 고달프고 처량하다. 이런 상황에서 남은 자의 고유성을 보존하는 일이 꼭 필요했다. 이것은 메시아가 누구를 통해, 누구에게 올 것인가 하는 문제였기 때문이다. 바로 이 점과 관련해서 9장 및 10장과 나아가 에스라기 전체를 큰 그림으로 이해할 필요가 있다. 낙심하고 짓밟힌 이 남은 자들은 페르시아, 헬라 및 로마에 의해서 연속적으로 고난을 겪었다. 하지만 메시아의 큰 빛은 바로 이들에게 비쳤다. 바로 그들을 위해서 의로움의 해가 힘차게 떠올라 그들에게 치료하는 광선을 비출 것이다. 그리고 주님께서 갑자기 그분의 성전에 임하실 것이다.[13]

그와 같은 관점에서 볼 때, 에스라뿐만 아니라 학개도 샛별이 떠오를 때까지 어둠 속에서 비치는 빛이다. 더 긴 이야기 안에서 에스라는 거룩한 도성 예루살렘을 가리키고 있다. 그곳에서 하나님이 백성이 살게 될 것이다. 그리고 하나님의 임재는 그들과 더불어 영원히 존속할 것이다. 이 남은 자는 하나님이 그분의 백성을 파멸시키지 않으셨으며, 또한 "내가 이스라엘을 거룩하게 하는 여호와인 줄을 열국이 알리라"(겔 37:28)라는 구절에 대한 증거다. 남은 자는 예수 그리스도가 오시는 토대를 마련해 준다. 성경의 다른 많은 책과 마찬가지로, 에스라기는 미완성의 언급과 더불어 끝난다. 그러나 하나님의 계획은 지속되며, 어느 날 온전히 성취될 것이다.

---

13 말 4:2; 3:1.

학개

서론

선지자들 가운데 어떤 이들은 커다란 위기의 시대에 하나님을 대신해서 말하도록 부름을 받았다. 이사야도 약 50년 동안 위기의 시기에 사역했다. 그는 앗시리아 제국의 발흥과 북이스라엘 왕국의 멸망과 추방, 남유다 왕국이 기적적으로 구원받는 것을 보았다. 하박국은 남유다 왕국이 약속의 땅에서 추방되기 직전에 예언했으며, 신바빌로니아 제국의 태동을 보았다. 학개는 어떤 면에서 다소 더 어려운 상황에 직면해 있다. 그가 활동한 시기는 무관심과 냉담의 시기였다. 그 당시 영적인 삶은 나태해졌고, 상대적으로 안정된 정치 상황과 어느 정도 안락한 삶은 하나님의 말씀을 듣고 그에 따라서 행동하기를 싫어하는 결과를 빚어냈다.

학개서 예언의 시대적 배경은 주전 539년 페르시아의 고레스에게 바빌로니아 제국이 멸망하고 나서, 주전 538년에 포로 귀환이 일어난 다음이다.[1] 에스라 1-3장에서 밝혀진 바와 같이, 초기의 선구자들은 성전 재건을 시작했지만, 외부의 반대와 공동체 내부의 용기 부족으로 성전 재건 사역이 중단

---

1 에스라 서론을 보라.

되었다. 학개와 스가랴는 바로 그 상황을 향해서 말했다.[2] 학개의 메시지는 간결하며, 4개월 동안 전해졌다. 그러나 곧 살펴보겠지만, 그의 예언은 거대한 이슈들을 다루며, 그의 메시지를 들은 사람들 가운데서 마음과 삶이 근본적으로 변하기도 했다.

학개에 대하여

학개 개인과 관련해서, 이 짧은 책과 에스라 5:1-2 및 6:14의 언급을 제외하고, 아무런 정보도 없다. 그가 바빌로니아에서 태어나 귀환자의 첫 그룹과 함께 예루살렘으로 돌아온 사람인지에 대해서도 알지 못한다. (2:3에서 학개가 "이 성전의 이전 영광"을 언급한다는 사실이 그 당시 그가 노인이었음을 입증해 주지는 않는다.) 이와 비슷하게, 학개가 2:11-13에서 거룩함에 대한 율법을 언급한다는 점도 그가 제사장이었음을 입증해 주지 않는다. 그 규정들은 거의 모든 사람에게 알려진 간단한 규정들이기 때문이다.

그렇지만 더 중요한 점은 그가 "**선지자**"(1:1; 2:1, 10)였으며, 또한 "**여호와의 사자**"(1:13)였다는 사실이다. 단순히 "**선지자 학개**"(the prophet Haggai)라고 불렸다는 사실은 그가 잘 알려진 인물이었으며, 더 이상의 신원 확인이 필요하지 않았다는 점을 암시한다. 그의 가정환경, 나이 또는 다른 상세한 내용보다 주님으로부터 그가 말씀을 받았다는 사실이 더욱더 중요하다. 그가 전달한 메시지는 하나님의 백성에 관한 이야기의 전개 과정에서 대단히 의미심장했다. 하나님은 학개와 스가랴를 사용하셔서, 포로 생활에서 돌아온 이들의 여정이 무의미해지지 않도록, 또한 그들이 성전 재건이라는 기념비적인 일을 시작하고도 완성하지 못하는 불상사가 일어나지 않도록 막으셨다. 그리고 **선지자**라는 용어는 **사자**(messenger)라는 용어 덕분에 그 의미가 강화

---

2   스 4장을 보라.

된다. 사자라는 단어는 학개가 전달하는 말씀이 하나님에게서 온 것임을 강조한다.

2. 학개가 전한 메시지

학개의 메시지는 단순하며 직접적이다. 그러나 이 점이 그가 관심을 기울이고 있는 이슈들의 중대함을 가리게 해서는 안 된다. 게다가 그는 모세와 출애굽 사건에서 비롯되는 선지자 전통의 주류에 서 있다.[3] 또한 다윗의 집안과 그 집안의 미래에 마음을 쏟는다. 그의 메시지에는 그가 강조하는 다섯 가지 관점이 있다.

1) 하나님의 말씀

학개가 **선지자**와 **사자**로 묘사된다는 사실은 이미 언급했다. 또한 학개서에는 이른바 '메신저 형식'(messenger formula)이 광범위하게 사용된다. 흔히 선지자들은 "주님께서 이렇게 말씀하셨다"와 같은 표현을 사용해 자신들이 받은 계시의 말씀을 소개한다. 학개는 종종 이 표현으로 메시지를 마무리하기도 하지만(2:7, 9, 23), 종종 그것을 메시지의 중간 부분에서 반복한다(예. 2:4). 그리고 학개서는 "**만군의 여호와의 말이니라**"로 끝난다. 이것은 하나님의 말씀이 다음 두 가지 효력을 지니고 있다고 강조한다.

한 가지는 학개가 그 당시의 상황에 대해 자신의 개인적 분석을 제시하지 않는다는 점이다. 그는 만군의 주님께서 보낸 특사의 권위로 말한다.[4] 그 말은 다른 모든 말을 상대화한다. 그러므로 학개가 전달하는 말은 계시의 권위가 함께 실려 있다. 그것은 곧 모세에게 주어졌고, 그를 통해서 전달되었으며, 또한 그 가르침의 직접적인 노선 안에 있다.

---

3   2:5을 보라.
4   본문에서 학 1:1-2에 대한 해설을 보라.

또 한 가지는 그 말들은 학개의 말이다. 그는 그 메시지를 지어내지 않았지만, 그 표현과 강조점은 그 자신의 것이다.[5] 그는 직접적으로 솔직하게 말하는 사람이다. 조이스 볼드윈(Joyce Baldwin)은 그를 엘리야와 비교한다.[6] 그는 '심사숙고하다'(NIV: 'give careful thought'; 개역개정은 '살피다' '기억하다'로 번역, 1:5, 7; 2:15, 18)와 같은 단어를 즐겨 사용한다. 이 단어는 그가 숙고하지 않은 행동이 아니라, 오히려 마음과 생각을 전적으로 주님께 헌신할 것을 요구한다는 점을 보여 준다.

2) 성전

어떤 이들은 성전 건물에 대한 강조는 편협하고 제한적이며, 의식에 치중하는 자세이자, 심지어 미신적인 자세를 보여 준다고 생각한다. 하지만 이것은 학개서의 본문을 피상적으로 이해하는 것이다. 2:4-5을 살펴보면, 이 점을 간파할 수 있다. "만군의 여호와의 말이니라 너희가 애굽에서 나올 때에 내가 너희와 언약한 말과 나의 영이 계속하여 너희 가운데에 머물러 있나니." 여기서 하나님이 그분의 백성 가운데 임재하신다는 사실에 관한 언급은 성막을 지으라는 명령으로 구체화된다. "내가 그들 중에 거할 성소를 그들이 나를 위하여 짓되"(출 25:8; 29:45-46을 보라). 이 명령은 여전히 유효하다. 그들이 성전을 재건하지 않는다면, 그것은 하나님이 자신들 가운데 거하시는 것을 원하지 않는다는 뜻이거나, 적어도 그것에 관심이 없다는 말이나 마찬가지다. 성전 재건과 희생 제사는 절대로 의식주의적이며 율법주의적인 행위와는 거리가 멀다. 오히려 그것은 하나님의 은혜에 대한 반응이다.

출애굽기 26-27장에서 장막 만드는 일을 구체적으로 설명하는 데 그토록 많은 시간을 들인다는 점은 의미심장하다. 마찬가지로, 열왕기상 6-8장에서는 (그리고 심지어 대상 28장부터 대하 7장까지 더 자세하게 다룬다) 성전 건축

---

5 이 장의 '3. 구조와 문체'를 보라.
6 Baldwin, p. 31.

에 대해서 세밀하게 언급한다. 집을 지으라는 하나님의 명령에 순종하는 것은 하나님이 그들과 함께 거하신다는 약속에 대한 믿음의 행위다. 따라서 성전은 단순히 종교의식이 이루어지는 중심지가 아니다. 오히려 "하늘들의 하늘이라도" 감당하기 어려운(왕상 8:27) 하나님이 기꺼이 거하시는 곳이다. 하나님은 이 성전을 통해서 자기 백성 가운데 거하기를 기뻐하신다.

3) 메시아에 대한 소망

학개는 모세와의 연관성뿐만 아니라, 사무엘하 7장에서 언급되는 다윗 왕권과 다윗 언약의 중요성을 강조한다. 스룹바벨은 성전을 건축하라는 부르심을 받는다. 우리는 역대상 3:19에서 스룹바벨이 예루살렘에서 통치했던 다윗 왕조의 마지막 왕들 가운데 한 명인 여호야긴의 손자라는 사실을 알 수 있다. 사무엘하 7장에서 다윗에게 주어진 약속은 학개 2:20-23에서 스룹바벨을 통해서 성취되는 수미상관 구조를 이룬다.[7]

사무엘하 7장에는 다윗과 성전과의 연관성이 명백하게 드러난다. 다윗은 선지자 나단에게 주님을 위해서 성전을 짓고자 한다는 자신의 바람을 이야기한다(삼하 7:2). 그러나 나단은 바로 주님께서 다윗을 위해서 집을 지으시겠다는 메시지를 전달한다(삼하 7:11). 이 집은 영원히 세워질 다윗 왕조다.

4) 언약

학개는 이스라엘의 삶과 신앙의 주류(main stream)를 대표한다. 사실상 2:5에서 '언약'이라는 단어가 언급된다.[8] 5절에서 이집트에서 나올 때 나타난 하나님의 임재는 이제 그들 가운데 함께 있으면서, 그들에게 복을 주고 심판할 것이라고 암시된다. 하지만 거기에는 그보다 심오한 의미가 있다. 야웨라는 언약의 이름은 학개서에서 서른네 번이나 나타난다. 그뿐만 아니라, 1:5-6 및

---

7 이 장의 '5) 종말론' 항목을 보라.
8 우리는 이것을 더 이른 시기의 선지자들과 비교할 수 있다.

2:16-17에 나오는 고난은 아모스 4:6-10의 말씀을 반영한다. 그리고 아모스서의 해당 말씀 자체는 신명기 28장에서 불순종에 대한 언약의 저주를 반영한다. 따라서 행동을 취하라는 학개의 요구는 철두철미하게 언약과 관련되어 있다.

그러나 그 이상의 의미가 있다. 학개가 선지자로 부름을 받은 상황은 그를 모세로부터 이어지는 전통에 굳게 세워 준다. 모세는 구약성경 예언의 원천이며, 또한 얼굴과 얼굴을 마주하고 하나님을 알았던 유일한 선지자였다.[9] 그를 통해서 토라(모세오경)가 주어졌다. 모세의 말은 하나님의 말씀이었다. 구약 시대에 모세에게 주어진 계시를 능가하며, 그것과 별개의 독립적인 계시는 전혀 없다. 따라서 선지자들은 경건한 삶을 살고 공동체를 번영하게 하는 유일한 길로서 모세에게 주어진 메시지로 사람들을 돌이키게 하려고 세워졌다. 이 점은 학개의 메시지를 그의 시대뿐만 아니라 모든 시대에 타당한 외침으로 있게 한다. 왜냐하면 그것은 하나님의 살아 있는 말씀이기 때문이다.

5) 종말론

학개서는 그 자신의 시대를 포함해서 모든 시대에 말할 수 있다. 왜냐하면 그의 관점은 주로 종말론적이기 때문이다. 주님의 영광이 그 성전을 가득 채울 때(2:7), 성전 건축 프로젝트가 종결될 것이다. 이와 비슷하게, 에스겔은 회복된 성전과 그곳에 주님께서 거하시는 장면을 훨씬 더 자세하게 묘사해 준다.[10] 언약의 축복은 다윗의 보좌에서 다스리실 메시아 안에서 절정에 이를 것이다. 바울은 모든 나라가 와서 "이새의 뿌리, 곧 열방을 다스리기 위하여 일어나시는 이"(롬 15:12)에게 순종함으로써 이 언약이 성취될 거라고 이해한다. 미래의 이 모든 영광을 보증해 주는 것은 바로 성령이 현재 활동한다는

---

9   신 34:10.
10 겔 40-48장.

사실이었다(2:5). 학개는 자기가 하나님의 말씀을 선포함으로써 그 당시의 무감각과 불신앙이 순종으로 변화되는 것을 보았다. 그리고 그는 그날이 다가오는 것을 기대했다.

3. 구조와 문제

학개서는 거의 분명히 학개 자신이 신중하게 편집하고 배열했다는 증거를 보여 준다. 이 책은 신중하게 배열된 여섯 가지의 연속적인 계시로, 연대기적이고 신학적으로 배열되어 있다. 다리우스 1세의 통치 이 년 차에 일어난 사건들을 시간 순으로 보면 다음과 같다.

1:1	여섯째 달, 곧 그달 초하루	주전 520년 8월 29일
1:15	여섯째 달 이십사 일	주전 520년 9월 21일
2:1	일곱째 달 곧 그 달 이십일 일	주전 520년 10월 17일
2:18	아홉째 달 이십사 일	주전 520년 12월 18일
2:20	아홉째 달 이십사 일 두 번째로 임함	

이 기간은 짧다. 미처 넉 달이 되지 않는다. 하지만 그 일의 효력은 그것이 얼마나 걸렸는지에 의존되지 않는다.

그렇지만 그 배열은 단순히 시간에 국한되지는 않는다. 거기에는 진정으로 사고의 전개 과정이 있다. 학개서는 두 가지 계시로 시작되고(1:1-2, 3-11) 마무리된다(2:10-19, 20-23). 그 두 가지 계시는 각각 지도자들과 백성에게 전달되었다. 그리고 그 가운데 두 계시가 들어 있는데(1:12-15; 2:1-19), 각각의 계시는 "**내가 너희와 함께하노라**"(1:13; 2:4)라는 말씀으로 주님의 임재를 강조한다. 그 움직임은 책망으로부터 행동하라는 요구로 이어지며 권면하고 약속한다. 그리고 스룹바벨을 언급하는 **수미상관** 구조(1:1; 2:23)와 나중에 언급되는 종말론적 관점에 따라서 다윗 왕조와의 연관성이 강조된다.

학개서의 문체는 활기차며 버려야 할 단어가 하나도 없다. 하지만 우리는 상상력이 풍부한 스가랴와 비교해서, 학개를 실용적인 사람으로 이해하려는 유혹을 물리쳐야 한다. 사실상 학개서에는 스가랴서에서 묘사되는 묵시론적인 뛰어난 환상들이 나타나지 않는다. 그렇지만 (에스라기와 마찬가지로) 학개서가 이전의 성경을 반영한다는 사실을 보게 될 것이다. 또한 학개는 그의 글뿐만 아니라 종말론적인 구절들에도 풍부하고 중요한 의미를 부여한다. 학개서에서 예언의 말씀은 회개, 행동과 축복으로 이끌며, 학개서의 흐름에서 중심을 이룬다.

이 책을 이해해 나가는 과정에서 해설의 토대로서 이 여섯 가지 예언을 활용할 생각이다. 그리고 예언의 흐름을 추적할 뿐만 아니라, 그 내용도 자세하게 살펴볼 작정이다.

1장

언제 지어야 하는가
1:1-2

어떤 사람들이나 단체들은 더 매혹적이거나 흥미로워 보이는 사람이나 대상에 가려서 계속 불이익을 당한다. 그 사람들이나 단체들은 단독으로 언급되는 경우는 거의 없고, 단순히 더 인상적인 사람이나 대상에 첨가되는 내용으로 언급된다. 그래서 보즈웰(Boswell)은 그 자신으로 높이 평가받기보다는, 단지 새뮤얼 존슨(Samuel Johnson)의 전기 작가로 인식될 뿐이다. 이와 같은 현상은 교회들에서도 일어난다. 충분한 지원과 엄청난 홍보를 앞세워 교외 지역에서 이루어지는 성공적인 목회 사역이, 도심에서 고군분투하는 그룹의 복음 사역을 가리기도 한다. 학개 선지자의 경우도 이와 비슷했다. 스가랴의 광채의 그늘에서 학개 선지자는 작고 눈에 띄지 않는 것처럼 보인다. 그러나 학개서는 단지 분량이 적을 뿐이다. 그는 대단히 중요한 사항들을 말하고 있다. 심지어 학개서의 처음 두 절에서도 중대한 이슈들과 필수적인 원리들이 제시된다. 우리는 다음 네 가지를 살펴볼 필요가 있다.

1. 학개가 활동한 시대

성경의 특징 가운데 하나로 1절에서 정확한 시점과 배경이 언급된다. 하나님의 음성은 실제 사람들이 있는 곳에서 각각의 상황에 적합한 언어로 말씀하신다. 여기서 언급되는 다리우스는 히스타스페스(Hystaspes)로 알려진 인물로서 다리우스 1세다. 그는 통치 초기의 몇 달 동안 반란을 진압하는 데 몰두해야 했지만, 이제 안정을 찾았다. 주전 520년 여섯째 달 초하루는 추수기로서 8월 말에 해당한다. 또한 초하루는 특별한 희생 제물을 드리는 날이다.[1] 그리고 이것은 성전 재건 프로젝트가 미완성이었다는 점을 상기시켜 준다. 사실상 제단은 만들어졌다. 하지만 성전 재건을 지속하지 못했다는 사실은 그와 같은 희생 제사의 진정성과 타당성에 대해서 의문을 제기할 수밖에 없었을 것이다.

학개 선지자는 맨 먼저 지도자들, 곧 스룹바벨과 여호수아에게 하나님의 말씀을 전한다. 우리는 이미 이 인물들을 에스라기의 초반부 몇 장에서 만났다. 또한 에스라 5:1-2에서 이들이 학개의 말에 반응해서, 어떻게 성전 재건 공사에 주도적인 역할을 담당하는지 보았다. 이들은 포로 생활에서 돌아온 맨 처음 그룹의 지도자들이었다. 예언 사역은 지도자들과 백성을 모두 대상으로 한다. 때때로 전자 또는 후자가 더 많은 관심의 대상이 되기도 한다. 그래서 이사야는 범죄한 나라로부터 시작해서 "소돔의 통치자들"과 "고모라의 백성"으로 신속하게 움직인다.[2] 말라기는 맨 처음에는 백성에게 그다음에는 제사장들에게 말한다. 여기서 학개는 지도자들로부터 시작한다. 성전을 재건하는 일을 다시 시작하려면, 그들이 주도적인 역할을 해야 할 필요가 있었기 때문이다.

그러므로 학개의 요구는 구체적이며 특정한 사람들을 대상으로 한다. 그

---

1 민 28:11-15을 보라.
2 사 1:4, 10.

러나 곧 살펴보겠지만, 그 요구는 공동체와 관련된 이슈다. 예언서들, 사실상 모든 성경은 지역적인 요소와 특별한 사항을 큰 그림과 연결하며, 그 시대로부터 모든 시대에 걸쳐서 말할 수 있다. 학개서의 이야기가 끝나기 전까지, 학개는 우리를 예루살렘의 이 지지부진한 상황으로부터 하늘과 땅이 흔들리는 사건과 하나님 나라가 임하는 사건으로 데려다준다.

2. 학개의 소명

학개는 **선지자**(the prophet)라고 불린다.[3] 이 명칭은 학개를 곧바로 모세와 연결해 준다.[4] 또한 학개가 하나님의 언약에 관한 메신저 역할을 할 것이며, 사람들이 언약의 하나님께 신실하도록 돌이키게 한다는 점을 말해 준다. 그리고 하박국과 스가랴도 선지자라고 불린다.[5] 학개가 일곱 번이나 그 명칭으로 묘사된다는 사실은 분명히 의미심장하다(학 1:1, 3, 12; 2:1; 스 5:1; 6:14을 보라). 사실상 그의 메시지는 간결하지만, 그의 권위는 의심의 여지가 없다. 하지만 그 권위는 어떤 공적인 직위로 주어진 어떤 신분이 아니라, 바로 야웨로부터 직접 부름을 받고 주어졌다.

그 권위는 "여호와의 말씀이 선지자 학개로 말미암아…임하니라"(1:1)라고 표현된다. 그 구절을 더 문자적으로 번역한다면, "주님의 말씀이 왔다"(the word of the Lord came to)라기보다 "말씀이…에 의해서 왔다"로 해석할 수 있다. 영역본에서 'came'은 히브리어 원문에는 없지만 덧붙여졌다. 이 히브리어 동사는 '존재하다'(to be)를 뜻하며, 그 말씀이 '…에게 속하다'라는 뜻이다. 진정으로 그 말씀은 이 선지자 안에서 육신(flesh)이 되었다. 이것은 에스겔이 예언의 말씀이 기록된 두루마리를 먹었다는 표현에서 가장 극적으

---

3   Baldwin, p. 28.
4   신 18:18-20.
5   합 1:1; 슥 1:1.

로 전달된다.⁶ 이 선지자에게 하나님의 말씀은 즐겁든지 고통스럽든지 반드시 전달되어야 하는 내용에 속한다.⁷ 그리고 이사야는 예언의 말씀은 반드시 그 목적을 성취할 것이라고 말한다.⁸

어떻게 이 계시가 왔는지에 대해서는 아무런 말도 없다. 하지만 이것이 계시이며 추측이나 의견이 아니라는 사실이 강조된다. 하나님의 살아 있는 말씀은 우리 눈에 보이지 않게 일하지만 우리는 그것이 일으킨 변화뿐만 아니라 심판의 결과들을 볼 수 있다. 우리에게 나타난 결과는 결국 학개의 말들을 통해서 전달된 주님의 말씀이다. 하나님이 그분의 백성 가운데 만연한 우상숭배와 무관심을 다루는 특징적인 방법은 선지자들을 보내시는 것이다. 엘리야뿐만 아니라 학개도 말씀이 매우 필요한 어떤 상황에 말씀을 전한다. 주님께서 "이렇게 말씀하신다"라는 표현은 선지자의 메시지 내용을 가리키는 흔한 표현이다. 히브리어에서 동사의 완료 시제는 말해진 내용의 결정적인 특성을 강조하기 위한 용법이다.⁹

여기서 그 말씀의 원천은 "만군의 여호와"시다.¹⁰ 이 호칭은 학개, 스가랴와 말라기뿐만 아니라, 다른 선지서들에서도 자주 나타난다. 이 표현은 사무엘상에서 맨 처음으로 나타난다. 1:3에서 실로에서 주님께 예배를 드렸다는 사실을 언급할 때 이 표현이 사용된다. 그리고 한나의 기도와 언약궤를 언급할 때도 다시 사용된다.¹¹ 히브리어 명사 '체바오트'(ṣĕbā'ôt)는 라틴어 칠십인역 '도미누스 엑세르키투움'(*Dominus exercituum*)이란 표현에 반영되어 있다. 이 단어는 문자적으로 '군대의 주님'을 뜻한다. 복수 명사로 쓰인 이 말은 아

---

6   겔 3:1-3.
7   렘 20:9을 보라.
8   사 55:10-11.
9   Motyer는 이렇게 주장한다. "주님께서 언젠가 과거에 이렇게 말씀하셨다는 뜻이 아니라, 지금 주님께서 결정적으로 말씀하시는 것이다." Motyer, 'Haggai', p. 974.
10 아쉽게도 NIV는 항상 그 표현을 '만군의 주님'(the Lord Almighty)으로 번역한다. 이 번역은 그 표현이 지닌 뉘앙스를 모호하게 만든다. 아마도 그것은 칠십인역에서 '*kyrios pantokratōr*'의 번역을 반영했을 것이다.
11 삼상 1:11; 4:4.

마도 하나님이 모든 권세와 권위의 원천이시며, 하늘과 땅의 모든 권세의 주님이시라는 의미로 가장 잘 이해할 수 있다. 그 주님께서는 아마도 하늘의 궁전에 있는 천사들의 군대를 다스리시는 분을 의미할 것이다.[12] 그와 같은 칭호는 선지자가 하나님의 궁전에 접근할 수 있으며, 권위 있는 말씀을 받아서 그 궁전으로부터 왔다는 점을 의미할 수 있다. 어쨌든 이 칭호는 하나님의 말씀이 절대적인 권위를 지니고 있으며, 반드시 성취된다는 사실을 강조한다.

3. 학개의 메시지 내용

첫 번째 메시지는 간단명료하며 단도직입적이다. "**이 백성이 말하기를 여호와의 전을 건축할 시기가 이르지 아니하였다 하느니라**"(2절). 주목해야 할 첫 번째 표현은 "**이 백성**"이다. 비록 볼드윈은 이 표현을 일종의 책망으로 이해하지만,[13] 이것은 의도적인 중립 표현이다. 이것은 주님의 말씀에 반응하는 일의 중요성을 드러낸다. 어떻게 그들이 반응하는가는 과연 '내 백성'이라는 칭호가 그들에게 합당한 것인지, 아니면 그들이 하나님과 자신들의 관계를 끊고자 하는지 결정해 준다. 참된 선지자들은 항상 회개와 변화를 요구한다. 그리고 학개는 그 백성이 누리는 혜택 가운데 어떤 것도 당연하게 여기지 않는다.

"**시기가 이르지 아니하였다**"는 말은 그 백성을 사로잡고 있던 무관심과 패배주의 정신을 요약해 준다. 사실상 그들이 말하는 바는 그때가 절대로 오지 않는다는 것이다. 그들은 이 영적인 죽음의 상태를 정상적인 것으로 받아들이고 있었다. 우리는 이어지는 몇 절에서 그 백성이 자기 자신의 안락과 향락을 추구하는 데 열심이었다는 사실을 곧 알게 된다. 하지만 그들의 이런 열정과 행위는 영적인 강건함과 활력으로 확장되지 않았다. 모티어는 여기서 '때'를 '적합한 시점'으로 번역하며, 헬라어의 **카이로스**(*kairos*)와 비교

---

12   예를 들면, 시 103:20-21; 사 6:1-6.
13   Baldwin, p. 39.

한다.[14] 이것은 연대기적 시점보다는 영적 시점을 강조한다. 이 백성은 그 시점이 다가왔다는 사실을 알아야 했다. 에스라 1:1은 그들을 약속의 땅으로 돌아가게 한 것은 단순히 고레스의 조서가 아니라, 하나님의 도움의 손길이었다고 밝혀 준다. 그러나 외적인 세력에 자신들을 내맡긴 결과, 점차 사기가 저하되었다. 이런 상황은 그들이 성전 재건을 포기하도록 이끌었다. 그리고 하나님에 대한 그들의 충성심은 쇠퇴하고 말았다.

이런 상황에 대한 유일한 해결 수단은 하나님의 살아 있는 말씀이다. 이것은 학개가 맨 처음 전달한 메시지의 정확한 시점이 지닌 중요성을 강조한다. 그 백성은 그저 시간이 흘러가도록 방치하고 있었지만, 하나님은 지금 이 순간 긴박하게 말씀하신다. 시편 95:7-8에서도 하나님 말씀의 즉각적인 관련성이 강조되고 있다. "너희가 오늘 그의 음성을 듣거든…너희 마음을 완악하게 하지 말지어다"(시 95:7-8). 히브리서 3:13에서는 이 말씀을 취해서 "오직 오늘이라 일컫는 동안" 순종할 것을 권면한다. 하나님의 말씀은 우리가 어디에 있든지 항상 우리에게 말씀하시며, 우리를 새로운 헌신으로 강권한다.

어디서 이 메시지가 전달되었는지 확실하지 않다. 어떤 주석가들은 학개 선지자가 성전 재건이 이루어졌던 장소를 방문해서 아마도 다른 사람들, 즉 **이 백성**을 가리키면서 말했을 것이라고 믿는다. 어쨌든 그의 언어는 해당 설명을 생동감 있게 전달해 주며, 즉각적인 영향을 미쳐야 한다는 점을 잘 드러낸다.

4. 여호와의 성전

히브리어 원문에서 **"여호와의 전"**은 그 의미를 강조하는 위치에 있지만, 영어로는 그 강조점을 쉽게 번역할 수 없다. 그러나 이 점은 학개에게 의심할

---

14   Motyer, 'Haggai', p. 974.

여지없이 중요했다. 에스라기의 서론과 처음 몇 장에서 성전과 그 중요성에 대해서 이미 논평했다. 하지만 여기서 몇 가지를 추가로 언급할 수 있다. 성전의 의미는 자명한 것으로, 하나님을 맨 앞에 모신다는 점을 말하는 또 다른 방법 이상의 의미를 지닌다. 성전은 하나님이 그분의 백성 한가운데 임재하시게 하는 수단이다. 에스라 4장에서는 성전 재건을 반대한 외부 세력이 있었음을 알려 준다. 그러나 학개는 이 점에 초점을 맞추지 않는다. 오히려 그는 문제의 근원으로 거슬러 올라간다. 바로 백성의 마음이 냉담해졌으며, 하나님이 그들 가운데 임재하시는 것이 그들의 우선순위에 있지 않았다는 사실을 지적한다.

1) 하나님의 언약에 대한 신앙을 잃어버렸다

여기서 언약의 이름인 야웨가 사용된다는 사실은 언약의 하나님이 사실상 그분의 백성과 함께 계신다는 사실을 보여 준다. 바빌로니아 추방으로도 그 사실이 무효화되지 않았다. 하지만 바빌로니아로부터 포로 귀환이라는 사건 그 자체가 이전의 영광을 회복해 주지는 않는다. 그래서 현재에 회개와 헌신이 필요했다. 회개와 헌신이 없다면, 그들은 바빌로니아에 있는 것과 마찬가지다. 그것은 자신들이 왜 포로 생활에서 돌아왔는지에 대한 이유 그 자체를 간과하는 삶이기 때문이다. 성전을 재건한다는 것은 하나님의 언약이 유효하며, 하나님의 구속 목적이 폐기되지 않았음을 입증해 주는 증거였다.

2) 지금 하나님을 만나고자 하는 열망을 잃어버렸다

바빌로니아 추방의 비극을 단지 외적 측면으로 살펴보자면 하나님의 백성을 약속의 땅과 파괴된 도시와 성전으로부터 이동시킨다는 의미였다. 하지만 진정한 비극은 하나님의 백성 가운데 임재하던 하나님의 영광이 떠나갔다는 점이다. 에스겔 10장에 묘사된 예언은 이 점을 매우 예리하게 묘사한다. 하나님의 영광이 돌아오지 않는다면, 그 장소는 거룩하지 못한 상태로 남아 있고, 하나님의 복도 임하지 않을 것이다. 학개가 전하는 예언의 음성은 주님께서 여전히 은혜의 계획들을 품고 계시다는 사실을 알려 주는 표시다. 그러나 이 계획들이 성취되기 위해서는 하나님의 백성이 그분을 위한 장소를 마련해야 했다.

3) 미래에 대한 비전이 없었다

나중에 학개는 놀라울 정도로 많은 사람이 모여들 것이며, 모든 나라의 부(wealth)가 회복된 성전으로 올 것이라고 말한다. 그러나 그 영광스러운 비전은 현실에 가려져 있다. 현실은 미완성으로 남아 있는 건물의 잔재가 제단을 둘러싸고 있다. 그 당시 하나님의 영광이 나타날 것이라고 알려 주는 표징은 얼마나 적은가. 실질적인 회복이 왜 이렇게 미적지근하게 이루어지는지 묻고 싶은 마음이 들 수 있다. 파머 로버트슨(O. Palmer Robertson)은 회복에 대한 선지자들의 많은 예리한 관찰들을 다룬 『선지자와 그리스도』(The Christ of the Prophets, 신학사)라는 훌륭한 저서에서 이렇게 말한다. "회복을 말하는 선지자들이 예언한 기름 부음 받은 자는 낮아진 상태로 온다. 그런 낮아짐을 통해서 그는 주님의 고난받는 종의 역할에 대해서 성경에 묘사된 예언을 성취한다."[15] 따라서 앞으로 제사장/왕이 와서 고난을 받기 전까지, 회복된 왕국에서 다윗 왕조를 잇는 영광스러운 통치가 이루어질 가능성은 전혀 없다.

그러므로 성전을 재건하라는 요구는 단순한 회복보다 훨씬 심오한 의미가 있다. 그것은 어떤 건물을 세우는 것보다 훨씬 더 중요한 의미를 지닌다. 구속에 대한 하나님의 계획들이 계속 진행되고 있다는 사실에 대한 표시로서 성전 재건은 반드시 실행되어야 했다. 증거는 빈약할지라도, 성전의 영광은 물리적 구조물에 전혀 한정되지 않는다.

---

[15] Robertson, p. 366.

1-2절에서 학개는 그의 신임장을 제시하며, 메시지의 핵심을 들려준다. 여기서 우리가 배워야 할 많은 교훈이 있다. 만약 우리가 주님의 성전을 재건하자고 사람들의 마음을 움직이고자 한다면, 오직 살아 있는 말씀에 신실해야만 그 일을 할 수 있다. 프로그램과 정책이 아니라, 하나님의 말씀을 선포하며, 그 말씀이 지시하는 일을 수행하는 데 강조점이 있다. 어떻게 그 말씀이 타다 남은 장작에 다시 화력을 불어넣는지 살펴보려 한다.

2장

깨어나라는 외침

1:3-11

여기서 학개서를 시작하는 첫말은 그 당시 상황의 물질적이고 영적 실재와 관련한 분석으로 확대된다. 또다시 3절뿐만 아니라 또한 5, 7, 8, 9절에서도 주님에게서 온 말씀이라고 강조한다. 여기서 학개가 이 경우에 말했던 상당히 자세한 계시 내용을 요약해 주고 있다. 학개가 전해 준 말은 분명하며 기억하기 쉽고, 어떻게 하나님의 말씀을 선포하고 적용할지에 대한 본보기를 보여 준다.

그 구조는 분명하고 명료하다. 우리는 그 구조를 해설의 기초로 사용할 것이다. "깨어나라"라는 학개의 외침은 몇 가지 구체적인 호소로 발전한다.

- 우선순위에 대한 호소(3-4절): 백성의 태만에 대한 눈에 보이는 증거
- 실제 상태를 깨달으라는 호소(5-6절): 삶을 위한 기본적이고 필수적인 모든 것을 지니고 있지만, 만족스럽지 못하다.
- 숙고하고 나서 행동하라는 호소(7-8절): 하나님의 말씀을 숙고하고 나서, 말씀에 기초해서 행동을 취해야 한다.
- 상황의 배후에 무엇이 놓였는지 이해하라는 호소(9-11절): 하나님뿐만

아니라, 성경과 그들 자신의 역사를 무시했다.

학개는 먼저 구체적인 상황에 대해서 말하기 시작해서, 그다음 백성의 관심사로 옮겨 간다. 그리고 그는 그들의 불순종이 얼마나 그들의 삶의 질에 악영향을 미쳤는지 보여 준다.

1. 우선순위에 대한 호소(3-4절)

학개는 "너희가 **판벽한 집에 거주하는 것**"(4절)과 야웨의 집이 황폐한 상태에 있는 것을 대조한다. "**너희가**"(You yourselves)란 용어는 그들이 자기 자신에만 몰두하고 있다는 점을 강조한다. 이 사실은 "**판벽한**"(panelled)이라고 번역한 단어 덕분에 더욱 강조된다. 그들의 집은 우아하고 심지어 사치스러워 보인다. 하지만 이런 집은 성전이 있는 언덕에 이것저것 어지럽게 놓여 있는 잔해와 전혀 어울리지 않는다. 야웨의 집이 재건되지 못한 것은 돈이 부족해서가 아니라, 의지가 없어서였다. 볼드윈은 다음과 같이 날카롭게 주해한다. "호화스러운 집을 위한 지출과 하나님의 일을 위한 가치 있는 지원 사이의 갈등은 여전히 우리가 마주한 문제다."[1] 이와 같은 날카로운 논평과 더불어 사람들의 관심을 끌어모은 뒤, 학개는 이제 그것의 함의를 전개해 나간다.

2. 실제 상태를 깨달으라는 호소(1:5-6)

사람들은 자신들의 삶을 두 부분으로 나누었다. (더 큰) 한 부분은 자신들을 위한 장소이고, 다른 부분은 야웨를 위한 장소다. 이제 학개는 이것이 불

1　Baldwin, p. 40.

가능하다고 밝혀 준다. 그들의 삶에서 하나님으로부터 숨을 수 있는 부분은 사실상 전혀 없기 때문이다. 선지자는 백성의 삶에서 기본 요소인 먹고 마시고 입는 것에 대해서 말한다. 이것은 또한 **"판벽한 집"**을 포함해서 물질적 존재 전체를 대표한다. 이와 비슷하게, 씨를 뿌리고 수확하는 행위는 농업 경제의 기초적인 일을 요약해 준다.

여기서 우리는 진정한 만족감이 없는 물질적인 번영과 안전을 대한다. 이 상황은 "모든 만물이 피곤하다는 것을 사람이 말로 다 말할 수는 없나니 눈은 보아도 족함이 없고 귀는 들어도 가득 차지 아니하도다"라고 한 전도서 1:8에서 상상할 수 있는 바와 같다. 그들은 가난하지 않았고 오히려 안락한 삶을 누렸다. 하지만 그들의 삶은 매우 불만족스러웠다.

학개는 그들에게 **"곰곰이 돌이켜 보아라"**(NIV, 'to give careful thought'; ESV, 'consider')라고 요구한다. 이 단어는 문자적으로 '네 마음을 ~에 두라'를 의미한다. 여기서 그 표현은 겉모습만 보지 말고, 진지하게 숙고해서 자신들의 불만족의 기본적 원인이 무엇인지 파악하라고 암시한다. **"너희의 행위"**(5절)는 그들의 생활 방식 전체와 그것이 지향하는 바를 가리킨다. 또한 그들에게 현실을 초월해서 본질적인 것을 살펴보라고 요구한다. 이것은 단순히 지적인 활동이 아니다. 학개를 통해서 전달되는 주님의 말씀에 반응하라는 요구다. 곧 살펴보겠지만, 학개는 모세를 통해서 전달된 말씀을 전하고 있다. 사실상 그것은 하나님의 말씀에 기초해서 생각하고, 하나님이 그들의 삶을 이끌도록 허용하라는 요구다. 변화는 공허한 느낌이 아니라, 오히려 생명력 있고 목적을 지닌 하나님의 말씀으로 이루어진다.

3. 숙고하고 나서 행동하라는 호소(1:7-8)

숙고하라는 요구가 반복되며, 그 요구는 행동하라는 요구와 짝을 이룬다. 학개는 그들에게 명상가가 되라고 요구하지 않고, 오히려 심사숙고하고 나서 행동하라고 요구한다. 심사숙고가 없는 행동은 대체로 지혜롭지 못하다. 반면에 행동이 수반되지 않는 심사숙고는 열매가 없다. 학개는 사람들의 실제 삶 가운데 하나님의 말씀이 일하고 있다는 사실에 대한 증거를 보기 원한다.

사람들이 해야 할 구체적인 행동은 산에 올라가서, 성전 재건을 위한 나무를 가져오는 것이다. 느헤미야 8:15은 산지에 나무들이 많이 있다고 말한다. 중요한 일은 하나님을 기쁘시게 하고 높이기 위해서 **성전을 건축하는** 행위였다. 성전 재건은 하나님이 또다시 그들과 함께하시기를 백성이 원한다는 점을 손으로 만질 수 있도록 입증하는 행위였다. 주님의 영광은 구조물의 장엄함에 달려 있지 않다. 야곱에게 이름도 없던 한 장소가 하나님의 집과 하늘의 문이 되었던 것처럼,[2] 하나님이 그곳에 계신다는 뜻이다.

이것은 모든 것을 더 높은 수준에 올려놓는다. 목재를 얻는 고된 작업과 성전 재건을 다시 시작하는 일은 매력적이지도 않고 매우 수고스러울 터이다. 그러나 그것에 대한 보상은 그 수고를 훨씬 뛰어넘는다. 야웨는 현재에 자기 백성에게 다시 돌아오실 것이다. 그리고 미래에는 모든 나라가 영광스러운 성전으로 몰려올 것이다.

4. 상황의 배후에 무엇이 놓였는지 이해하라는 호소(1:9-11)

이제 학개는 그들이 왜 그런 상황이 되었는지에 대한 이유를 제시한다. 그들은 하나님의 집을 재건해서 그분을 높이지 않았기 때문에, 하나님이 그들을 벌하시고 있다는 주장이다. 모든 부차적인 원인의 배후에는 하나님의 섭리가 있다. 여기서 학개는 이전의 선지자들이 했던 말을 반복하면서, 야웨는 보잘것없는 어떤 신이 아니라, 우주의 주님이시라는 확신을 강조한다. 여기

---

2   창 28:17.

서 학개는 "내 도움은 하늘과 땅을 만드신 주님에게서 온다"(새번역)고 긍정적인 측면을 노래한 시편 121:2의 주장을 부정적인 측면으로 말한다.

궁극적인 문제점은 과연 사람들이 실질적으로 하늘과 땅을 지으셨을 뿐만 아니라, 그분의 계획을 이루기 위해서 자기가 지으신 모든 것을 계속 이용하시는 이 하나님을 믿는가 하는 점이다. 또다시 시편은 이 점을 "불과 우박과 눈과 안개와 그의 말씀을 따르는 광풍"(시 148:8)이라고 생생하게 표현한다. "내가 땅 위에 가뭄을 들게 하였다"(11절, 새번역)라는 구절은 아모스 4:6-9을 반영한다. 또한 아모스서의 이 구절은 신명기 28:38-42의 언약에 기초한 저주들을 반영한다. 만약 그와 같은 하나님이 존재하신다면, 우리는 그분과 단지 부분적으로만 관계될 수가 없다. 우리는 하나님을 우리 삶의 어떤 부분들에서 (대체로 가장 중요한 부분들에서) 배제할 수가 없다. 주님께서 바빌로니아 추방 사건을 일어나게 하셨고[3] 그런 상황을 되돌리셨던 것처럼,[4] 지금도 여전히 절대적인 주권을 행사하신다. 그분은 삶의 기본적 필요조차 부족하도록 심판을 내리신다. 하지만 선지자를 보내셔서 사람들이 영적으로 각성하게 하시고 현실의 상황을 제대로 파악하게 하시는 자비로운 분이다.

10절에서 묘사되는 언약의 언어는 매우 인상적이다. 하늘과 땅을 불러낸 창조주가 자기 백성에게 불쾌감을 느끼고 있음을 밝힌다. (모세도 신 4:26에서 하늘과 땅을 증인으로 부른다. 또한 사 1:2에서도 이것을 반영한다.) 더욱이 신명기 28:12의 하늘에서 내리는 비는 하나님의 명령을 순종하는 삶과 분명하게 연결되어 있다. 사실상 이 구절에서 하늘은 주님의 풍성한 보물 창고로 묘사된다. 후세대인 말라기는 주님에 대해서 비슷한 이미지를 사용한다. 하나님은 그분의 백성이 자기 계명에 순종하면, 하늘 문을 열고 복을 부으실 것이다.[5]

---

3   단 1:1-2.
4   스 1:1.
5   말 3:10.

그 밖에 이 표현은 창세기 3:17의 "땅은 너로 말미암아 저주를 받고"라는 구절과 분명하게 연결되어 있다. 학개 시대에 여기서 일어나고 있는 일은 그 저주가 작용하고 있다는 점에 대한 또 다른 증거다. 이것은 경제적인 관리를 잘못했거나 농사 짓는 방법을 잘못 사용했기 때문에 일어난 일이 아니다. 그보다는 창조주의 직접적인 심판으로 일어난 결과다. 학개 선지자의 신학적인 메시지는 성경 계시의 주요 흐름 안에 있다. 우리가 이와 같은 종류의 본문을 연구할 때, 학개의 메시지가 편협하며 지역에 한정되어 있다는 개념은 성립될 수 없다. 이스라엘의 하나님은 창조주이시며, 동시에 역사의 주님이시다. 그 백성의 불순종은 그들의 언약 신앙의 핵심에 타격을 가하는 행위다.

이것은 이론적인 실수가 결코 아니다. 성경은 "**이것이 무슨 까닭이냐 내 집은 황폐하였으되 너희는 각각 자기의 집을 짓기 위하여 빨랐음이라**"(9절)라고 말한다. 히브리어 텍스트에서 사용된 언어유희는 가뭄과 주님의 집을 짓지 않은 일의 연관성을 강조한다.[6] 그들이 자기 삶의 가장자리에 놓은 대상이 핵심적인 영향력을 발휘하는 것으로 밝혀진다. 따라서 주님을 최우선 자리에 두기 전까지는 아무것도 제대로 되지 않는다. 나중에 학개는 주님에 대한 신실함이 진정으로 회복되면, 그들에게 넘쳐날 긍정적 축복을 보여 주려 한다.

어떤 면에서 학개가 맨 처음으로 직접 전달하는 말은 매우 단도직입적이며 단순하다. 하지만 거기에는 더 깊이 숙고해 보아야 할 많은 이슈가 있다. 특별히 그는 자신이 사는 시대를 넘어서 오늘날의 교회와도 깊숙이 관련이 있는 문제점에 초점을 맞추고 있기 때문이다. 이제 이 광범위한 이슈들을 살펴보고자 한다.

---

6 '황폐'를 뜻하는 히브리어 명사 '하렙'(*ḥāreb*)과 '가뭄'을 뜻하는 '호렙'(*ḥōreb*)은 전자가 후자의 원인이었다는 사실을 강조한다.

5. 말씀 선포자 학개

3-11절은 학개의 말씀 선포 사역의 한 사례를 제공한다. 그것은 참된 말씀 선포가 무엇인지에 대한 한 본보기다. 학개는 구체적인 상황을 날카롭게 지적하면서 말을 시작한 뒤, 그들의 생활 전반의 더 광범위한 범위로 확장한다. 그리고 성경에서 끌어낸 전반적인 세계관에 기초해서 행동하라고 호소한다. 이것은 훌륭한 말씀 선포의 구성 요소들이지만, 언제나 똑같은 순서로 제시되지는 않으며, 종종 서로 다른 비율과 결합으로 제시된다. 그리고 학개가 어떻게 여기서 이 구성 요소들을 그의 설교에 결합하는지 이해하는 것은 흥미롭다.

첫 번째 간파해야 할 점은 학개의 말이 얼마나 단도직입적이며 예리한지에 대해서다. 그는 하나님이 가장 우선해야 한다는 점에 관해서 귀납적인 논리를 제시하지 않는다. 오히려 그는 하나님의 집과 그들의 집들의 상태를 구체적으로 대조한다. 그들의 눈으로 볼 때, 그 증거는 옳고 부인할 수 없다. 종종 모호하고 구체적이지 않은 적용을 제시하는 설교자들은 메시지를 제대로 전달하지 못한다.

그다음 우리는 어떻게 그가 이 구체적인 이슈를 일종의 논평으로 확장하는지 보게 된다. 그 논평은 그들의 자세와 생활 방식의 근본을 들추어 낸다. 훌륭한 말씀 선포자처럼, 학개는 다음과 같이 사람들의 변명 이면을 파헤친다. 아마도 그들은 성전이 자신들에게 진정으로 중요한 것과 거의 관련이 없다고 생각했을지도 모른다. 하지만 학개는 성전 재건을 소홀히 한 것은 그들의 삶의 모든 부분에 영향을 미친다고 입증해 준다. 그것을 통해서 그는 그들이 그 상황에 관심을 기울이게 한다. 그뿐만 아니라, 그는 자세의 변화와 그 결과로 빚어지는 새로운 행동에 기초한 해결 방법을 제시한다.

이 모든 것을 보며 학개가 단순히 도덕을 가르치거나 격려 연설을 하고 있다고 쉽게 추측할 수도 있다. 그러나 주님의 말씀을 반복적으로 강조하며 이전의 성경을 다시 들려주는 것은 주님께서 또다시 그분의 백성과 의사소통을 하고 있다는 사실을 밝혀 준다. 학개는 포로 생활에서 돌아온 이들에게 보내져 최초로 말씀을 전한 선지자다. 그것은 하나님이 여전히 그분의 백성을 위한 계획들을 지니고 있다는 점에 관한 하나의 표시다. 여기서 학개 선지자의 음성은 깨어나라고 외치며, 도전과 책망의 말씀을 전한다. 우리는 학개가 권면의 메시지를 전달한다는 사실과 책망을 드러내는 동일한 구성 요소들이 위로의 메시지 안에 들어 있다는 사실을 곧 깨닫는다.

6. 성경의 사용

학개의 단도직입적인 메시지는 하나님의 대변자로서 그가 한 말뿐만 아니라, 이전 성경을 반영하는 방식에서 힘과 깊이를 얻는다. 이전 성경 구절들은 큰 그림을 보여 주며, 하나님의 계획이 계속 진행되고 있다는 관점을 준다. 학개가 이전 성경을 어떻게 사용하는지 살펴보면 흥미롭다. 이 점과 관련해서 다음 몇 가지를 말할 수 있다.

첫째, 학개는 모세오경이 있다는 사실을 전제한다. 학개가 전하는 메시지의 배후에는 하나님이 자기 백성과 함께 거하신다는 기본적인 신학과 희생 제사 체계가 있다.[7] 그는 분명히 출애굽기 후반부와 레위기에 대해서 깊이 숙고했다. 또한 분명히 사람들이 이 점을 이해한다고 기대한다. 그러므로 그의 권면들은 예언을 통한 계시의 원천, 곧 모세 자신과 전적으로 연결되어 있다. 볼드윈은 학개의 방법은 신명기에서 모세가 출애굽 사건을 숙고하는 것을 반영한다고 지적한다.[8]

진정으로 7-11절은 신명기 28장의 저주 언약들을 고려하고 있는데, 생명

---

7 스 3장을 보라.
8 Baldwin, p. 40.

의 길과 죽음의 길에 대한 강력한 대조를 상기시켜 준다.[9] 그뿐만 아니라, 학개는 주님께서 목숨, 일과 피조 세계 전체에 대해서 절대주권을 지니고 있다고 호소하는데, 그 원리는 신명기 8:18에 다음과 같이 요약되어 있다. "주 당신들의 하나님이, 당신들의 조상에게 맹세하신 그 언약을 이루시려고 오늘 이렇게 재산을 모으도록 당신들에게 힘을 주셨음을, 당신들은 기억해야 합니다"(새번역).

여기서 학개의 말과 함께 이것은 구약성경뿐만 아니라 신약성경에서도 언급되며 하나님의 본성인 그분의 은혜를 강조한다. 우리가 우리 자신을 구원할 수 없는 것과 마찬가지로, 하나님의 은혜가 없으면 현실 세계에서 우리는 아무것도 성취할 수 없다.

우리는 어떻게 학개가 자기 메시지의 심각성을 입증하기 위해서 피조 세계와 역사에 대한 이 두 주제를 사용하는지 살펴보았다. 이것은 그림 전체에서 성전이 지닌 중요성을 강조한다. 성전은 피조 세계뿐만 아니라 궁극적으로 새로운 창조와 밀접하게 관련되어 있다. 에덴동산에서 거니셨던 하나님이 새 예루살렘에서 사람들과 함께 거하신다. 이 이야기가 말하고자 하는 핵심은 다음과 같다. 곧 성전, 그 이전에는 성막이 사람들의 한가운데 있었다. 만약 성전이 백성 가운데 있지 않다면, 하나님의 백성에게 곧바로 재난이 뒤따랐다는 것이다.

7. 사람들의 상태

학개서가 이전의 선지서보다 덜 다채롭고 극적인 것처럼 보이는지에 대한 이유 가운데 하나는 그가 비난하는 죄의 특성 때문이다. 아모스서처럼 학개서에서는 가짜 종교와 사회의 불공정에 대한 신랄한 비난이 전혀 없다. 또한

9　신 30:19.

이사야서와 예레미야서처럼 우상숭배에 대한 맹렬한 비난이 전혀 없다. 그리고 호세아서처럼 열정적인 호소도 없다. 오히려 학개가 직면하는 상황은 자만에 기초한 무관심이다. 그것은 주님에 대한 냉담한 무관심으로 표현된다. 이것을 요한계시록 2장 및 3장에서 일곱 교회에 보내는 편지들과 비교해 보면 흥미롭다. 거기서 라오디게아 교회는 가장 극심한 비난을 받는다.[10] 과연 라오디게아 교회는 발람의 가르침을 따랐던 버가모 교회나 "이세벨이라는 여자를 용납"했던 두아디라 교회보다 더 나쁜 이단의 가르침을 지니고 있었을까?[11] 과연 라오디게아 교회의 부도덕함은 성적으로 방종했던 두아디라 교회보다 더 심각했을까?[12] 라오디게아 교회에 이와 같은 사례들은 없었다. 왜냐하면 라오디게아에는 그와 같은 잡초가 뿌리를 내려서 성장할 만큼 충분한 삶의 터전이 없었기 때문이다. 오히려 그 교회의 미지근하고 자만하는 특성 탓에 그 교회는 비난받았다. 여기 학개서에서도 마찬가지다. 그리고 그런 자세는 언제나 이와 같은 비난을 불러온다. 요한계시록의 경우와 마찬가지로, 여기서도 사람의 마음을 변화시킬 수 있는 것은 오직 하나님의 살아있는 말씀과 성령의 능력이다.

선지자들은 결코 단순히 외적인 실패와 명백한 죄악에만 관심을 기울이지 않는다. 오히려 그들은 맨 먼저 언약과 주님께 온 마음으로 드리는 헌신과 참된 섬김을 지시하는 모든 규정에 주목한다. 마음으로부터 다른 모든 것이 비롯되기 때문이다. 이것은 그들의 삶 한가운데 주님이 아닌 다른 어떤 대상을 놓는다면, 우상숭배만큼이나 공동체를 위험에 처하게 할 수 있다는 사실을 의미했다. 사실상 여기서 학개가 비난하는 자세의 결과들이 약 반세기가 지나서 말라기서에서 나타나는 사실을 볼 수 있다.

---

10 계 3:14-22.
11 계 2:14, 20.
12 계 2:20.

8. 성전 그 자체

아마도 하나님이 그분의 백성 가운데 살고 계신다는 외적인 표시만큼 성전의 중요성을 명백하게 나타내 주는 것은 성경의 다른 부분에 없다. 그러나 돌과 나무 그 자체가 중요한 것은 결코 아니다. 그와 같이 생각한다면, 그것은 우상숭배다.[13] 또한 희생 제사 제도 그 자체도 자랑할 만한 것은 아니다.[14] 성전과 희생 제사 제도는 그분의 백성 가운데 거하시는 거룩하신 하나님을 향한 헌신을 나타냈다. 눈으로 볼 수 있도록 실행되었던 이 비유들은 살아계신 하나님이 실질적으로 임재하신다는 사실을 나타내는 하나님이 정해 놓으신 영적 질서 체계의 일부분이다. 성전이 있던 예루살렘 바깥에서 예수님이 돌아가시기 이전까지 그 체계가 작동한다.

성전 건물이 폐허가 되었을 때도, 삶은 여전히 지속되었다. 성경이 더는 신자들에게 신앙생활의 규범을 제시하지 않고, 사랑의 불길이 점차 약해지고, 믿음이 쇠퇴하는 많은 신앙 공동체에서도 경고의 소리가 들릴 것이다. 라오디게아 교회의 경우처럼 이런 현상이 일어나면, 교회는 곧 사라질 위기에 놓인다. 하지만 이 경우에 더 악한 무엇이 작동하고 있다.[15] 또다시 사탄은 하나님의 일을 망치려고 시도하며, 모든 수단을 동원해서 참된 성전이신 분, 곧 "하나님의 임재이며 바로 하나님 자신"인 메시아가 오시지 못하도록 방해하려 한다.[16]

13　예를 들면, 사 40:19-20; 렘 10:7-10을 보라.
14　예를 들면, 암 5:21-27을 보라.
15　앞에서 스 4장에 대한 해설을 보라.
16　J. H. Newman, hymn: 'Praise to the holiest in the height', 1865.

3장

백성 가운데 계시는 하나님

1:12-15

이제까지의 근본적인 문제점은 하나님에 대한 불신앙도 아니었고, 또한 우상숭배도 아니었다. 오히려 하나님이 백성 가운데 거하셔야 했지만, 가장자리로 밀려나셨다는 것이다. 그런데 이제 지도자들뿐만 아니라, 백성에게도 변화가 일어난다. 그리고 그것이 심오한 상황 변화를 일으킨다. 차이점은 하나님의 말씀이 사람들의 자기만족을 깨뜨리고, 그들의 마음을 움직이며, 그들의 마음에 도전을 제기하고, 하나님의 영이 강력하게 역사한다는 사실이다. 이 단락은 순종(12절), 하나님의 임재에 대한 재확인(13절), 하나님의 행동과 성전 재건을 향한 사람들의 행동(14-15절) 이렇게 세 움직임으로 나누어 볼 수 있다.

1. 순종(12절)

어떤 선지자가 전하는 말씀에 사람들이 이처럼 신속하고 놀라울 정도로 주의를 기울이는 사례들은 많지 않다.[1] 여기서 지도자들과 백성은 마음이 움직여 순종했으며, 그다음 행동을 취했다. 이것은 철저한 변화였다. 사람들은 이제 "이 백성"이 아니라, "남은 모든 백성"이었다.² 이들은 실제로 약속의 땅으로 돌아온 사람들일 뿐만 아니라, 또한 주님께로 돌아온 사람들이었다. 히브리어 동사 '슈브'(šûb)는 선지서에서 자주 사용되는 단어로 '돌이키다'라는 뜻이다. 이 단어는 사람들에게 회개하고 주님을 신뢰하며, 그분에게 돌아올 것을 요구한다. 바로 여기서 지금 일어나고 있는 일을 묘사한다.

백성은 순종을 통해서 이 '돌이키는 일'을 보여 주었다. 그것은 본질적으로 하나님이 하신 일이었다. 하나님이 학개를 그들에게 보내셨기 때문이다. 여기서 사용된 표현들은 흥미롭다. 그들은 학개의 말(words-ESV; message-NIV)을 통해서 그들에게 전달된 **"여호와의 목소리"**에 순종했다. 사도행전 10:44에서 베드로가 고넬료의 집에서 설교할 때도 비슷한 개념이 나타난다. "베드로가 이 말을 할 때에 성령이 말씀 듣는 모든 사람에게 내려오시니." 학개서뿐만 아니라 사도행전에서도 하나님의 말씀은 인간의 말로 낮추어지지 않았다. 그 두 책에서 인간인 메신저가 전하는 것은 바로 주님 자신의 음성이었다.³ 이와 비슷하게, 여기서도 그 당시 그 사람들은 학개의 말을 하나님의 말씀으로 인정했으며 순종으로 반응했다.

더욱이 그들의 반응은 하나님을 **"그들의 하나님 여호와"**라고 묘사한 표현이 입증해 준다. 이 표현은 하나님의 은혜뿐만 아니라, 하나님과 그들의 새로워진 관계도 강조한다. 그들은 학개를 하나님의 메신저라고 확신했다. 이것은 이스라엘 백성이 많은 선지자에게 적대감을 보인 반응과 현저하게 대조된다. 주님께로 돌아오는 것은 바로 하나님을 경외하는 표시다. 그리고 하나님을 경외하는 것은 지혜의 시작이다.⁴ 그들은 이제 하나님의 말씀 앞에서

---

1 요나서는 그와 같은 분명한 사례다. 또한 다윗도 나단이 들려주는 말에 신속하게 반응한다(삼하 12:13).
2 더 자세한 내용을 알려면, 앞에서 스 2장에 대한 해설을 보라.
3 Motyer는 이렇게 주해한다. "그 표현은 사람의 것이지만, 그 음성은 하나님의 것이다." Motyer, 'Haggai.'
4 시 111:10.

떨고 있다. 이사야는 그런 태도를 하나님이 그분의 백성과 함께 거하시는 상태가 이루어질 때 사람들이 취하는 자세로 이해한다.[5]

2. 하나님의 임재에 대한 재확인(13절)

여기서는 학개에게 주어진 새로운 호칭인 **"여호와의 사자"**와 그의 말을 **"여호와의 위임을 받아 백성에게 말[한 것]"**(the message of the Lord-NIV)이라고 강조한 표현이 눈에 띈다. 몇몇 학자들의 주장처럼, 이것은 이 절이 삽입되었다는 사실을 입증해 주지 않는다. 오히려 그들이 듣고 있는 말이 살아계신 하나님의 말씀이라는 점을 사람들이 새롭게 인식하게 되었음을 보여 준다. 이미 살펴보았듯이, 이 말 또한 학개의 말이다. (그래서 예를 들면, 스가랴의 말로 쉽게 착각할 수 없다.) 그러나 학개를 통해서 전달되는 그 말은 이제 삶을 변화시키는 영향력을 미친다.

학개의 새로운 메시지는 권면과 재확인의 메시지로, 이전에 기록된 성경을 반영할 뿐만 아니라 구체적인 상황에 완벽하게 적용된다. 볼드윈은[6] 학개가 여기서 이사야 42:18-43:7을 언급할 가능성이 있다고 지적한다. 이사야의 이 부분에서는 포로 귀환을 예고하며, "두려워하지 말라. 내가 너와 함께 하여"(사 43:5)라고 말씀한다. 그럴 수도 있지만, 이 표현은 야곱(창 28:15)과 모세(출 3:12)의 경우에서도 사용된다. 이것은 하나님이 그들을 온전히 돌보신다는 사실을 확인해 준다.

그러나 그보다 깊은 의미가 암시된다. 하나님이 그들과 함께 거하신다는 것은 단순히 나무와 돌뿐만 아니라, 하나님의 말씀에 반응하는 변화된 마음의 측면에서 하나님의 집을 다시 세우는 일과 밀접한 관련이 있다. 또한 이 말씀은 에스라 4장과 5장에서 언급되는 반대에 맞서서 하나님이 그들을 보

---

5   사 66:1-2.
6   Baldwin, p. 43.

호해 주시겠다는 사실을 보증해 준다. 그들은 자신의 힘으로 그 일을 하고 있던 것이 아니기 때문이다. 그러므로 권고와 책망의 말 다음에 격려와 고무의 말이 뒤따른다.

3. 하나님의 행동과 성전 재건을 향한 사람들의 행동(14-15절)

학개 선지자의 말은 지도자들과 백성의 마음속에서 하나님이 일하신다는 사실에 대해서 들을 수 있다는 표시였다. "**주님께서…감동시키[셨다]**"(새번역)라는 표현에서 하나님의 계획의 연속성은 에스라 1장에서 고레스(1절)와 그다음 백성의 지도자들에게(5절) 사용되었던 단어와 동일한 단어가 사용된다는 점으로 입증된다. 또한 하나님의 영이 언급되는 2:5에서도 나오리라는 기대감을 갖게 한다. 여기서 도시의 지도자들과 종교 지도자들뿐만 아니라, 이스라엘 백성 가운데 남은 자들 전체도 감동한다. 이것은 하나님이 그분의 영광을 드러내고 자기 백성에게 복을 내리고자 하는 열정은 사람들의 정서에 따라서 커지거나 작아지지 않는다는 사실을 밝혀 주는 놀라운 한 사례다.

하나님의 사역은 다음과 같이 인간이 행동하도록 결과를 빚어낸다. "**백성이 와서 그들의 하나님 만군의 주님의 성전을 짓는 일을 하였다**"(새번역). 그들이 해야 할 많은 일이 남아 있다. 그러나 주님께서 그들 가운데 거하신다는 사실은 이제 확고해졌다. 이제 그들이 그 프로젝트를 다시 시작해야 할 때다. 주석가들은 1:1과 1:3에서 학개의 메시지 사이에 23일이 지나가고, "**여섯째 달 이십사 일**"에 일을 다시 시작한 점에 주목한다. 하지만 이것은 인적 요소 및 운반과 관련된 요소를 제대로 이해하지 못했다는 사실을 드러낸다. 작업팀이 조직되고 건축 자재가 준비되고, 공사를 위한 세부 계획이 수립되었을 것이다. 그리고 그 장소는 20년 동안 방치된 상태였기 때문에, 많은 쓰레기가 쌓여 있었을 것이다. 또한 여섯째 달에는 곡식을 거두어들여야 했다.

추수하는 일 역시 그냥 내버려 둘 수 없다. 그래서 중요한 사항은 마음의 변화였다. 그 변화는 사람들을 새로운 활동으로 이끌었다.

4. 1:15하반절에 대한 주해

오늘날의 영역본들에서 "다리오왕 제이 년"이라는 표현은 2장의 시작이라기보다 1장의 맨 끝부분으로 여겨진다. 어떤 학자들은 2:10-14은 2:15-19과 거의 상관이 없다면서, 1:15 다음에 2:15-19이 와야 한다고 주장했다. 하지만 그 견해의 타당성은 입증될 수 없다(해당 절들에 대한 해설을 보라).

"다리오왕 제이 년"은 2장에 속할 가능성이 더 크며, 두 번째 계시 그룹을 소개해 주는 역할을 한다. 라호데쉬 바쉬쉬(laḥōdeš baššiššî), 곧 '여섯째 달'은 정관사와 전치사 '베'(be)가 숫자와 함께 사용되는 구문이라서, 다소 어색한 표현이라고 종종 주장되었다.[7] 더욱이 여기서는 분명히 1:1이 반영되고 있는 것처럼 보인다. 학개서는 주도면밀하게 짜여 있다. 따라서 2:15-19을 다른 부분으로 옮기는 불필요한 배열은 피해야 한다.

5. 전반적인 논평

학개의 간결한 말은 깜짝 놀랄 만큼 효과를 나타냈고, 성전 재건은 다시 시작되었다. 비록 우리가 여기서 읽을 수 있는 것은 학개의 말에 대한 간결한 요약이겠지만, 그의 메시지는 간결하고 날카롭다. 이제 1장의 해설에서 다루었던 몇 가지 주요한 이슈들을 숙고해 보고, 1장 전체의 중요성을 살펴보는 것도 유익하다.

---

[7] 하지만 겔 1:1에서도 비슷한 구문이 사용된다는 사실을 주목하라.

1) 하나님의 말씀

이 간결한 장은 하나님의 말씀이 전달되고 받아들여지는 측면에서 그 말씀이 영향을 미치는 점을 파악하고 연구하는 데 성경에서 가장 중요한 장들 가운데 하나다. 비록 간결하기는 하지만, 어떻게 그 말씀이 선지자에게 받아들여지고, 사람들이 그 말씀을 듣고 어떻게 행동했는지에 대한 대단히 포괄적인 진술을 대한다. 이것은 이사야 55:11의 말씀에 대한 놀라운 예증이다. 곧 "내 입에서 나가는 말도 이와 같이 헛되이 내게로 되돌아오지 아니하고 나의 기뻐하는 뜻을 이루며 내가 보낸 일에 형통함이니라." 여기서는 매우 단순하지만 깊은 인상을 주는 이 말씀의 특징을 살펴보려 한다.

첫 번째 요소는 하나님이 주신 말씀의 신비(mystery)다. 신비는 모호함을 의미하지 않는다. 이 말은 정확한 시점이 제시되는 어떤 때에 주어졌다. 이 신비는 사람들이 하나님의 말씀을 요청하지 않았는데도 사람의 도움도 없이 와서, 말씀 자체의 능력으로 변화시키며 심판하는 일을 한다. 그 무엇도 말씀이 하는 일을 막을 수 없다. 학개는 개인적으로 조사하고 나서, 과연 하나님의 말씀이 필요한지 결정하지 않았다. 오히려 성령의 강권으로 그는 메시지를 전하는 사람이 되었다. 학개에 대해서는 달리 아무것도 알려지지 않았는데, 왜 이 사람이 메신저가 되어야 했는지도 신비의 일부분이다.

그다음 요소는 바로 메신저 자신이다. 몇몇 선지자들은 자신이 받은 메시지를 신실하게 전달하기에 앞서 내적으로 갈등하는 모습을 보여 준다. 그들 가운데 유명한 사례가 예레미야다.[8] 이 본문은 학개에게 메시지가 주어졌을 때 그가 어떻게 느꼈는지 전혀 말해 주지 않는다. 단지 그가 전적으로 순종하며 그 메시지를 전달했다는 점만 드러난다. 궁극적으로 이것은 주님의 참된 메신저의 특성을 구별해 준다. 메시지와 관련된 어떤 개인적인 여건이나 문제점들을 드러내지 않은 채, 학개는 우리에게 그 실재를 있는 그대로

---

8 특별히 렘 20:9을 보라.

알려 준다. 우리가 예레미야의 개인적인 상황이나 에스겔의 고뇌와 환상에 대해서 전혀 알지 못한다면, 우리는 그 메시지에 관해 많은 사실을 파악하지 못할 것이다. 학개는 말씀을 선포하라는 하나님의 명령과 그 말씀이 성취될 것이라는 하나님이 주시는 확신을 제공한다.

그다음 요소는 예언의 말씀이 지닌 특성이다. 우리는 이미 어떻게 학개가 책망에서 권면으로 옮겨 가는지, 또한 어떻게 그의 말을 이전의 성경에서 끌어왔는지 살펴보았다. 그리고 어떻게 이 짧은 책에서 **주님께서 하신 말씀, 여호와의 목소리, 주님께서 말씀하신다**와 같은 표현들이 스물아홉 번이나 나타나는지 살펴보았다. 이것은 학개가 말하는 내용은 학개의 말일뿐만 아니라, 하나님의 말씀이라는 점을 의미한다. 하나님의 말씀이 주어진 상황의 신비와 마찬가지로, 어떻게 그 말씀이 한 사람 안에서 육신이 되는지에 관한 신비도 있다.

학개를 동시대의 인물인 스가랴와 비교해 보면 흥미롭다. 두 선지자는 모두 본질적으로 똑같은 메시지를 전했다. 또한 그들은 모두 포로 생활에서 돌아온 이들이 성전 재건을 다시 시작하도록 도왔다.[9] 하지만 그들은 저마다 특유의 방식으로 말을 하기 때문에 두 사람을 서로 오인할 수 없다. 특별히 학개 2장에서 종말론적인 자료를 숙고할 때, 두 사람 사이의 차이점을 과장해서는 안 된다는 사실을 이미 살펴보았다. 그러나 학개는 일을 촉진하는 사람으로, 또한 스가랴는 그 일이 지닌 더 광범위한 함의들을 계시해 주는 비전을 제시하는 인물로 이해한다면, 어느 정도 진실이 내포되어 있다.

학개의 문체를 살펴보면, 우리는 참 선지자의 표지로서 그가 잘못된 사항에 단도직입적으로 기꺼이 직면한다는 점을 간과할 수 있다.[10] 그는 1:5-11에

---

9 스 5:1-2.
10 다른 사례들은 다음과 같다. "임금님이 바로 그 사람입니다"(나단이 다윗왕에게, 삼하 12:7, 새번역). "내가 이스라엘을 괴롭히는 것이 아니라, 임금님과 임금님 아버지의 가문이 괴롭히는 것입니다"(엘리야가 아합왕에게, 왕상 18:18, 새번역).

서처럼, 청중이 어떤 논점들을 제기할지 예견하는 능력을 지니고 있다.[11] 또한 그 당시 상황에 필요한 새로운 말들을 전해 준다. 그러나 그 말은 또한 이전의 선지자들이 이전에 했던 말에서 중요한 의미를 지니고 있다.

우리는 여기서 하나님의 말씀이 환영받는 것을 본다. 이것은 두 측면을 지니고 있다. 한편으로, 지도자들과 백성은 학개의 말에 진정으로 감동했다. 또한 그들은 신속하게 반응했으며 마음이 변화되었다. 다른 한편으로, 주님께서는 성령으로 그들의 마음에서 역사하셨다. 이것은 동전의 양면이다. 성령의 역사가 아니면, 아무도 하나님의 말씀에 응답할 수 없다. 그러나 성령을 거스르기도 쉽고, 말씀에 마음이 굳어지기도 매우 쉽다. 말라기 선지자가 직면했던 것은 바로 그와 같은 상황이었다.

2) 우리와 함께 계시는 하나님

커다란 위기의 시기에 이사야는 하나님이 그분의 백성과 함께하신다며 백성들을 안심시켰다.[12] 이제 서로 매우 다른 시기에 학개는 그의 말이 반복적으로 되풀이하는 주문이 아니라, 반드시 실현될 실재라고 사람들에게 상기시켜 준다. 그 중심에는 성전 재건과 성전이 상징하는 하나님의 실질적 임재가 있다. 여기서 학개의 메시지의 요지는 성경의 전체 흐름에서 핵심 내용이다. 하나님이 그분의 백성 가운데 계시며 그들과 함께 거하시는 목적은 마지막 날에 비로소 온전히 실현될 것이다.[13] 그러나 그 상황에서 하나님의 성전은 그와 같은 실재에 대해서 증언해 주는 꼭 필요한 증인의 역할을 한다.

하나님의 임재는 하나님의 말씀을 듣는 것과 결코 분리될 수 없다. 성전이 건축물 이상의 의미를 지니고 있다면, 그 건물은 반드시 하나님의 말씀으로 변화된 마음과 삶으로 지어져야 한다. 하나님이 백성 가운데 계시지

---

11 말라기도 똑같이 예견한다.
12 사 8:10.
13 계 21:3.

않았기 때문에, 그들의 영적인 삶뿐만 아니라, 경제생활도 손상을 입었다. 다신론의 치명적인 유혹은 삶이 많은 부분으로 나뉠 수 있으며, 어떤 '신'(god)도 사람들에게 절대적인 충성을 요구하지 않는다는 것이다. 그러나 하늘과 땅을 지으신 하나님을 섬긴다는 것은 전적인 헌신을 의미한다.

마음과 삶으로 진정으로 반응하지 않은 채, "하나님이 우리와 함께 계신다"라고 말한다는 것은 두 종류의 위험으로 이끌 수 있다. 하나는 모호한 신비주의로, 그 말을 반복하며 "복을 받았다고 생각"하는 것이 그 표현이 의미하는 바라고 상상한다. 하지만 선지자들은 항상 이와 같은 위험성에 민감하게 반응했다. 아모스는 온갖 말을 늘어놓으면서 경험을 강조하기는 하지만 실질적인 생활에 전혀 영향을 미치지 않는 '종교'를 혹독하게 비난한다.[14] 본문에서 학개와 같은 시대를 사는 사람들은 무기력에 빠졌고, 그들의 신앙은 일종의 추가적인 선택 사항이 되었다.

또 다른 위험성은 율법주의다. 율법주의는 율법을 문자 그대로 엄밀하게 순종하는 것을 정의와 사랑보다 더 중요하게 여긴다. 학개는 이런 문제점을 잘 알고 있었기 때문에 언약의 저주들을 반영하는 언급을 할 때 언약 문제들에 주의를 기울인다. 이 강조점은 14절에서도 지지를 받는다. 그 절에서 하나님은 "**하나님 만군의 여호와**"라고 묘사된다. 그리고 하나님과의 관계는 새로 시작하는 일의 추진력이 되어야 한다. 이 개념은 2장에서 종말론적인 관점으로 발전한다.

3) 신적 요소들과 인간적 요소들

예언 그 자체가 주님의 말씀인 동시에 또한 학개의 말이었던 것처럼, 이 책 본문 전체의 흐름과 사람들의 행동은 신적 요소들과 인간적 요소들이 결합되어 전개된다. 주님께서 "**감동시키[셨다]**"라는 표현이 사용되는 것은 이와

---

14 예를 들면, 암 5:14-15.

같은 결합을 고레스의 최초의 조서와 연결해 준다(스 1:1). "**다리오왕 제이 년**"이라는 예언의 시점은 하나님이 그 왕을 사용하시며 그분의 계획들이 진행되고 있다는 사실을 강조한다.[15] 여기서 암시되는 신학은 다니엘 4:35에서 느부갓네살이 다음과 같이 표현한다. "땅의 모든 사람들을 없는 것같이 여기시며 하늘의 군대에게든지 땅의 사람에게든지 그는 자기 뜻대로 행하시나니, 그의 손을 금하든지 혹시 이르기를 네가 무엇을 하느냐고 할 자가 아무도 없도다." 에스라 2장에서 하나님이 역사를 주관하시는 능력은 역사의 종말에 이를 뿐만 아니라, 그것을 넘어서까지 확장된다고 이해할 수 있다.[16]

선지자의 말은 하나님의 개입이 관련된 주요한 요소다. 그것은 주님의 말씀을 전달할 뿐만 아니라, 그 메시지를 듣는 사람들을 감동시킨다. 학개와 스가랴는 성전 재건 사역을 도운 이들로 묘사된다.[17] 그들이 다른 무슨 일을 했든 그 작업에 영감을 주고, 수천 년이 지난 뒤에도 우리에게 계속 전해지는 것은 그들의 말이었다. 이처럼 살아 있는 말씀은 시간과 공간의 제약을 받지 않는다. 성경 전체가 참이듯이 학개의 말도 참이다.

인간적 요소는 사람들이 어떻게 반응하는지에 달려 있다. 첫째, 선지자의 반응이다. 메신저는 무엇보다도 신실해야 하며, 자기에게 주어진 것보다 더 많이 말해서도 안 되고, 또 더 적게 말해서도 안 된다. 학개와 스가랴의 말은 인간의 반응과 관련된 첫 번째 필수 요소다. 로마서 10:14은 "전파하는 자가 없이 어찌 들으리요"라고 말한다. 또한 지도자들과 백성도 진심으로 그 말에 반응했다. 그리고 다리우스 자신은 알지 못했겠지만, 그는 자신이 추진하던 정책들과 관련해 하나님의 뜻을 따르고 있었다.[18]

이 짧은 장(章)은 계시의 주요 흐름 안에 있으며, 거대한 이슈들을 다룬

---

15 스 5-6장을 보라.
16 또한 스 1장에 대한 해설을 보라.
17 스 5:2.
18 스 5-6장을 보라.

다. 언약의 약속들에 신실하신 주님, 하나님의 은혜에 대해서 계속 증거해 주는 성전과 하나님이 계속 선지자들을 보내셨다는 점 등은 이미 소개된 주제들에 관한 예들이다. 2장은 이 모든 주제를 더 깊은 차원으로 이끌어 주며 음산한 현실을 넘어서 곧 다가올 영광을 엿보게 해 준다.

4장

더 좋은 날이 온다!
2:1-9

2장에서도 성전 재건의 주제는 계속되지만, 급속도로 나아간다. C. S. 루이스의 표현을 빌리자면, 우리는 "더 높고 더 깊숙한 곳"에 있다.[1] 여기서는 어떻게 성전 재건이 과거의 그 무엇도 훨씬 더 능가할 것인지에 강조점이 놓여 있다. 학개 선지자의 세 가지 짧은 메시지는 권면과 경고, 미래에 대한 기대를 제시한다. 우리는 이것들을 순서대로, 일관성 있는 전체의 한 부분으로 다루려 한다. 이것은 10-19을 살펴볼 때 특별히 중요하다. 어떤 학자들은 그 부분이 그릇된 자리에 놓여 있다고 이해한다. 그러나 해설을 통해서 어떻게 학개서의 전체 논의가 일관성 있고 차곡차곡 쌓여 가는지 입증하려 한다. 2:1-9에서 제시되는 첫 번째 메시지를 살펴보면서, 다섯 가지 사항을 살펴보고자 한다.

---

1   C. S. Lewis, *The Last Battle*, 15장. 『마지막 전투』(시공주니어).

1. 예언의 시기

성전 재건 사역이 시작된 지 거의 한 달이 지나갔다. 아마도 그곳에는 단지 쓰레기 더미 같은 것만 어지럽게 널려 있었을 것이다. 볼드윈은 이 상황에 대해서 다음과 같이 말한다. "오늘날 사용되는 기계 없이 순전히 손으로 복구해야 하는 고된 일과는 별도로, "**일곱째 달**"은 다른 일을 할 수 없는 주요 절기가 포함된 시기였다."[2] 사람들은 복구 작업을 큰일이라고 의식했을 것이다. 그래서 무엇보다도 권면의 메시지가 필요했다.

학개의 구체적인 말을 살펴보기에 앞서, 그 메시지를 전한 시기 자체가 나름대로 의미심장하다. "**그달 이십일 일**"은 장막절 또는 초막절의 맨 마지막 날이었다.[3] 이 절기에 사람들은 초막에서 일시적으로 거주함으로써 출애굽 사건을 기념했다. "이는 내가 이스라엘 자손을 애굽 땅에서 인도하여 내던 때에 초막에 거주하게 한 줄을 너희 대대로 알게 함이니라 나는 너희의 하나님 여호와이니라"(레 23:43). 학개서의 배경에서 이것은 특별히 의미심장하다. 초막에 거하기는커녕, 사람들은 그 당시 "**판벽한 집**"(1:4)에서 안락을 누리고 있었다. 따라서 학개 선지자의 메시지는 그 절기의 상징물로 강조되었을 것이다. 그뿐만 아니라, 초막이라는 단어는 성경의 다른 곳에서 비슷한 용법으로 사용된다. 욥기 27:18에서 이 단어는 취약함과 부서지기 쉬움을 상징하는 단어로 사용된다. 또한 요나 4:5에서도 비슷한 개념이 발견된다. 그러나 이사야 4:6에서 그 단어는 또한 보호의 개념으로도 사용된다. 이 구절에서 하나님은 마지막 날에 피난처가 되신다고 언급된다. 그러므로 사람들의 연약함과 주님의 권능에 대한 두 개념이 학개의 권면 메시지의 핵심이다.

시기에 관한 또 다른 강조점은 솔로몬의 성전이 일곱째 달에 봉헌되었다는 것이다.[4] 이것은 분명히 연속성을 암시하며, 그들은 새로운 성전을 짓는

---

2   Baldwin, p. 46.
3   레 23:33-43을 보라.

것이 아니라 옛 성전을 재건하고 있다는 사실을 강조한다. 그러나 옛 성전에 대한 추억은 아마도 고무적이라기보다 의기소침하게 만들었을 것이다. 이제 그 점을 생각해 보려 한다.

2. 과거와 현재의 비교

3절은 사람들이 마음속에 품고 있던 다음과 같은 생각을 말한다. "예전 건물이 훨씬 더 좋았다. 우리는 절대로 그런 걸 못 이룰 것이다." 우리 자신의 연약함과 실패는 말할 것도 없고, 서구 세계에서 명백하게 보이는 교회의 쇠퇴를 냉철하게 숙고할 때, 이런 정서는 오늘날에도 만연해 있으며, 과거의 '황금시대'를 그리워하는 위험성이 존재한다. 아마도 사람들은 솔로몬 시대의 자원과 비교할 때, 자신들에게 인적 자원뿐만 아니라 물적 자원도 부족하다고 한탄했을 것이다. 의심의 여지없이 과거에 대한 향수는 첫 번째 성전을 보았던 나이 든 사람들의 추억을 물들였을 것이다. 그러나 그와 같은 향수는 상황을 그릇된 방향으로 몰고 갈 가능성이 크며, 현재 상황을 더 나쁘게 만든다. 그러나 학개 선지자는 슬기롭게도, 그들이 실질적으로 느끼고 있는 정서에 맞서며, 그들의 커다란 실망감을 시인하라고 촉구한다. 그러고 나서 권면의 메시지로 최대한의 효과를 얻고자 한다.

그렇지만 여기서 사람들의 실망감과 1장의 시작 부분에서 그들이 보여준 자세 사이에 한 가지 명백한 차이점이 있다. 1장에서 그들은 무기력했으며 자만했다. 학개는 도전과 책망의 말로 그것을 깨뜨려야 할 필요가 있었다. 그러나 여기서 문제가 되는 것은 무능력한 의기소침이다. 학개는 권면의 말로 이 문제를 해결해야 할 필요가 있었다. 바로 이어지는 단락에서 이 점을 다룬다.

---

4 왕하 8:2.

3. 권면의 말

4절과 5절은 어떻게 참된 권면이 오는지 훌륭하게 해부해 준다. 주목해야 할 첫 번째 사항은 이것이 심리적인 권면이 아니라, 영적인 권면이라는 점이다. 학개는 "스스로 굳세게 할지어다…스스로 굳세게 하여 일할지어다"라고 말한다. 그러나 그가 제시하는 이유가 바로 중요한 강조점이다. 곧 '일을 마쳐야 하므로, 일하라' 또는 '너희가 일하면 기분이 좋아질 것이므로, 일하라'가 아니다. "**내가 너희와 함께하노라. 만군의 여호와의 말이니라.**" 주님께서 그들과 실질적으로 함께 거하며 일하시므로, 그들이 일을 마치게 된다는 것이다. 학개는 쓰레기 더미가 쌓여 있다는 현재의 실제 상황, 과거와 대조되는 문제 등 힘든 일을 부인하지 않는다. 오히려 그는 이 사실들을 더 큰 실재의 맥락 안에 놓는다. 그의 방법은 엘리사가 사용한 방법과 같다. 시리아 군대가 도단 성읍을 말과 병거로 에워싸고 있었을 때, 엘리사의 종은 자기 눈으로 더 큰 실재를 볼 수 없었다.[5] 엘리사는 시리아 군대가 거기에 와 있다는 사실을 부인하지 않는다. 하지만 그는 불말과 불병거가 산에 가득한, 더 큰 실재를 본다. 그리고 두려움에 사로잡힌 자신의 종에게 이렇게 말한다. "두려워하지 말라. 우리와 함께한 자가 그들과 함께한 자보다 많으니라"(왕하 6:16). 사실상 학개는 여기서 바로 이렇게 말하고 있다.

"**내가 너희와 함께하노라**"라는 말은 하나님이 이전에 여호수아에게 하신 말씀이다. 모세의 경우와 마찬가지로, 주님께서는 여호수아와 항상 함께 계시며 그를 보호하겠다고 약속하셨다.[6] 사실상 모세도 마지막 말에서 이스라엘 백성 전체에게 하나님의 그와 같은 약속의 말씀을 들려주었다.[7] 이와 비슷하게, 야곱도 임종의 자리에서 요셉에게 "나는 죽으나 하나님이 너희와 함

---

5 왕하 6:8-17.
6 수 1:5.
7 신 31:6-7.

께 계시사"(창 48:21)라고 말한다. 그리고 마태복음 28:20에서 우리의 주님 자신도 "내가 세상 끝날까지 너희와 항상 함께 있으리라"라고 강조하며 약속하신다.

낙심의 시기에는 언제나 과거의 위대한 인물이 돌아오기를 갈망하는 일종의 유혹을 느낀다. 종종 그것은 진정한 영적 통찰이라기보다 우리의 편견을 드러낸다. 학개는 다음과 같은 취지로 말하고 있다. "너희는 모세, 다윗 또는 솔로몬이 돌아오기를 기대하고 있다. 그러나 살아 계신 하나님이 너희와 함께 계신다. 하나님이 지난날에 역사하셨던 것처럼, 그분은 지금도 일하고 계신다. 하나님은 이미 한 가지 선한 일을 시작하셨고, 그 일을 완성하시고자 한다."

그래서 이제 학개는 과거에 대한 향수가 현재에 대한 절망으로 이어지는 그릇된 과거관으로부터 과거 및 주님의 변함없는 신실함에 대한 참된 견해를 가질 수 있도록 이끌어 준다. 이스라엘 백성이 이집트에서 빠져나오고 나서 맺은 언약은 단순히 그들의 역사에서 또 다른 하나의 사건이 아니었다. 그 언약은 그들의 하나님이 결정적으로 계시해 주신 것이었으며, 하나님이 그들과 영원히 함께 계신다는 사실에 대한 보증이었다. "**나의 영이 계속하여 너희 가운데에 머물러 있나니**"(5절)라는 구절은 이 점을 강조해 준다. 또한 스가랴도 다음과 같은 확신을 지니게 되었다. "힘으로 되지 아니하며 능력으로 되지 아니하고 오직 나의 영으로 되느니라"(슥 4:6).

성령이 하는 일과 인간이 하는 일 사이의 관계는 숙고해 볼 만한 가치가 있다. 학개는 성령이 함께하시지 않는 인간의 수고는 쓸모없다고 밝혀 준다. 또한 인간의 수고는 성령의 역사에서 필수적인 하나의 구성 요소라는 점을 보여 준다. 그래서 성령이 그들 가운데서 일하고 계신다는 점은 하나님의 백성이 일하고 있다는 사실에 의해서 밝혀진다. 이것은 하나님이 특정한 그룹에 속하는 사람들에게 의존하신다는 뜻이 아니라, 성령이 일하실 때 하나님의 말씀은 사람들을 감동시켜서, 그들이 이전에 소망이 없던 것처럼 여겼던 일을 하게 한다는 사실을 의미한다.

그뿐만 아니라 바로 동일한 성령은 브살렐에게 은사를 주어서 성막을 건설하게 했다.[8] 민수기 11:17은 하나님이 모세에게 내려준 '영으로부터'(of the Spirit) 장로들에게도 성령을 나누어 주시겠다고 언급한다. 이사야 63:10-14은 출애굽 사건에서 바다를 건널 때뿐만 아니라, 광야를 지나가는 여행에서도 성령이 중심 역할을 했다고 강조한다. 성령은 특별히 출애굽 사건에서 강력하게 역사하셨다. 하지만 그 성령이 다른 시대에 없거나 무능력했던 것은 전혀 아니다. 오늘날 우리는 종종 깜짝 놀랄 만한 것이 없을 때 성령의 임재를 무시하고자 하는 유혹을 받는다.[9] 근본적으로 이런 시각은 진행되고 있는 일을 인간의 관점이 아니라, 하나님의 관점에서 바라보라고 요구한다. 또한 바로 지금 하나님이 계속해서 일하시는 배경 안에 그 일을 위치하게 한다. 학개는 이미 현재 상황이 출애굽 사건과 연속 관계에 있다는 사실을 보여 주었다. 그리고 이제 그는 미래와 하나님의 계획들이 궁극적으로 실현되는 광경을 내다보려고 한다.

4. 성전의 미래 및 우주적 중요성

사람의 수고는 이제 제자리를 찾는다. 학개는 성전의 마지막 광채가 하나님의 직접적인 행위의 결과라는 주제를 전개한다. 우리는 지역으로부터 우주

---

8 출 31:2-3; 35:30-31.
9 어떤 학자들은 5절 상반절은 삽입되었다고 주장했다. 왜냐하면 그 말이 칠십인역이나 페시타(Peshitta)에 나타나지 않기 때문이다. 또한 '자르다'라는 뜻의 히브리어 단어 '**카라트**'(*kārat*)는 통상적으로 '그 말씀'을 뜻하는 히브리어 명사 '**하다바르**'(*hadābbār*)보다 '언약'을 뜻하는 '**베리트**'(*bĕrît*)와 사용된다는 것이다. 더욱이 그 말은 "내가 너희와 함께 있다"(새번역)와 "나의 영이 너희 가운데에 머물러 있다"(새번역)를 서로 떼어 놓는다고 주장한다. 하지만 이 논거들 가운데 어떤 주장도 설득력이 없다. 왜냐하면 특히 그 생략된 구절은 해당 본문에서 출애굽 사건에 대한 언급에서 핵심적이기 때문이다. 대중 연설가들은 종종 자신들이 말하는 내용을 더 분명하게 설명하기 위해서 추가적인 표현을 삽입한다. 더 자세한 내용을 알려면, 해당 절들의 구조에 대한 Motyer의 논증을 참고하라(Motyer, 'Haggai').

로 그리고 현재로부터 미래로 이동한다. 이것은 출애굽 사건과 현실에서 그 사건과 비슷한 하나님의 도우심을 강조하는 이전 단락과 밀접하게 연결되어 있으며,[10] 미래의 복을 보증해 준다. "다시"(6절, 새번역)라는 표현은 출애굽 사건과의 연속성을 강조한다. 그 표현은 하나님이 비슷한 사건들을 일어나게 하실 것이라고 암시해 준다.

"조금 있으면"(it is a little)이라는 표현과 관련해서 또다시 문제점들이 제기된다. 그렇지만 이 표현은 우리의 시간표가 아니라, 하나님의 시간표에 대한 관점에서 중요하다. 이 표현은 시편 90:4을 반영하는데, 베드로는 "주께는 하루가 천 년 같고 천 년이 하루 같다"(벧후 3:8)라고 지적한다. 긴박성에 대한 강조는 두 측면의 함의를 지니고 있다. 첫째, 모든 시대는 반드시 경각심을 지니고 살아야 한다는 것이다. "그런즉 깨어 있으라. 너희는 그날과 그 때를 알지 못하느니라"(마 25:13). 둘째, 그 사건은 분명히 일어난다는 것이다. 곧 하나님의 나라가 온다는 것은 역사의 종말로 미루어졌다는 의미가 아니라, 역사 과정을 통해서 하나님이 이 종말을 향해서 일하시고 있다는 사실을 의미한다.

하나님이 "하늘과 땅과 바다와 육지를 진동시킬 것이요"라는 표현은 하나님의 나타나심에 대한 것이다. 예를 들면, 이와 비슷한 표현은 나훔 1:5의 "산들이 진동하며"라는 구절이 있다. 이것은 피조 세계 전체가 하나님 앞에서 떤다는 뜻이다. 시편 77:18에서는 출애굽 사건을 언급하고, 시편 18:7에서 다윗은 자신의 경험을 묘사하는 데 비슷한 단어들을 사용한다. 궁극적으로 이 표현은 새 하늘과 새 땅을 가리킨다. 어떤 의미에서 성경 전체는 창세기 1:1이 성취되어 가는 과정이다. 곧 죄에 오염된 선한 피조 세계는 새로워질 것이다. 그러면 영원 전에 세워진 하나님의 계획들이 성취된다. 그리

---

10 문장을 서로 매끄럽게 연결하려는 NIV의 특성 탓에, 6절의 NIV 번역에서 앞 문장과 뒤따르는 문장을 명백하게 연결해 주는 역할의 '왜냐하면'을 뜻하는 히브리어 접속사 '키'(*kî*)가 생략된 점은 아쉬운 일이다.

고 피조 세계 전체 질서는 창조주의 아름다움을 반영하며, 창세기 3장에서 언급된 저주는 제거될 것이다. 여기서 "진동시킬 것이[다]"라고 번역된 히브리어 단어는 분사형이다. 그것은 하나님의 나라를 도래하게 하는 최종적인 요동에 앞서, 역사 안에서 많은 요동과 개입이 있을 것이라고 넌지시 알려 준다.

이 진동은 물리적인 우주뿐만 아니라 나라들에도 영향을 미친다. 그리고 모든 나라는 자기들의 보물을 성전으로 가져올 것이다(7절). 이것은 몇 측면에서 이해할 수 있다. 이 모든 측면은 하나님이 모든 나라를 다스리시며, 모든 은과 금을 소유하신다는 점과 관련되어 있다. 가장 기초적인 측면에서, 다리우스왕이 이스라엘의 적대자들에게 성전 재건을 위한 비용을 국고에서, 곧 그들이 거둔 세금으로 지급하라고 지시할 때, 이와 같은 일이 일어났다.[11] 그뿐만 아니라, 헤롯 대왕이 화려한 성전 건물을 짓기 위해서 막대한 확장 공사를 했을 때, 이런 일이 성취되었다.[12] 하지만 이 사례들은 부분적인 성취이며, 결코 해당 의미를 망라한다고 할 수 없다. 왜냐하면 그 사례들은 모든 나라가 여호와의 성전에 그들의 보물을 가져오는 움직임을 알려 준 것이 아니기 때문이다.

전통적으로 메시아와 관련된 해석으로 말미암아, 이 절(7절)에 대한 논쟁은 복잡하게 얽혀 있다. 아마도 이 견해에 대한 가장 눈에 띄는 지지자는 퓨지(E. B. Pusey)일 것이다.[13] 그는 KJV의 번역 "모든 민족들의 열망이 이르리라. 그러면 내가 이 집을 영광으로 채우리라"에 근거해서 자신의 주해를 제시했다. 그는 틀림없이 이 표현이 모든 나라가 종종 무의식적으로 열망했던 그리스도를 가리킨다고 주장한다. 그러나 문법적인 측면에서 퓨지의 주장은

11　스 6:8-10을 보라.
12　막 13:1에 반영되어 있다.
13　E. B. Pusey, *Minor Prophets, vol. VII, Zephaniah and Haggai* (London: Nisbet, 1907), pp. 247-255.

확실하지 않은 근거에 기초한다. 왜냐하면 **헴다트**(ḥemdat)는 히브리어 명사 단수 연계형이지만, 동사는 복수형이기 때문이다.[14] 그렇지만 여기서 이미 알려진 그 해석이 옳다면, 만약 메시아가 명백하게 언급되지 않는다 하더라도, 종말론적인 해석은 그 절에 대한 타당하고 유일한 해석이다. 우리는 학개서에서 이와 같은 풍요로운 암시를 이미 주목했다. 그 점은 에스라기에서도 마찬가지다.

그러나 더 근본적인 주제는 그리스도의 초림과 재림에서 모두 그 절이 어떻게 성취되는가 하는 점이다. 또한 말라기도 이 점에 대해서 "너희가 구하는 바 주가 갑자기 그의 성전에 임하시리니"(말 3:1)라고 더 구체적으로 말한다. 예수님이 돌아가신 시점에 성소의 휘장이 위에서 아래까지 두 폭으로 찢어지고, 땅이 흔들렸다.[15] 그리고 예수님의 부활 사건에는 더 큰 지진이 일어났다.[16] 그러나 최종적인 성취는 "주 하나님 곧 전능하신 이와 및 어린양"이 새 예루살렘의 성전(계 21:22)이 되시는 미래의 때에 이루어진다.

만약 여기서 학개가 말하고 있는 것을 정당하게 다루려면, 이 모든 개념을 결합할 필요가 있다. 8절을 영적 의미로 해석하는 것은 물질적 의미로 해석하는 것과 모순되지 않는다. 오히려 그 해석들은 그 성취가 모두 물리적 자원이나 이상주의적 꿈에 한정되어 있지 않다는 점을 밝혀 줄 필요가 있다.

이 개념들은 9절에 의해서 강화된다. "이 성전"은 모든 변화와 위험을 거치는 성전 역사 전체를 가리킨다. "영광"은 하나님이 사람들의 눈으로 볼 수 있도록 임재하시는 것을 가리킨다. 그 영광은 온 땅에 가득할 것이다.[17] 또한

---

14 R. W. L. Moberley는 Pusey의 해석을 신랄하게 비판하며, 어떤 특정한 해석을 지지하기 위해서 문법을 무시했다는 사실을 보여 준다. 그것은 비판받아 마땅하지만, 내가 입증하려고 시도했듯이, 종말론적 해석은 유효하며, 그 근거를 확립하려고 무리한 주해를 할 필요는 없다. 나의 다음 논문을 보라. 'How May We Speak to God? A Reconsideration of the Nature of Biblical Theology', *Tyndale Bulletin* 53:2 (2002), pp. 179-184.
15 마 27:51.
16 마 28:2.
17 사 6:3.

그 영광은 성전 안에서 부분적으로 나타날 테지만 그리스도 안에서 온전히 나타날 것이다.[18] 추가적인 개념으로 성전은 "**평강**"의 장소다. 그 개념은 성전이 잔혹한 전쟁과 유혈(流血)로 무너진 상황과 직접적 대조를 이룬다. 성전 재건은 방해를 받았지만, 이제 완성 단계로 나아가고 있다. 그러나 또다시 그것만으로는 전체적 의미와 거리가 매우 멀다.

볼드윈이 주장하듯이, "평강"은 "메시아 시대의 모든 복을 요약한다. 그때 하나님과 화목이 이루어지며, 그분의 공의로운 통치는 공정하고 영속적인 평강을 보증할 것이다."[19] 평강은 먼저 하나님과의 회복된 관계를 가리킨다. 그다음 안정되고 행복한 공동체와 구원받고 만족하는 개인들을 뜻한다. 여기서 평강은 하나님 자신이 베푸시는 은사다. 그리스도의 죽음과 부활을 통해서 하나님은 그분을 영접하는 모든 사람에게 진정한 평강의 복을 주실 것이다.

히브리서 12:26-27에서는 이 절들이 더 광범위하게 해석된다. 하나님이 물리적인 우주를 뒤흔드시는 결과로 더 이상 흔들리지 않는 나라가 나타날 것이다. 이것은 시온산, 하늘의 예루살렘과 그곳에서의 축하 행사에 하나님을 예배하는 수많은 존재가 모이는 장면으로 단락의 절정에 해당한다. 거기서 하나님의 자녀는 이전에 경험했던 모든 임재의 광채를 하나로 통합하고 능가하는 방식으로 하나님을 진정으로 예배하는 삶을 경험할 것이다.

5. 전체 해설

이 단락은 풍성한 의미를 지니고 있을 뿐만 아니라 다가오는 시대의 전망을 개괄해 줌으로써 학개 선지자의 비전에 대한 묘사 능력을 보여 준다. 이 절들에 대한 개요를 제시하면서, 두 가지 특별 사항을 살펴보고자 한다.

---

18 요 1:14.
19 Baldwin, p. 49.

1) 하나님이 하시는 일과 사람이 하는 일의 결합

여기서 하나님이 일하신다는 사실을 명백하게 감지할 수 있다. 그것은 우리를 전율하게 한다. 야웨를 주어로 해서 몇 개의 동사들이 사용되는지 연구하면 도움이 된다. 예를 들면, 특별히 6-9절에서 '내가 진동시킨다', '내가 충만하게 한다', '내가 주겠다' 등이다. 하나님 나라가 세워지며 그것과 함께 주어지는 온갖 복은 전적으로 하나님이 하시는 일이다. 그것은 인간의 힘이나 연약함과 상관없이 성취된다. 이 점은 틀림없이 언제나 우리의 안전에 대한 근거이며, 우리가 인내하도록 동기를 부여한다.

하지만 성전 건물 자체는 그것과 관련된 이야기의 전체 흐름에서 일부분에 해당한다. 이 건물이 있는 장소에서 하늘의 도성까지는 너무 멀리 떨어진 것처럼 보인다. 그러나 이야기의 이 부분은 거대한 이야기에서 꼭 필요한 일부분이었다. 하나님이 하셔야 할 그분만의 고유한 역할이 있고, 인간이 해야 할 고유한 역할이 있는 것은 아니다. 오히려 사람들의 마음을 변화시키는 영역에서 하나님의 영이 일하신다는 사실이 명백하게 드러난다. 에스라 6:15-22에 따르면, 하나님의 영은 사람들의 마음을 변화시켜서, 성전 재건을 다시 시작하게 하고, 그것을 완성하게 한다. 이 과정에서 학개 선지자의 말은 하나님의 은혜와 인간의 좌절 사이를 연결해 주는 장치로 꼭 필요했다.

2) 예언의 점진적 성취

베드로는 예언에 대해서 "오직 성령의 감동하심을 받은 사람들이 하나님께 받아 말한 것"(벧후 1:21)이라고 말한다. 이것은 앞에서 하나님의 일과 사람의 일에 대해서 말한 강조점을 명백하게 보여 주는 한 사례다. 예언을 말하는 것과 관련해서 인간이 저자라는 점은 사실이다. 곧 '사람들은 말했다.' 그러나 그 말은 바로 '하나님에게서' 오는 것이다. 그리고 선지자가 해당 메시지를 받아서 사람들에게 전달하게 하시는 분이 바로 성령이다. 이것은 학개의 말이 주전 520년의 상황과 중단된 성전 재건의 프로젝트를 직접적인 대상으로 삼는다는 사실을 의미한다. 학개의 말에 대한 해석은 반드시 거기서부터 시작되어야 한다. 하지만 그 메시지를 단지 학개 당시의 사람들과 헤롯왕의 성전 확장 건축 활동으로만 제한한다면, 그 선지자의 말이 지닌 지속적인 타당성과 영원한 중요성을 간과하게 된다.

학개 선지자의 예언이 지닌 궁극적 중요성은 종말론적 성취에 있다. 하지만 당대에 그의 예언 때문에 현실을 무시하는 환상가들이 등장하지는 않았다. 오히려 그의 시대에 사람들은 신실하게 성전 재건의 고된 일을 수행했다. 학개의 말에 주의를 기울인다면, 우리의 시대든지 또 다른 시대든지 동일한 결과를 빚어낼 수 있다.

5장

받은 복을 세어 보아라

2:10-19

학개가 1:1-2에 언급된 맨 처음 메시지를 전달하고 나서, 거의 넉 달이 지나갔다. 그리고 2:1-9에 수록된 강렬한 메시지를 전달한 이후로는 두 달이 지나갔다. 그렇지만 하나님의 음성은 침묵하지 않았다. 스가랴가 한 달 전에 사역을 시작했기 때문이다.[1] 이전 단락과 마찬가지로, 학개서의 마지막 단락은 미래에 대한 비전에 집중하고 있다. 하지만 어떤 이들은 이 단락(10-19절)은 전체 이야기의 흐름에서 벗어나는 것 같고, 이 단락과 에스라 3:10-13 사이에 서로 일치하지 않는 요소들이 발견된다고 주장한다.[2] 또한 어떤 학자들은 2:15-19을 이 부분에서 떼어 내서, 1:15상반절 다음에 놓으려고 시도한다. (우리는 해설 부분에서 이 점에 대해서 자세하게 논의할 것이다.) 그러나 우선 강조하고자 하는 바는 이 장(章)뿐만 아니라, 사실 학개서 전체는 명백한 사고를

---

1   슥 1:1.
2   J. W. Rothstein in *Juden and Samaritaner: Die grundlegende Scheidung von Judentum and Heidentum* (Leipzig, 1908). Rothstein은 "주의 성전 기초를 놓던 날"(18절, 새번역)은 주전 536년이 아닌 오히려 주전 520년에 또 다른 기초가 놓인 것을 언급한다." 더욱이 그는 "이 백성"(14절)이 그 건축을 반대했던 사마리아 사람들이라고 주장한다. 하지만 그 표현은 1:2에서 이미 사용되었다. 여기서 그 표현을 다른 의미로 사용하는 것은 이상하다. 더 자세한 내용은 해설을 보라.

전개해 나가는 한 개체로, 연대기적 및 신학적 근거 모두 내포하고 있다. 따라서 우리는 어떻게 이 단락이 2:1-9에서부터 전개되어서 2:20-23을 예상하게 하는지 질문해야만 한다.

1. 이 메시지를 지지하는 이유들

이 단락이 이 장의 이 부분에 위치해야 하는 이유로 다음 세 가지를 제안할 수 있다.

1) 신학적 이유

시편 93:5은 '오 주님, 거룩함이 주의 집을 영원히 장식하나이다'(NIV를 따름)라고 말한다. 이것은 "무엇이든지 속된 것이나…결코 그리로 들어가지 못하되"(계 21:27)라고 언급되는 하늘의 도성뿐만 아니라, 그때 그곳에 있던 성전 건물과 성전 건축자들의 생활 방식을 암시한다. 새 하늘과 새 땅의 본질은 하나님과 실질적인 관계를 회복하는 것이다. 이전의 성전이든지 살아 있는 돌들로 세워진 새 성전이든지, 이 땅에 있는 성전의 역할은 그와 같은 관계를 기대하게 한다. 거룩함은 성전 구역에만 국한된 것이 아니었다. '종교적인' 활동이 일어나는 어떤 특별한 장소가 있고, 하나님이 중요하지 않은 어떤 '세속적인' 공간이 있다는 개념은 거부해야 한다. 만약 이 같은 경우가 용인되는 삶에서는, 이른바 '구원받은 것'(the saved)이나 '세속적인 것'(the secular)이나 모두 번영하지 못한다. 왜냐하면 [그와 같이 구분한다면] 삶 전체에서 하나님에 대한 기본적인 신실한 반응이 결핍되기 때문이다. 그러므로 만약 이 공동체와 공동체가 세운 성전이 오는 세상을 진정으로 고대한다면, 그 공동체와 성전은 반드시 거룩해야 한다.

2) 현실적 이유

이것은 거룩함의 신학적인 필연성으로부터 온다. 하늘과 땅이 흔들리고 성전에 임할 미래의 영광에 대한 예언은 현재의 사람들에게 용기를 주고, 그들이 끝까지 인내하게 하는 데 꼭 필요하다. 하지만 바로 거기서 또 다른 유혹이 생겨난다. 그리고 그 유혹은 현실에서 요구되는 사항들을 무시하거나, 타당성이 거의 없는 것으로 이해한다. 이것은 바로 바울이 다루어야 했던 하나의 문제점이었다.[3] 사람들은 현실적 상황을 상기해야 할 필요가 있었다. 곧 성전은 아직 완성되지 않았고, 경제는 침체해 있으며, 토라는 이와 같은 기본적 요구 사항들의 타당성을 인정한다는 점이다. 18-19절에서 바로 이 점을 강조한다. 그 절들은 "곰곰이 돌이켜 보라"(새번역) 또는 "숙고해 보라"라는 표현을 반복하면서 1:1-11의 메시지를 뒷받침해 준다.

3) 종말론적 이유

19절은 오늘부터는 "내가 너희에게 복을 주리라"는 말로 끝난다. '복을 준다'라는 단어는 분명히 물질적인 복으로 여길 수 있으며, 경제적인 번영을 가리킨다. 사실상 이 단어가 의미하는 일부분이다. 말라기 3:8-11은 약 50년이 지나서 경제가 힘들어진 상황이 만연했다는 사실을 언급한다. 또다시 말라기 선지자는 그 상황을 사람들이 야웨께 기쁜 마음으로 드리지 않은 것과 연결한다. 그러나 다음 단락(2:20-23)에서 살펴보겠지만, '복을 베푼다'는 단어의 완전한 의미는 종말론적 요소를 띠고 있다.

그래서 이 절들은 이곳에 잘못 삽입된 것이 결코 아니다. 오히려 그 절들은 실제로 궁극적인 복에 대한 예언과 스룹바벨에게 주어지는 또 다른 예언을 연결해 준다. 나아가 그 절들은 현재에 속한 것과 영원에 속한 것을 연결해 준다. 또다시 그 계시는 정확한 시점에 대한 언급과 함께 소개되는데, 우

---

3   살후 3:6-13.

리의 달력으로는 12월 18일에 해당한다. 그 시점은 가을비(이른 비)가 내리고 수확하고 나서, 겨울에 씨를 뿌리는 때다. 이것은 사람들에게 자신들이 창조주를 전적으로 의존하고 있다는 사실을 상기시켜 준다. 우리는 다섯 가지 사항을 살펴볼 필요가 있다.

2. 제사장들에게 주어진 율법 교육 의무

12절은 '율법이 무엇이라고 말하는지 제사장들에게 물어보라'(NIV를 따름)고 명백하게 제사장의 역할을 드러낸다. 제사장들은 단순히 예배 의식을 거행하기 위한 목적으로 세워진 것이 결코 아니다. 그들은 사람들에게 토라를 가르쳐야 했다. 말라기는 그들이 이 두 가지 기능을 모두 올바로 수행하지 않았다고 지적하면서, 그들을 비난한다.[4] 레위기 10:11은 아론과 그의 자손이 "나 여호와가 모세를 통하여 모든 규례를 이스라엘 자손에게 가르치리라"고 말한다. 이것은 신명기 17:9-12에서 더 자세하게 전개된다. 거기서 제사장들은 계시의 말씀을 가르치는 임무뿐만 아니라, 토라에 구체적으로 명시되지 않은 어려운 사례들에 대해서도 판결해야 하는 임무를 지니고 있다. 사실상 제사장들이 그들의 사명을 온전히 감당하지 못했을 때, 선지자들이 나타났다고 주장할 수 있다. 하나님의 말씀을 가르치지 않는다면, 교회는 무기력해지고 능력을 잃어버린다. 아마도 학개와 스가랴는 바빌로니아에서 돌아온 제사장들이 백성을 제대로 가르치지 못했기 때문에 주님에게서 메시지를 받았을 것이다.

---

4 말 2:1-9을 보라.

3. 거룩은 전염성이 없지만 부정은 전염성이 있다

(말라기와 달리) 학개는 가르치는 사람의 기교를 나타내기 위해서 질문과 답변을 전혀 사용하지 않는다. 아마도 "**거룩하게 바쳐진 고기**"(새번역)는 속죄제와 같은 제물 가운데 하나로부터 떼어 낸 부분일 것이다. 그 가운데 일부분은 제사장들에게 주어졌다. 제사장들은 그것을 종종 그들의 겉옷 안에 넣어서 가져갔다.[5] 그 제물에서 거룩함은 다른 어떤 것으로도 전달되지 않는다. 하지만 접촉으로 말미암아, 오염이 전달된다. 여기서 학개는 바로 이 점을 강조한다. 율법은 부정한 사람이 무엇이든 접촉하면, 그것이 부정해진다고 말한다.[6]

이 강조점은 14절에서 적용된다. 곧 부정한 사람들이 단순히 종교의식에 참여한다는 이유로 거룩해지지 않는다는 것이다. 만약 마음과 동기가 잘못되었다면, '거룩한 장소'에서 일하는 것이 그 일 자체를 거룩하게 하지 않는다는 점이다. 그러나 학개는 또한 1:5-6을 반영하고 있다. 이 구절에 따르면, 사람들이 하나님과 올바른 관계를 맺지 않았기 때문에, 경제 및 공동체의 삶은 악화했다. '**그들이 무엇을 하든지 또한 그들이 제물로 무엇을 바치든지**'(NIV를 따름)는 그들의 생활 전반을 요약해 준다. 토라의 중심에는 다음과 같은 주님의 말씀이 있다. "너희는 거룩하라. 이는 나 여호와 너희 하나님이 거룩함이니라"(레 19:2). 레위기 19장에는 하나님의 백성이 지켜야 하는 예배 규정과 생활 규범이 간략하게 요약되어 있다. 베드로가 첫 번째 편지에서 이 말을 가져와서 사용할 때, 그는 신학적 요소와 실천적 요소를 비슷한 방법으로 결합한다.[7] 그러므로 우리가 여기서 다루는 것은 거룩하게 바쳐진 고기에 대한 사소한 규정이 아니라, 하나님의 거룩하심과 그것이 그분의 백성의

---

5 레 6:25-29.
6 민 19:22.
7 벧전 1:15-16.

삶에서 지닌 함의들에 대한 심오한 진술이다. 볼드윈은[8] 황폐한 성전은 예루살렘 한가운데 있는 시신과 같았다고 예리하게 지적하면서, 이스라엘이 거룩한 나라라는 주장은 거짓임을 성전의 상황이 증명해 준다고 말한다.[9] 그때나 지금이나 이것은 듣기 쉬운 메시지가 아니다. 우리는 우리의 잠재적인 가능성을 즐기고, 그것이 성취되는 말씀을 듣기 좋아하는 성향이 있다. 이 가운데 어떤 것도 그 자체가 잘못은 아니다. 사실상 이런 성취 지향적 삶은 하나님의 선물이다. 하지만 우리가 19절에 언급되는 복을 누리기에 앞서, 우리의 집을 깨끗하게 정돈하고 거룩을 힘써 추구해야 할 필요가 있다.

4. 분별의 필요성

그들이 살고 있던 시대를 진정으로 이해하기 위해서는 좀더 깊이 살펴보아야 한다. 학개는 '곰곰이 돌이켜 보아라' '사정이 어떠한지 숙고해 보라'고 말한다(18절, NIV를 따름). 이제 그는 상황을 펼쳐 보이는 것으로부터 그에 대한 필요한 반응으로 나아간다. 또다시 일상적인 생활 환경과 삶의 쾌적함은 하나님의 더 거대한 계획들과 큰 그림을 보여 주는 창문 역할을 한다. 여기서 학개 선지자가 말하는 것은 곧 하나님이 창조주이시며 그분의 말씀을 통해서 자기 자신을 계시해 주셨다는 사실로부터 비롯되는 직접적인 결과이기 때문이다. '거룩한' 삶과 '세상에서의' 삶의 통일성에 대한 진리는 14절에서 강조되었다. 이제 여기서 그것이 자세하게 언급된다. 성전 건축은 궁극적으로 창조주가 우주를 만드신 방법과 연결되어 있다. 그리고 사람들이 물질적인 번영을 누리지 못하는 상황과 나쁜 기후 상태는 그들이 주님께 온전히 마음을 드리지 못했다는 사실에 대한 외적인 표지들이다. 이것이 우연의 일치일 가능성은 "내가…곡식을 마르게 하는 재앙과 깜부기 재앙과 우박으로

---

8 Baldwin, p. 51.
9 출 19:6.

쳤으나"라고 언급되는 17절의 설명으로 배제된다. 이 사건들은 토라를 읽었던 사람들에게는 이미 일종의 메시지였다. 그 율법에 따르면, 그와 같은 재앙들은 언약 규정들을 지키지 않은 것에 대한 경고였다.[10] 하지만 아모스가 이전 세대에서 그랬던 것처럼, 학개의 세대에도 그것을 입증해 주기 위해서는 선지자가 필요했다.[11] 하나님의 말씀은 살아 있으며, 심판이든지 복이든지 언제나 그것이 말한 것을 실행한다.

우리는 19절에서도 반복되는 '**바로 오늘부터**'(NIV를 따름, 18절)라는 표현을 무시해서는 안 된다. 하나님의 말씀은 모호하거나 실체 없는 실재(entity)가 아니다. 그 말씀은 정확한 순간에 주어진다. 그 순간은 종종 구체적으로 명시될 수 있다. 이런 표현은 선지서, 특별히 이사야서, 예레미야서와 에스겔서에서 흔히 나타난다. 하나님의 이 말씀에 사람들은 명확하고 심사숙고한 반응을 보여야 한다. 그렇지 않으면, 이 말씀이 지닌 효력을 놓친다. 또다시 추수를 많이 하지 못하는 상황은 성전 재건을 지속하지 못하는 상황과 연결된다. 사건의 표면상으로는 이 가운데 어떤 것도 명백하게 드러나지 않는다. 선지자의 말에 근거한 사려 깊은 생각과 결단에 따른 행동은 매우 중요하다.

창조주로서 하나님에 대한 성경의 가르침을 진정으로 믿는 것은 단순히 제1원인의 존재를 인정하는 것보다 훨씬 더 중요하다. 제1원인을 믿는 것은 이신론(deism)이며, 그것은 우리의 사고와 삶에 영향을 미치지 않는다. 그러나 성경은 피조 세계와 가장 친밀하게 관련된 창조주에 대한 가르침이다. 또한, 우리의 존재와 우리가 지닌 모든 것이 바로 그 창조주에게서 비롯되었고 그 창조주가 우리 각 사람에게서 멀리 떨어져 계시지 않는다고 가르친다.[12] 이것은 우리의 사고와 삶에 근본적인 영향을 미친다. 사실상 "이스라엘아 들

---

10 특별히 신 28:22을 보라.
11 암 4:9.
12 행 17:27.

으라 우리 하나님 여호와는 오직 유일한 여호와이시니"(신 6:4)라고 한 쉐마(Shema)에는 이와 같은 본질적인 통일성(unity)과 삶의 총체성(integrity)이 전제되어 있다. 이것은 삶 전체가 주님께 속해 있다는 사실을 의미한다. 반면에 이방 종교에서는 사람의 충성심이 서로 대립 관계에 있을 수도 있는 많은 신들에게 분산되어 있다. 오늘날 생동감도 없고 열매도 없는 대부분의 교회 활동의 뿌리에는 이와 같은 나누어진 마음이 있다. 예배드리는 세계와 일하는 세계가 동일한 하나님에게 속하고 그분에게서 비롯되었다는 사실을 이해하지 못한다면, 우리의 신앙고백과 생활 방식은 서로 대단히 괴리된다. 이런 삶의 자세는 이론적으로는 하나님을 믿는다고 하지만, 삶의 '진정한' 관심사는 하나님에게서 멀어지고 싶어 한다. 그와 같은 자세는 항상 영적 침체와 자만심과 무감각한 사고방식으로 이어진다.

5. 하나님이 주시는 복의 실재

"그러나 오늘부터는 내가 너희에게 복을 주리라"(19절). 불순종에 뒤따르는 한재와 풍재와 우박이 저주의 표지인 것처럼,[13] 이제 하나님은 언약의 복을 베푸시고자 한다. 복은 단순한 격식(formality)이 아니다. 이 단어는 창조와 언약과 밝은 미래와 관련된 풍부한 의미를 지니고 있기 때문에, 창조주는 새 생명이 있을 것이라고 약속하신다. 하나님은 아담과 하와에게 복을 베푸셨다.[14] 이 복은 생육하고 번성하라는 약속을 포함하고 있다. 그 약속은 창세기 9:1에서 노아에게도 반복된다. 그리고 또다시 아브라함에게 사중(四重) 약속으로 반복된다.[15] 사실상 의기소침하고 활력이 없던 그 당시에, 이 상황은 새로운 창조로 이끄는 위대한 이야기에서 새롭고 의미심장한 한 부분이었다.

---

[13] 신 28:22.
[14] 창 1:28.
[15] 창 12:2-3.

모든 것에 우선하는 하나님의 은혜는 인간의 실패와 죄에도 불구하고, 그것을 초월해서 역사한다.

여기서 복은 피조 세계와 구원에 대해 하나님이 고대부터 계획하신 바를 성취하신다는 점을 의미한다. 여기서 추수와 성전이 또다시 서로 연결되지만, 이번에는 긍정적으로 언급된다. 주님의 계획은 성취될 것이고, 그분의 백성에게는 순종이 요구된다. 말라기는 비슷한 관점에서 "너희의 온전한 십일조를 창고에 들[이라]"고 말한다(말 3:10). 그러면 하나님이 하늘 문을 열고 비가 내리듯이 복을 베푸실 것이라고 약속한다. 그러나 이것은 풍성한 수확에 대한 희망보다 훨씬 더 큰 의미가 있다. 이것은 언약의 주체인 주님에 대한 헌신을 가리킨다. 그러면 하나님은 살아가는 데 필요한 모든 것과 그것을 뛰어넘는 복을 베풀겠다고 약속하신다.

6. 우리의 연약함에 적응하시는 하나님

칼뱅은 다음과 같이 이 점을 훌륭하게 표현해 주었다.[16] 하나님이 종종 땅의 축복을 앗아 가시는 방법을 통해서 그분의 백성에게 하늘에 보화가 쌓여 있다는 사실을 가르치신다는 것이다. 그러나 여기서 학개 선지자는 사람들에게 만약 하나님이 복을 내리지 않으신다면, 그들 자신의 수고가 의미가 없음을 가르치고자 한다. 그리고 하나님이 우리가 추구하는 모든 행위에 복을 내리시는 것을 일종의 불변(不變)의 규칙인 것처럼 말하지 않는다. 이것으로부터 우리는 몇몇 사항을 숙고해 볼 필요가 있다.

첫째, 전적으로 일관된 주장으로, 하나님은 듣는 사람들의 영적 성숙도와 관련해서 다양한 방법으로 말씀하신다는 사실이다. 포로 생활에서 돌아온 이들은 그들 가운데서 우상숭배와 관련된 많은 요소를 제거했지만, 생명

---

16 Calvin, pp. 382-383. 그 두 단락은 자세히 연구할 가치가 있다.

력이 있고 기쁨이 넘치는 신앙생활과는 여전히 거리가 멀다. 그들은 무감각했다. 그들을 무감각과 나태로부터 깨워 일으키기 위해서는 미래의 축복에 대해서 동기를 부여하는 일이 필요했다. 하나님의 말씀을 사람들에게 전달하는 이들에게 이것은 중요한 원리다. 하나님의 말씀은 변하지 않지만, 그것을 제시하는 방법과 특별한 강조점들은 듣는 사람들의 수용 능력에 적용되어야 한다. 여기서 학개는 처음에 그 문제점을 이 땅에서의 소유물과 안전에 대한 애착이 포로 생활에서 돌아온 사람들을 사로잡았다고 확인했다(1:4). 학개는 첫 번째 단계는 "판벽한 집들"에는 전혀 안전이 없으며, 오히려 그들이 사실상 어리석은 짓을 하고 있음을 입증해야 한다는 사실을 깨닫는다.

칼뱅은 이렇게 설명한다.

> 무지한 탓에 대체로 사람들은 맨 처음에 이와 같은 고결한 마음의 상태로 이끌림을 받아서, 자신을 기꺼이 하나님에게 헌신하지 못한다. 그래서 선지자가 여기서 사용하는 수단처럼, 다른 수단을 써서 그 일을 시작할 필요가 있다. 선지자는 유다인들에게 이 땅에서 필요한 일상의 생계유지 수단을 약속한다. 왜냐하면 그는 유다인들이 맨 처음부터 곧바로 하늘을 향해서 올라갈 수 없다고 이해했기 때문이다.[17]

둘째, 하나님은 변함없이 우리의 실수를 너그럽게 대하시지만, 자신이 모든 선한 것을 베푸시는 분이라는 사실을 우리가 분명히 깨닫게 하신다. 이것은 **"복을 주리라"**는 단어의 사용을 통해서 확인된다. 여기서 이 단어는 선한 일들에 대한 보상으로서의 복음을 가리키지 않는다. 오히려 하나님은 학개 선지자를 통해서 이 물질적인 복은 앞으로 주어질 더 큰 복을 고대하게 한다고 말씀하신다. (그 복에 관해서 이 책의 마지막 부분에서 간략하게 설명할 것이다).

---

17 Calvin, p. 383.

세 번째 숙고해 보아야 할 것은 복에 대한 약속이 사람들에게 확고한 믿음을 가지라고 요구한다는 점이다. 하나님의 임재를 입증해 주는 외적 표시들이 시시해 보이는 상황에서는 그와 같은 믿음이 어느 때보다 더 절실하게 필요하다. 이 시기는 곡식이 한창 자라는 때였다. 그래서 밭에서 일하다가 성전을 재건하는 일에 참여하기 위해서 시간을 내는 것이 사실상 더 좋은 수확의 결과를 거둘 수 있다는 점을 이해하려면 믿음과 순종이 필요했다. 하지만 이 약속은 새로운 시작과 마음의 변화를 위한 문을 열어 준다. 그것은 그 자체로서 복에 대한 증거다.

이제 우리는 이 단락이 왜 미래에 대한 두 그림 사이에 놓여 있는지 그 중요성을 이해할 수 있다. 거룩함에 대한 강조는 토라를 기억나게 할 뿐만 아니라, 새 창조의 중심에 있게 될 거룩함을 가리킬 강력한 수단이다.[18] 삶 전체는 통일성을 지니고 있다. 만약 이 땅에 있는 성전이 하늘에 있는 성전을 반영한다면, 삶의 세속적[19] 측면과 종교적 측면은 결코 서로 분리되어서는 안 된다. 더욱이 그것은 우리 사고의 중심이 어디에 있어야 하는지(15, 18절)와 우리가 하는 일을 계속 하나님의 말씀에 비추어 평가해야 할 필요성을 알려 준다.

---

[18] 계 21:27.
[19] 물론 '세속적'이라는 단어는 시대착오적인 표현이지만, 하나님이 우리 삶 전체를 주관하신다는 사실을 부인한다는 점에서 본질적으로 신앙이 없는 사람의 행위를 가리킨다.

6장

최선의 것은 아직 오지 않았다
2:20-23

이 마지막 계시의 말씀과 함께 학개서는 끝난다. 그리고 이미 언급한 몇 가지를 요약해 주면서, 학개서는 그것들을 넘어서 영광스러운 미래를 가리켜 준다. "**복을 주리라**"(19절)는 단어는 이제 특별하고 영원한 강조점과 함께 제시된다. 그 강조점은 현재 상황의 중요성을 뒷받침해 주며, 그것을 하나님의 계획들의 광범위한 영역 안에 위치시킨다. 다음 네 가지 사항을 살펴볼 필요가 있다.

1. 우주적인 대변동이 있을 것이다

인간적인 관점에서 그 당시 성전이 있던 장소는 깨어진 돌들과 나무 조각들이 어지럽게 쌓여 있었을 것이다. 그러나 하나님의 관점에서 이것은 생명줄의 중요한 연결 고리다. 그 줄은 노아의 홍수, 소돔 심판, 출애굽 사건과 같은 역사의 모든 격변을 거쳐서, 최후의 위대한 격변으로 이어진다. 최종 격변은 새로운 창조의 도래로 이끌어 줄 것이다.[1] 6절과 7절에 대한 해설에서 언급했듯이, 그리스도의 초림에서도 이미 나타난 이 진동은 주님께서 다시 오실

때 온전히 실현된다.[2]

특별히 눈으로 확인할 수 있는 성장이 거의 없는 시기에 하나님을 위해서 일하는 이들은 언제나 자신들이 하는 일을 가장 광범위한 관점에서 바라보아야 한다. 성전 재건은 모든 나라가 몰려오는 주님의 산에 대한 영광스러운 비전과는 거리가 멀리 떨어져 있는 세상의 일처럼 보였을 것이다. 그렇지만 그 일은 그날로 이끄는 과정의 한 부분이었다. 아마도 바로 이런 이유로 여기서 약속이 두 번이나 주어졌을 것이다. 그렇지만 우주적인 대변동에 대한 이 예고는 단순히 6절과 7절을 반복하는 것이 아니라, 이 단락의 두 번째 주요 관심사로 이끌어 준다.

2. 다른 모든 권세는 무너질 것이다

6-9절에서 강조점은 영광과 광채에 초점이 맞추어졌다. 그러나 여기서 강조점은 경쟁하는 모든 나라가 제거되는 것에 초점이 맞추어져 있다. 성령의 인도를 받아서 선지자들은 미래를 내다보았다. 그들에게 계시된 것은 그들이 섬겼던 특별한 상황과 일치한다. 추방되었던 백성은 실제로 다시 돌아왔지만, 그들이 거주했던 작은 지역은 세상의 눈으로 볼 때 보잘것없었으며, 독립국가도 아니었다. 군사력도 전혀 없었고, 한때 그곳을 다스렸던 다윗 왕조가 그곳에 회복될 전망도 전혀 없는 것 같았다. 그러나 여기에 대답이 있다. 자기 백성을 이집트에서 인도해 내고 다윗 왕조를 세운 여호와께서 바로 이 일을 하신다는 것이다. 그다지 시적(詩的)으로 묘사되지는 않지만, 그 표현은 이사야 9:2-7과 똑같은 실재를 가리킨다.

두 가지 강조점이 두드러진다. 첫째, 하나님은 경쟁 관계에 있는 권세의

---

1 벧후 3:10.
2 따라서 나는 이 점에서 칼뱅의 견해가 틀렸다고 생각한다. 그는 이 다른 사건들 안에서 하나님 나라에 대한 전조를 보지 못한다. Calvin, p. 385.

보좌들을³ 멸하고, 모든 반대 세력을 그 근원에서부터 제거하실 것이다. 그리고 하나님은 "**각 민족이 세운 왕국들의 권세**"(새번역)를 무너뜨리실 것이다. (또다시 이것은 단 2장에서 큰 돌이 세상 나라들을 부수는 모습과 평행을 이룬다.) 둘째, 하나님은 구체적으로 모습을 드러낸 이 권세들을 제거하실 것이다. 여기서는 말과 병거와 거기에 탄 자로 상징된다. (아마도 출 15:1, 4, 19, 21을 암시할 것이다). 그리고 군대들이 서로 싸우며 죽인다는 묘사는 서로 싸우며 죽이는 곡과 마곡을 표현한 에스겔 38:21을 연상시킨다. 또한 역사의 변천 과정에서 비슷한 교전이 일어나는 것에 대한 스가랴의 환상을 머릿속에 떠올려 준다.⁴ 하나님이 사악한 세력을 멸하시지만, 그 세력은 원래 자기 파괴적이기도 하다.

이것은 우리에게도 중요한 메시지다. 지금 우리는 몇몇 국가들의 세계적인 권세, 다국적 기업들과 거대한 미디어 회사들의 점점 더 확대되는 영향력에 압도되고 있다. 서구 사회는 점점 더 세속화되고, 우리의 기독교 유산은 급속하게 해체되어 가며, 미디어가 기독교를 가차 없이 조롱하는 상황에 우리는 쉽게 의기소침해질 수 있다. 그러나 엘리가 그랬듯이 우리는 하나님의 언약궤 때문에 떨 필요가 없다.⁵ 여기서 언급되는 것은 단지 추상적인 개념만이 아니다. 이제 학개는 그 자신의 시대뿐만 아니라 다가올 시대를 고대하면서 이것을 자세하게 말한다.

3. 스룹바벨의 메시아적 중요성

스룹바벨과 관련해서 알려진 지식이 많지 않다는 사실을 이미 살펴보았다.

---

3   사실 히브리어 원문에서 **보좌**(Royal thrones)를 의미하는 명사는 단수로 사용되었다. 아마도 이것은 왕권과 궁극적으로 인간의 통치 배후에 있는 불경한 세력(단 7장처럼)을 상징하는 것일 수 있다.
4   슥 14:13.
5   삼상 4:13.

또한 그에게 무슨 일이 일어났는지도 알지 못한다. (성전 재건 완공에 관한 이야기가 나오는 스 6:15에서 그의 이름은 언급되지 않는다.) 어떤 의미에서 성전 재건 그 자체와 마찬가지로, 그는 작은 역할을 했던 사람인 것 같다. 하지만 성전과 관련해서 이미 살펴보았듯이, 스룹바벨과 관련해서도 마찬가지로, 성전 재건 사역과 스룹바벨이라는 개인을 중요하지 않게 여기면 요점에서 벗어나게 된다.

1:1, 14; 2:2, 21에서 스룹바벨은 단순히 "**유다 총독**"이라고 불린다. 하지만 여기 23절에서 그는 "**내 종**"이라고 불리는데, 그 단어는 통상적으로 모세와 다윗을 가리키는 용어였다.[6] 그러나 이사야는 그 용어를 광범위하게 사용한다.[7] 그러므로 스룹바벨은 참된 메시아로 이어 주는 연결선에서 중요한 연결고리다. 어떤 이들은 스가랴 4:6-10이 스룹바벨의 역할을 위대한 군사 지휘관이 아니라, 단순히 성전 건축자로 이해한다는 주장을 제기했다.[8] 그러나 그것은 요점에서 벗어난 주장이다. 학개는 싸움에서 승리하는 이는 스룹바벨이 아니라, 바로 주님이며 왕국을 물려받을 이는 바로 메시아라고 명백하게 밝혀 준다. 더욱이 스가랴는 산을 평지로 만드는 성령의 능력을 강조한다. 비록 그것을 지켜보는 이들에게 그것은 "작은 일의 날"(슥 4:10)이라고 보일 수 있지만, 하나님이 강력하게 일하신다. 그러므로 외부적인 상황이 어떠하든지 간에, 하나님 나라의 일은 언제나 영원한 중요성을 지닌다. 대단히 놀랍게도 스룹바벨은 마태복음 1:13에서 예수님의 족보에 등장한다. 이 점은 그의 중요성을 뒷받침해 준다.

스룹바벨을 메시아적 인물로 본다는 관점은 하나님이 그리스도 안에서 온전히 궁극적으로 성취하시고자 하는 일과 관련해서 수 세기에 걸쳐서 그

---

6   예를 들면, 수 1:2; 왕하 19:34.
7   사 41:8; 42:1; 49:5-6; 50:10; 52:13; 53:11을 보라.
8   예를 들면, Lex Mason in 'Zerubbabel', W. Van Gemeren (ed.), *New International Dictionary of Old Testament Theology and Exegesis*, vol. 4 (Carlisle: Paternoster Press, 1996), p. 1313.

분의 백성을 어떻게 준비하시는지 알려 주는 또 다른 요소다. 모티어는 다음과 같이 말한다. "하나님은 과거의 몇몇 위대한 인물들과 사건들 안에서 '전형적이면서' 특징적으로 일하셨다. 왜냐하면 하나님은 불변하시기 때문이다. 그분은 또다시 그렇게 행동하실 것이다."⁹ 그렇지만 다윗의 탁월성은 앞으로 오실 이의 승리와 영광을 부분적으로 가리킨다. 하지만 스룹바벨과 같이 다소 모호한 인물은 겸손과 숨겨짐을 가리킨다. 오직 하나님의 나라가 온전히 임할 때, 온갖 다양한 강조점과 모순점이 명백하게 밝혀질 것이다. "그 날"(23절)은 선지자들이 주의 날을 축약한 표현이다.¹⁰ 따라서 그 표현은 하나님이 바로 우리 하나님이 되시며, 세상이 그 사실을 알게 되는 미래의 날로 데려다준다. 이 모든 것은 주님이라는 단어로 보증된다. 그리고 이것은 우리를 네 번째 사항으로 안내한다.

4. 하나님의 은혜가 바로 인장이다

인장(印章)은 끼고 있는 사람에게 매우 소중한 것이다. 그는 그것을 잘 돌보고 소중히 여겼을 것이다. 이 개념은 아가서 8:6에 "도장 새기듯, 임의 마음에 나를 새기세요. 도장 새기듯, 임의 팔에 나를 새기세요"(새번역)라고 잘 표현되어 있다. 인장은 진정성과 권위에 대한 표시였다.¹¹ 예레미야 22:24에서 하나님은 남유다 왕국이 추방될 거라는 표시로서 여호야긴에게서 인장 반지를 빼신다. 하지만 여기서 메시아의 혈통이 지속된다는 점을 입증해 주는 사실로서 그 반지가 스룹바벨에게 주어진다.

---

9   J. A. Motyer, 'Messiah: In the Old Testament', in J. W. Douglas (ed.), *Illustrated Bible Dictionary*, Part 2 (Leicester: IVP, 1980), p. 988.
10 대부분의 선지서에서 **"그날에"** 또는 "그날들에"라는 표현이 나타난다. 예를 들면, 사 11:10; 19:23; 렘 4:9; 48:41; 겔 29:21; 암 9:13; 옵 8; 미 5:10; 슥 12:3; 말 4:1.
11 많은 사례 중에서 요셉의 손에 자신의 인장 반지를 끼워 준 바로(창 41:42)와 왕의 반지로 조서에 인을 친 아하수에로(에 3:10; 8:8-10)를 예로 들 수 있다.

이것은 하나님이 스룹바벨에 대해서 좋은 계획들을 갖고 계시며, 강제 추방에도 불구하고, 하나님이 다윗에게 그분의 시대에 대한 약속을 나타내신다는 점을 세상에 알려 주는 표지다. 이 점과 관련해서 시편 89편을 읽고 묵상해 볼 만한 가치가 있다. 그 시편은 다윗에 대해서 "내 종 다윗"이라고 말한다(20절). 또한 다윗은 "세상 왕들에게 지존자"(27절)가 될 것이라고 한다. 그러나 이 약속은 강제 추방의 형벌로 폐기되지는 않는다(32절). 그 사건 이후에 33-37절에서 다윗의 언약이 강조된다. "그의 후손이 장구하고 그의 왕위는 해같이 내 앞에 항상 있으며"(36절). 하지만 그리스도의 초림과 재림까지 믿음과 인내가 필요하기 때문에 그 시편에서 긴장감이 유지된다. 키드너는 다음과 같이 특징적인 예리한 주해를 한다. "약속을 비웃거나 그것에 대해서 변명하는 대신에, 하나님에게 그분의 손길을 보여 달라고 호소하면서 말씀과 사건이 조화되지 않는 현실에 당당하게 맞선다. 따라서 해결되지 않은 부조화처럼, 그것은 우리를 신약성경으로 이끌어 준다. 신약성경에서 우리는 성취가 기대를 완전히 능가한다는 사실을 발견한다."[12]

그뿐만 아니라, 이것은 "**내가 너를 세우고**"(23절)라고 말씀하신 하나님의 뜻과 연결해 준다. 하나님은 다음과 같이 다윗과 언약을 맺으셨다. "내가 너를 목장 곧 양을 따르는 데에서 데려다가 내 백성 이스라엘의 주권자로 삼고"(삼하 7:8). 이제 그 언약은 스룹바벨과 더불어 갱신된다. 그리고 이것은 "**만군의 여호와의 말이니라**"라고 한 학개서의 마지막 말로 더욱 강화된다. 이것은 단순히 희망적인 사고가 아니라, 하나님에 대한 신뢰다. 하나님은 어길 수도 없고 어기지도 않을 약속들을 제시하시면서, 그분의 뜻을 자기 백성에게 분명하게 밝히셨다.

---

12 F. D. Kidner, *Psalms 73-150*, Tyndale OT Commentaries (London: IVP, 1975), p. 319.

5. 학개서의 결론

이제 이 작은 책의 마지막에 이르렀다. 하지만 불가피하게도 의문점들은 여전히 남아 있다. 특별히 선지자 자신에 대해서도 그렇다. 내가 성경에서 몇몇 페이지에 잠시 나타났다가 곧 사라지는 많은 개인에 대한 정보를 제공해 주는 권위 있는 자료가 있었으면 하고 바라는 유일한 사람은 아닐 것이다. (우리는 이미 스룹바벨에 대해서도 비슷한 주장을 했다.) 우리가 전혀 알지 못하는 많은 선지자가 있다(예를 들면 나훔, 하박국과 말라기 등이다). 그러나 여기서 우리는 학개의 생애에서 매우 짧은 기간에 대한 정확한 자료를 지니고 있다.

서론의 설명에서 학개가 **선지자**라고 불리는 점으로 보아, 잘 알려진 인물이라는 점을 암시해 준다고 이미 언급했다. 그러나 그가 여기서 소개된 예언들로 말미암아 잘 알려진 것인지, 아니면 이와 상관없이 이미 잘 알려진 인물이었는지에 대해서 명확하게 말할 수 없다. 또한 이 짧은 몇 달이 그의 생애 초반에 일어난 일인지, 아니면 후반에 일어난 일인지에 대해서도 알지 못한다. 우리는 신구약 성경 모두에서 하나님 말씀을 가르치는 교사들의 가르침 가운데 기록되지 않은 것도 많이 있다는 사실을 알고 있다. 하지만 학개가 그와 같이 짧은 기간에 사역했지만, 이처럼 강력한 영향을 미친 점은 특이한 상황이다.

물론 우리는 이 의문점들에 대한 답을 알지 못한다. 우리가 아는 것은 하나님이 위기의 때에 이 선지자를 세우셔서, 그 시대를 위한 메시지를 주셨다는 점이다. 또한 그 메시지는 성경의 한 부분이 되었다. 따라서 그것은 모든 시대에 타당한 메시지다. 우리는 학개서에 관한 연구의 마지막에 이르렀다. 다음 세 가지 주목할 만한 점은 우리가 밝혀낸 것을 요약하는 데 도움이 된다.

1) 간략하지만 풍부한 의미와 공감을 담은 성경

우리는 학개와 스가랴를 서로 비교해 볼 필요가 있다. 스가랴는 환상가(visionary)이자 시인처럼 보인다. 반면에 학개는 솔직하고 단도직입적인 사람이며, 실제적이고 현실적인 메시지를 전한다. 여기에 진리의 한 요소가 있다. 하나님은 서로 다른 인격체를 부르시고 사용하시며, 그들에게 주신 은사들과 재능들을 활용하신다. 하지만 이것보다 더 중요한 사실이 있다. 두 선지자 모두 주님의 말씀을 전달했다는 사실이다. 거기에 그들의 중요성과 권위가 있다.

스가랴서와 비교할 때, 사실상 학개서는 간략하다. 하지만 우리가 살펴본 대로, 간결함은 일종의 간명함으로, 거기에는 심오한 깊이와 풍성함이 있다. 이 점은 몇 가지 요소들로부터 생겨난다. 첫째, 이전의 성경과 이미 주어진 계시와의 연속성에 대해서 학개가 명확하게 인식한다는 사실이다. 둘째, 그는 문제의 핵심을 올바로 간파하는 능력을 지니고 있다. 그리고 그는 사람들이 하는 일의 광범위한 중요성을 밝혀 주면서, 그들을 고무시킨다. 셋째, 그는 이것이 주님의 말씀이라고 반복해서 강조하면서, 사람들이 하는 훌륭한 조언이나 슬기로운 관점을 훨씬 더 능가하는 수준이라고 밝혀 준다.

2) 책망과 권면의 결합

그는 사람들을 무관심에서 각성시키려고 책망과 권면으로 시작한다. 그러고 나서는 곧 격려와 약속으로 나아간다. 이 결합은 그 당시의 시대적 상황에 특별히 효과적이다. 예를 들면 아모스나 예레미야와 달리, 그는 극심한 우상 숭배에 직면하지 않는다. 오히려 그는 사람들에게 비전이 없고, 또한 그들이 하나님의 위대하심을 깨닫지 못하는 상황에 직면한다. 우리는 다음과 같이 추측할 수 있다. 곧 포로 생활에서 돌아온 이들 가운데 많은 사람은 하나님에 대한 살아 있는 신앙심보다 오히려 옛날의 좋은 시절을 회복하고자 하는 희망을 품고 돌아왔을 것이다. 그 희망을 실현하지 못하자, 그들은 미지근해졌을 것이다. 나일강과 유프라테스강 사이에 놓인 약속의 땅은 예루살렘을 중심으로 한 작은 지역으로 줄어들었다. 학개가 단지 사람들을 비난하기만 했다면, 사람들에게 깊은 우울감을 불러일으켰을 것이며, 성전 재건 사역을 계속하는 데 동기부여도 주지 못했을 것이다. 그러나 그들이 돌아온 것은 전적으로 하나님의 은혜였다는 사실을 깨우쳐 주기 위해서는 또한 책망도 필요했다.

하지만 이 권면은 단지 좋은 말에만 그치지 않는다. 그것은 하나님의 계획과 관련되어 있다. 에스겔서에서 하나님은 "내 성소가 영원토록 그들 가운데에 있으리니 내가 이스라엘을 거룩하게 하는 여호와인 줄을 열국이 알리라"(37:28)라고 말씀하셨다. 그래서 학개는 오직 성전 재건의 필요성에 관심을 기울인다. 포로 시대 이후의 모든 성경 저자들처럼, 학개도 포로 생활에서 돌아온 이들이 과거의 하나님의 백성과 연속성을 지니고 있다고 강조한다. 그래서 특별히 스룹바벨의 메시아적 신분과 미래의 복에 대한 희망 가운데 확신에 찬 권면이 비롯된다. 그리고 그 신분과 희망은 우리를 세 번째 관점으로 안내한다.

3) 시간에 한정되어 있으면서 동시에 시간을 초월하는 메시지

이 점을 깨닫지 못하면 종종 학개서를 평가절하하게 된다. 어떤 이들은 학개서를 의식주의적이며 벽돌과 회반죽을 지나치게 강조하고, 또한 활기 없는 시대를 지루하게 반영한다고 이해한다. 다른 이들은 학개서가 지닌 오늘날의 타당성에 초점을 맞춘 채, 1장으로부터 교회 건축을 위한 헌금 모금에 대한 설교 자료를 끌어낸다. 하지만 그들은 영적인 성전을 전혀 언급하지 않는다. 이 두 가지 오류를 모두 피하는 해결 방법은 그리스도를 중심으로 하는 성경 이야기의 전개 과정에서 이 책을 중요한 연결 고리로 이해하는 것이다.

에스겔은 주님의 영광이 성전을 떠나서 감람산의 정상으로 가는 모습을 묘사했다. 만약 우리가 그 장면을 큰 그림에 끼워 넣는다면, 심지어 거기서도 고통과 고뇌의 한가운데서 더 나은 것이 다가온다는 사실을 희미하게 감지한다는 점을 분별할 수 있다. 에스겔은 그 영광이 "동쪽 산에 머[물렀다]"(겔 11:23)고 말한다. 누가복음 24:50으로 가 보자. 거기서 주님의 영광이 이번에는 사람의 모습으로 산 위에 서 있다. 하지만 이번에는 심판하시기 위해서가 아니라, 축복하시기 위해서다. 지상에서 자신의 임무를 완수한 대제사장으로서 부활한 예수님은 하늘의 성전으로 올라가기에 앞서 손을 들고 제자들을 축복하신다. 이것은 학개서의 메시지가 왜 그렇게 중요한지 잘 보여 준다. 그의 메시지는 에스겔 시대의 파괴된 성전과 그 성전보다 더 위대한 분의 사역 사이에 놓여 있다. 파머 로버트슨은 이 점을 다음과 같이 잘 묘사해 준다.[13]

"포로 생활을 하던 사람들은 약속의 땅으로 돌아와야 했다. 그리고 거룩한 극장(theater)을 제공하기 위해서 성전은 재건되어야 했다. 그곳에서 하나님의 위대한 구속 사역이 성취될 것이다."

학개에게 성전은 단순한 건물, 심지어 어떤 거룩한 건물 이상의 의미를 지니고 있다. 그것은 하나님이 그분의 영을 통해서 그분의 백성 가운데 거하신다는 사실을 눈으로 볼 수 있는 표지였다(2:4-5).

그래서 이 얇은 책은 특별히 서구 사회에서 그리스도를 위한 운동이 매우 쇠퇴하는 시기, 또한 포기하거나 떠나고자 하는 유혹이 만연하는 시기에 사람들에게 권면과 도전을 준다. 학개서에 대해서 설교하고자 하는 이들에게 이 책은 왜 하나님의 계획은 절대로 좌절되지 않는지에 대해서 하나님이 제시하시는 주석서이며, 하나님에게 항상 신실해야 한다고 요구하는 외침이다.

---

13   O. Palmer Robertson, p. 375.

참고 도서

주석

Baldwin, J. G., *Haggai, Zechariah, Malachi*, Tyndale Old Testament Commentaries (Leicester: IVP, 1979).

Blenkinsopp, J., *Ezra-Nehemiah*, Old Testament Library (London: SCM, 1988).

Calvin, J., *Commentaries on the Twelve Minor Prophets*, vol. 4 (repr. Grand Rapids: Baker, 2005).

Cave, D., *Ezra/Nehemiah: Free to Build*, Crossway Bible Guides (Leicester: Crossway, 1993).

Clines, D. J. A., *Ezra, Nehemiah, Esther*, New Century Bible (Grand Rapids: Eerdmans, 1984).

Fensham, F. C., *The Books of Ezra and Nehemiah*, New International Commentary on the Old Testament (Grand Rapids: Eerdmans, 1982).

Keil, C. F. and Delitzsch, F., *Commentary on the Old Testament*, vol. 10 (repr. Peabody: Hendrickson, 2006).

Kidner, F. D., *Ezra and Nehemiah*, Tyndale Old Testament Commentaries (Leicester: IVP, 1979).

McConville, J. G., *Ezra, Nehemiah and Esther*, Daily Study Bible (Edinburgh: St

Andrew Press, 1985).

Motyer, J. A., *Haggai*, in T. McComiskey (ed.), *The Minor Prophets*, vol. 3 (Grand Rapids: Baker, 1998).

Myers, J. M., *Ezra - Nehemiah*, Anchor Bible (Garden City: Doubleday, 1965).

Petersen, D. L., *Haggai and Zechariah 1-8: A Commentary*, Old Testament Library (Westminster: John Knox Press, 1995).

Redditt, P. L., *Haggai, Zechariah and Malachi*, New Century Bible (Grand Rapids: Eerdmans, 1995).

Sweeney, M. A., *The Twelve Prophets*, vol 2. *Micah, Nahum, Habakkuk, Zephaniah, Haggai, Zechariah, Malachi*, in David W. Cotter (ed.), *Berit Olam: Studies in Hebrew Narrative and Poetry* (Collegeville: Liturgical Press 2000).

Thronveit, M. A., *Ezra - Nehemiah*, Interpretation Bible Commentaries (Westminster: John Knox Press, 1992).

Williamson, H. G. M., *Ezra, Nehemiah*, Word Biblical Commentary (Waco: Word, 1985).

Yamauchi, E. M., 'Ezra', in F. E. Gabelein (ed.) *The Expositor's Bible Commentary*, vol. 4 (Grand Rapids: Zondervan, 1988).

기타 작품

Ackroyd, P. R., *Israel under Babylon and Persia*, Clarendon Bible (Oxford: Oxford University Press, 1970).

Andersen, F. I., 'Who built the Second Temple?', *Australian Biblical Review* 6 (1958), pp. 3-35.

Bright, J., *A History of Israel* (Westminster: John Knox Press, ⁴2000). 『이스라엘의 역사』(은성).

Brueggemann, W., *Theology of the Old Testament: Testimony, Dispute, Advocacy* (Minneapolis: Fortress, 1997).

Dillard, R. B. and Longman III, T., *An Introduction to the Old Testament* (Leicester: Apollos, ²2007). 『최신 구약개론』(CH북스).

Ellison, H. E., *Men Spake from God: Studies in the Hebrew Prophets* (Exeter: Paternoster, 1958).

Evans, M. J., *Prophets of the Lord* (Exeter: Paternoster, 1982).

Kaiser, W. C. Jr, *The Messiah in the Old Testament* (Grand Rapids: Zondervan, 1995). 『구약에 나타난 메시아』(크리스챤).

Kitchen, K. A. and Mitchell, T. C., 'Chronology of the Old Testament', in *New Bible Dictionary* (Leicester: IVP, ²1982).

Mason, R., 'The Prophets of the Restoration', in R. Coggins, A. Phillips and M. Knibb (eds.), *Israel's Prophetic Tradition* (Cambridge: Cambridge University Press, 1984).

Motyer, J. A., *Discovering the Old Testament* (Leicester: Crossway Books, 2006).

_____ , *Roots: Let the Old Testament Speak* (Fearn: Christian Focus Publications, 2009).

Robertson, O. P., *The Christ of the Prophets* (Phillipsburg: P & R Publishing Company, 2004). 『선지자와 그리스도』(신학사).

VanGemeren, W. A., *Interpreting the Prophetic Word* (Grand Rapids: Zondervan, 1990). 『선지서 연구』(엠마오).

Williamson, H. G. M., *Ezra and Nehemiah*, Old Testament Guides (Sheffield: JSOT Press, 1987).

Wright, J. S., *The Date of Ezra's Coming to Jerusalem* (London: Tyndale Press, 1947).

지은이 로버트 파이올(Robert Fyall)은 스코틀랜드의 콘힐 트레이너 코스(Cornhill Tranier Course) 사역팀의 주임 강사다. 이전에는 에든버러에 있는 교회 리더들을 위한 연구, 훈련, 출판 센터인 러더퍼드 하우스(Rutherford House)의 책임자였고, 스코틀랜드의 교구 교회 목사와 더럼(Durham)에 있는 대학생 교회의 담임 목사로 재직했다. 그리고 더럼에 있는 크랜머 홀(Cranmer Hall)에서 구약성경을 강의했다. 저서로는 *Does God Treat His Friends?*, *Daniel: A Tale of Two Cities*, *Now My Eyes Have seen You*가 있다.

옮긴이 신지철은 총신대학교 신학과를 졸업한 후 독일 트리어 대학교 고전문헌학부에서 수학했다. 독일 뮌헨 대학교에서 고전 그리스어, 라틴어, 고전 히브리어를 연구했으며, 같은 대학교 개신교 신학부에서 (전문 분야) 성령론 및 삼위일체론을 연구하고 박사 과정을 수료했다. 아가페 출판사 편집장을 지냈으며 스터디 바이블 『오픈 성경』과 『오픈 해설 찬송가』를 기획, 집필, 편집했다. 옮긴 책으로는 『다시 춤추기 시작할 때까지』 BST 시리즈 『에스더』(이상 IVP), 『개혁교회 교의학』, 『주 예수의 복음』, 『하나님의 비밀』(이상 새물결플러스), 『복음서를 통해 본 예수』(솔로몬), 『하이델베르크 교리문답 입문』, 『왜 우리는 하이델베르크 교리문답을 사랑하는가』, 『누가복음 1, 2』, 『요한복음』(공역) 『ESV 스터디바이블』(공역, 이상 부흥과개혁사) 등이 있다.

에스라 · 학개

초판 발행_ 2022년 8월 29일

지은이_ 로버트 파이올
옮긴이_ 신지철
펴낸이_ 정모세

펴낸곳_ 한국기독학생회출판부
등록번호_ 제2001-000198호(1978.6.1)
주소_ 04031 서울시 마포구 동교로 156-10
대표 전화_ (02)337-2257 팩스_ (02)337-2258
영업 전화_ (02)338-2282 팩스_ 080-915-1515
홈페이지_ http://www.ivp.co.kr 이메일_ ivp@ivp.co.kr
ISBN 978-89-328-1943-3 94230
ISBN 978-89-328-1665-4 94230(세트)

ⓒ 한국기독학생회출판부 2022

책값은 뒤표지에 있습니다.
무단 전재와 복제를 금합니다.